Brigitte Bardot
Plein la vue

DU MÊME AUTEUR
AUX ÉDITIONS J'AI LU

Saint Laurent, mauvais garçon, n° 9603
Chanel & Co, n° 11132
Gainsbourg sans filtre, n° 11416
Le N° 5 de Chanel, n° 13112

MARIE-DOMINIQUE LELIÈVRE

Brigitte Bardot
Plein la vue

© Flammarion, 2012.

Le Code de la propriété intellectuelle interdit les copies ou reproductions destinées à une utilisation collective. Toute représentation ou reproduction intégrale ou partielle faite par quelque procédé que ce soit, sans le consentement de l'auteur ou de ses ayants droit ou ayants cause, est illicite et constitue une contrefaçon sanctionnée par les articles L335-2 et suivants du Code de la propriété intellectuelle.

À Valence, Louis et Pauline.

I love Bardot

> « J'aime beaucoup Brigitte Bardot. On sent chez elle un cœur pur. »
>
> Julien Green,
> *Le Magazine littéraire*, juin 1989

Brigitte Bardot est la plus belle femme du monde. Son visage, ses cheveux, ses chevilles, ses fesses, tout hyperbolique. Le 7 décembre 1967, le général de Gaulle la reçoit au palais de l'Élysée. Le Dieu de mon père invite ma déesse à moi. En tenue de hussard, elle brave le protocole qui proscrit la femme en culotte comme dans mon école où le pantalon est interdit aux filles. L'accoutrement de charme baptisé par elle costume de dompteuse n'offusque pas le Général. Dompteuse de foules, sans doute. « Bonjour, mon général » dit-elle, un brin intimidée. Le Général affecte d'expertiser les brandebourgs du dolman : « C'est le cas de le dire, Madame. » Elle est sincère, vraie, elle est française. Française au sens d'un certain panache. Au XVIIe siècle, les Italiens parlaient de la *furia francese*. Avec une part d'irrationnel, bien français aussi. Le Général et B.B. voient l'avenir de la même façon : un combat mené tambour battant. Cette image de Bardot en costume Sergent Pepper loge dans ma mémoire, vignette de mon album de famille. Sur le perron de l'Élysée, la presse recueille les impressions de Bardot : « En tous points, Charles de Gaulle est beaucoup plus grand que moi[1]. » Brigitte Bardot a de l'esprit. Ses saillies illuminent ses conférences de presse. Elle aurait pu arriver à poil dans un drapeau français, le Général se serait incliné avec le même respect.

D'ailleurs elle le fait quelques jours plus tard à la télévision. Sur les premières notes de *La Marseillaise*, elle souhaite aux Français la nouvelle année 1968 vêtue d'un simple étendard tricolore porté sur des cuissardes. Telle la Liberté guidant le peuple, la hampe vivante présente le show du nouvel an. Une heure entière de Brigitte Bardot, un cadeau royal. Je suis devant le récepteur de télévision.

Ma séquence préférée, alors : celle où elle enfourche la Harley Davidson. Muette d'admiration devant tant de beauté culottée, je la regarde en mini-robe de cuir Robin des Bois enfourcher la moto. Un Polaroïd tape-à-l'œil que je n'ai pas oublié. Ma séquence préférée, aujourd'hui : le somptueux corps à corps de Brigitte Bardot avec Manitas de Plata et son cousin José Reyes, sur la plage à Saint-Tropez. Lovée entre les guitares des deux califes gitans, Brigitte en robe à paillettes est sur le point de prendre feu. Sa sauvagerie à elle se mesurant à la leur.

Je n'aime pas Bardot, je l'adore. Ma poupée Bella a le même visage. La moue pulpeuse, le nez retroussé, les grands yeux et les joues rondes. Dans *Match*, je scrute ses images. Qu'est ce qui peut captiver une fillette, chez Bardot ? Tout. Tout est séduisant chez elle, la blondeur comme l'attitude. La féminité conquérante, les taches de rousseur, les dents écartées, le sex-appeal sain, le culot androgyne. Bardot est fille et garçon comme Mick Jagger, ça me plaît. Tout ce qu'elle fait semble naturel et sans effort : seul l'anime le plaisir. Elle a une fougue, une impétuosité, une vitalité hors du commun. Grand tempérament très ardent, Brigitte Bardot est un personnage d'Ancien Régime.

Bardot et de Gaulle sont nos dieux lares. Avec Jeanne d'Arc, dont ma grand-mère m'a offert la biographie par Michelet, avec Françoise Hardy, sirène mélancolique, et Françoise Sagan qui roule à tombeau ouvert. Dans mon esprit, Jeanne d'Arc et Brigitte sont de la même trempe. L'une et l'autre lorraines, deux symboles de souveraineté féminine. Sauf que Bardot est née en 1934. Ma mère aussi.

Depuis qu'il y a des magazines ou une télévision dans ma vie, c'est-à-dire depuis toujours, je vois Brigitte Bardot. Je la vois et la revois. Comment l'oublier ? De toutes les images emmagasinées, c'est la sienne qui laisse l'empreinte la plus vive. Brigitte Bardot *m'impressionne*. Nous sommes faits d'eau, de minéraux, d'images. La géométrie d'une cuisse, la ligne tendue d'un muscle exercent une indélébile emprise, tout comme certaines catastrophes marquantes s'inscrivent à la manière de traumatismes personnels. On croit son histoire unique, elle est inscrite dans l'Histoire avec un grand H.

Brigitte Bardot a toujours occupé une place dans ma vie, d'ailleurs ma sœur s'appelle Brigitte. Pendant dix ans, de 1955 à 1964, Brigitte figure au palmarès des prénoms les plus attribués. Le temps du règne de Bardot.

Je ne l'ai jamais perdue des yeux. Au début des années quatre-vingt, la télévision lui consacre un documentaire. Brigitte Bardot traverse Paris sur le pont d'une péniche. Elle se raconte avec des mots clairs et termine ses phrases, ce qui est rare. À présent, je l'admire. Son honnêteté m'impressionne autant que sa beauté. Il y a chez elle quelque chose d'héroïque et de désintéressé. Elle est sincère. Elle est vraie. Elle est française. Elle est belle dedans et dehors. Elle a quitté le cinéma et défend la cause des animaux. À mi-chemin, elle a fait volte-face. Elle accuse. Lorsque Marguerite Yourcenar, qui l'admire aussi, lui rend visite à Saint-Tropez, la vue de sa table de travail recouverte de dossiers stupéfie l'académicienne[2]. Bardot n'est pas une starlette recyclée, elle est une activiste avertie. À sa façon crâne, très Grande Mademoiselle, elle s'opiniâtre dans la défense des bêtes, défiant le ridicule. Sous son influence, mœurs et lois évoluent. Brigitte Bardot a du chien.

On la salit. On la noircit. On la raille. Dans la colère, elle profère des jugements à l'emporte-pièce. Un soir des années deux mille, je l'aperçois dans un talk-show. Toujours cette élégance souveraine en dépit de l'arthrose et de l'absurde décor. Un animateur la cuisine. Quelque chose de truqué me transperce. Je n'aime pas ce que je vois. Pourquoi juger Brigitte Bardot ? Je me sens personnellement concernée par ce qui lui arrive. C'est à cette époque que je lui téléphone à la Madrague. Une voix de toute petite fille répond à mes questions. Je lui dis de prendre soin d'elle. En est-elle capable ?

Sa manière de vieillir, les yeux droit dans les objectifs qui traquent la flétrissure, affirme sa souveraineté. Affronter l'âge de face, dans une époque qui escamote la vieillesse, est une marque de vaillance. Sans chirurgie esthétique. Désormais, sa photogénie a rejoint la banque mondiale d'images où puisent de très jeunes femmes. Elles ignorent même l'orthographe de son nom et n'ont jamais vu ses films.

« Un succès mérite toujours qu'on le mette à l'étude, car il ne saurait naître sans motifs et ces motifs renseignent sur l'âme d'une époque » a dit Jean Cocteau à propos de Brigitte Bardot[3]. C'est une reine. On peut la délaisser, on ne peut la détrôner. Lorsqu'on a vu ses yeux de basilic dans *Le Mépris*, on ne l'oublie plus.

Comment Brigitte a inventé
la beauté de Bardot

> Courage (de cœur) : fermeté, ardeur, énergie morale en face du danger, de la souffrance, des échecs.

Une toute petite danseuse fixe l'objectif, les bras en couronne au-dessus de la tête. Ce qui frappe dans le visage dégagé de l'enfant, c'est le regard grave, le sourire tremblant. Sous l'instantané, elle a inscrit : « C'est ma première photo d'artiste. » La première image de Brigitte Bardot. Elle la travaille déjà. Elle a huit ans. La bouche close cache un appareil. L'enfant serre les dents. L'image a été prise à Passy, au cours Bourgat. Peut-être par le père de Brigitte, qui aimait la photo et l'a filmée très jeune avec une Pathé Baby.

Je tourne autour de la place en étoile, déserte en ce jour d'été. Au cinquième étage, les fenêtres sont grandes ouvertes sur trois cumulus d'un blanc éclatant qui voguent vers l'estuaire de la Seine. Les filles élevées dans les nuages ont-elles jamais les pieds sur terre ? Sur la photo dans ma poche, la petite ballerine au regard sombre fait les pointes. C'est là qu'elle habitait, au-dessus de la place de la

Muette. 1, rue de la Pompe. Le grand portail de fer forgé qui ouvre sur un hall peint de beurre frais, le damier de marbre au sol, tout exprime le charme net de la bourgeoisie. Une nostalgie de palais à prétention raisonnable gardée par un code hermétique. Sorti de nulle part, un petit homme pianote sur le clavier. Lorsque je lui emboîte le pas, il tourne la tête. Le visage est défiguré par un angiome. Un homme disgracié me précède au pays natal de la belle Bardot. Je sonne au dernier étage, après avoir hésité entre deux portes. Derrière une jeune femme hâlée, un rayon de soleil frappe une console classique tandis que l'enfance chahute au fond d'un couloir. Oui, confirme la jeune femme, c'est ici qu'a grandi Brigitte Bardot, dans l'appartement que sa famille louait à la comtesse de Boigne. La jeune femme me donne un numéro de téléphone. Celui de son mari, arrière-petit-fils de la comtesse.

L'enfance dans les nuages

Grand front levé vers un panneau « Appartement à louer », un homme au visage aigu sanglé dans une veste boutonnée de bas en haut gare une bicyclette sur le trottoir. Lèvres en intaille, menton pointu, l'homme a la raideur d'un militaire ou d'un patron de clinique. Une petite fille brune l'accompagne. L'homme pousse la porte de l'élégant immeuble. Depuis quelques jours, Louis Bardot et sa fille Brigitte patrouillent le quartier à la recherche d'un logis. Mis à part les Mercedes, les voitures sont rares et la fillette suit son père en bicyclette sans courir grand danger. Seul l'autobus 92 en route vers le bois de Boulogne, qui fonctionne grâce à un gaz étrange dont les explosions ressemblent à des coups de feu, les dépasse parfois.

Un ascenseur hydraulique dépose le père et la fille au dernier étage dans un vaste appartement ensoleillé qui les séduit aussitôt. Deux portes pour s'échapper, comme dans les pièces de théâtre. Quatre chambres desservies par un généreux couloir, des pièces de réception de belle proportion, une cuisine, une chambre de service pour la bonne. La lumière du sud-ouest entre à flots par une demi-douzaine de portes-fenêtres. Sur le balcon qui court au-dessus de la place de la Muette, la fillette plonge dans un ciel violet que traversent trois nuages blancs.

Elle n'est pas née belle, mais décevante. Fille dans une famille qui attendait un garçon, Charles. Le prénom du grand-père. Ce ne fut qu'elle, Brigitte, Brigit, déesse celte guerrière et protectrice des arts, de la magie, de la médecine, que les Romains assimilaient à Minerve. Brigit, la très haute, la très élevée. Mère, fille, sœur et épouse des autres dieux. Toutes les femmes en une seule.

D'où est sortie la petite fille sérieuse de la photo dentelée ? L'enfance et l'adolescence de Bardot se sont déroulées dans le ciel bien ventilé de Passy, élevage en batterie de filles de bonne famille de l'Ouest parisien. Déesse solaire, elle est née à midi, le 28 septembre 1934 dans le XVe arrondissement, mais elle a grandi dans l'appartement du cinquième étage avec balcon filant au-dessus de la place de la Muette et des toits de Paris. Tout son univers s'inscrit dans ce périmètre. Ses grands-parents maternels habitent au 12 bis, rue Raynouard (premier étage), son école, le cours Hattemer-Prignet, se trouve rue de la Faisanderie et le siège des établissements Bardot et Cie, air liquide et acétylène, au 39, rue Vineuse, au Trocadéro, dans cette même rue qui aujourd'hui abrite la Fondation Brigitte Bardot[1]. Au fond, Bardot n'a jamais quitté son enfance.

Fruit d'une déception, la petite Brigitte est confiée aux soins italiens d'une nurse, après que sa naissance a été annoncée dans le carnet du *Figaro* : première parution dans la presse. Très tôt, elle apprend à quêter les marques de tendresse dont sa mère est avare.

À quel moment sa famille a-t-elle pris conscience de son infirmité ? Physiquement, l'enfant possède une singularité : elle est quasi aveugle. D'un œil, le gauche. Amblyope. « Une tare de naissance » écrit-elle sans complaisance dans ses mémoires[2]. Une particularité remarquable, l'amblyopie. Ce n'est pas l'œil qui est défectueux mais le cerveau. Seul le bon œil travaille dans la petite enfance, réduisant peu à peu les capacités de l'autre jusqu'à les annuler. La connexion entre l'œil et le cerveau n'est pas utilisée par l'œil paresseux, qui perd la notion de profondeur et peine à appréhender l'espace. La merveilleuse maladresse de Brigitte Bardot, sa lenteur, sa gaucherie pleine de grâce viennent de là. Une infirmité qui n'a pas empêché Le Corbusier, autre amblyope génial, de révolutionner l'architecture du XXe siècle. Ni Brigitte Bardot de créer la femme. Ce que l'œil ne voit pas, il l'imagine. « Je vois ce que tu veux dire », en quelque sorte. Un amblyope peut conduire une voiture ou faire du ski. Sur la photo de la petite ballerine, la caractéristique est indécelable. Chose épatante, l'amblyopie ne se remarque pas, de telle sorte qu'une enfant atteinte de ce trouble, ni vu ni connu, peut grandir sans la marque infamante du « handicap ». Et donc se construire toute seule, à sa façon. À sa façon singulière. Au lieu d'être enfermée dans le rôle de l'infirme, être regardée comme « unique », « différente ». Et peut-être même offrir aux autres de nouvelles perspectives.

Trois ans après Brigitte naît sa sœur Marie-Jeanne, dite Mijanou. En guise de cadeau de consolation, Brigitte reçoit un ours habillé en Écossais prénommé Murdoch et commence une collection d'animaux en peluche. On peut y voir le début de sa passion pour les animaux. Ou pas. Comme dans le lancement de *Blanche-Neige et les sept nains* et de *Bambi*, les dessins animés produits par Walt Disney. Ou la publication, l'année de la naissance de Brigitte, de récits cultes de la littérature enfantine, *Les Contes du Chat Perché*. Une quinzaine de fables narrant les aventures de deux fillettes espiègles et désobéissantes, Delphine, l'aînée, et Marinette, la plus blonde, qui vivent dans une ferme avec leurs parents et une flopée d'animaux domestiques (poules, cochon, vaches, canards, oie, chien et chat) mais aussi cerf, buse, éléphant, loup, lesquels parlent comme les humains. L'enfance de Mijanou et de Brigitte est bercée par les récits merveilleux et quotidiens de Marcel Aymé dont leur père fait la lecture. Élevées par des parents intraitables, Delphine et Marinette sont sans cesse secourues par les animaux, qui détournent d'elles les châtiments.

La fêlure

Le premier drame de la vie de Bardot ressemble à un de ces contes, *La Patte du chat*, où les deux fillettes brisent un plat ancien. Sans la présence consolatrice des animaux. Brigitte a sept ans. Sous le jupon d'une table transformée en tipi dans la salle à manger, elle joue aux cow-boys et aux Indiens avec sa petite sœur.

« Au milieu de la table, il y avait un plat en faïence qui était dans la maison depuis cent ans et auquel les parents tenaient beaucoup. En courant, Delphine et Marinette empoignèrent un pied de la table qu'elles soulevèrent sans y penser. Le plat en faïence glissa doucement et tomba sur le carrelage où il fit plusieurs morceaux[3]... »

Chez les Bardot, c'est la potiche chinoise posée sur la table qui se brise.

« Les petites ne pensaient plus courir et avaient très chaud aux oreilles. »

S'il y a une chose à laquelle la bourgeoisie tient autant qu'à la prunelle de ses yeux, ce sont ses possessions. Consciente de la gravité de leur acte, les deux fillettes se cachent en attendant le retour de leurs parents, convaincues que le châtiment sera terrible.

« Ça a été une horreur » se remémore Brigitte à la télévision quarante ans plus tard[4]. La foudre s'abat sur son enfance. La bonne est congédiée sur-le-champ. « Je l'enviais de pouvoir s'en tirer à si bon compte » écrit-elle dans ses mémoires[5].

« Malheureuses, criaient-ils, un plat qui était dans la famille depuis cent ans ! Et vous l'avez mis en morceaux ! Vous n'en ferez jamais d'autres, deux monstres que vous êtes. Mais vous serez punies. Défense de jouer et au pain sec ! »

Rue de la Pompe, la punition est plus cinglante puisque chaque fillette reçoit vingt coups de cravache sur les fesses.

« Jugeant la punition trop douce, les parents s'accordèrent un temps de réflexion et reprirent, en regardant les petites avec des sourires cruels... »

L'imagination des Bardot surpasse en raffinement celle des parents de Delphine et Marinette. C'est Anne-Marie Bardot, la mère, qui prononce la sentence dévastatrice : « À partir de maintenant, vous n'êtes plus nos filles, vous êtes des étrangères et comme les étrangers, vous nous dites "Vous". Dites-vous bien que vous n'êtes pas ici chez vous mais chez nous ! Que rien de ce qui est ici ne vous appartient, que cette maison n'est pas la vôtre. »

Il entre peut-être dans ces souvenirs reconstruits par Brigitte une touche romanesque, un écho des mésaventures de Delphine et Marinette mais il n'y a pas de noirceur dans les récits de Marcel Aymé. Dans ses souvenirs, Brigitte a sept ans et demi lorsque survient l'épisode terrible. Une limite a été atteinte. Une partie de ses émotions se ferme d'un coup. Quelque chose meurt en elle. Un sentiment intolérable de solitude, d'abandon, de détresse glace la fillette au point qu'elle désire la mort. C'est la première fois mais pas la dernière. Pour échapper à la souffrance, l'autodestruction. Plus tard, ses tentatives de suicide auront lieu à la date de son anniversaire. C'est la fin de quelque chose pour l'enfant. Irrémédiablement endeuillée par un châtiment excessif, une partie d'elle-même pleure tandis qu'une autre entre en résistance. « Je ne me suis plus jamais sentie chez moi, chez mes parents[6]. »

Elle prend le maquis, observe, juge à distance. Plutôt que plier, rompre. Petite fille exceptionnellement intelligente, elle se ferme pour se protéger et survivre. Ce drame précoce contient peut-être la semence de toutes ses expériences ultérieures : se fermer, détruire plutôt que souffrir. Lorsqu'à la mort de son père en 1974, sa mère lui proposera de lever la punition et de la tutoyer de nouveau, Brigitte en sera incapable. Elle y a gagné quelque chose : elle ne sera jamais une potiche.

Tandis qu'elle prend ses distances, sa jeune sœur se rapproche de leurs parents. Jolie et fragile, Mijanou est moins rugueuse que Brigitte. Rousse, les cheveux à la taille, la cadette aux yeux pervenche est ravissante. Si Mijanou est une brillante élève du très chic couvent de l'Assomption, rue de Lübeck, fréquenté par les jeunes filles de l'aristocratie (sur le formulaire d'inscription, on indique son nom, son prénom et les titres de la famille), Brigitte est un cancre du cours Hattemer. La cravache s'abat plus souvent qu'à son tour sur le dos de l'aînée. Sans doute ses parents ignorent-ils que l'amblyopie ralentit les apprentissages. Aujourd'hui, aux examens, les enfants amblyopes bénéficient de temps supplémentaire. Les maîtres de Brigitte ne sont pas plus compréhensifs que ses parents. L'école française élimine le sens critique, la créativité, la singularité. Quatre cents ans avant Jésus-Christ, Hippocrate savait déjà occulter un œil pour rééduquer l'autre, mais cette particularité reste peu connue en France. Ses mauvais résultats complexent une petite fille extraordinaire de naissance. Pour corriger le strabisme, elle porte des lunettes tandis qu'un appareil dentaire lui redresse les dents car elle suce son pouce. Une phrase cruelle de sa maman la déchire : « Heureusement que j'ai Mijanou, car Brigitte est ingrate dans son physique comme dans ses actions. » Comme si au fond, sa mère ne lui avait jamais pardonné d'être fille plutôt que garçon. Brigitte se demande pourquoi elle est née, pourquoi elle vit. Après la classe, rentrer rue de la Pompe devient une hantise. Elle se regarde dans la glace de l'entrée et se trouve si laide qu'elle s'imagine adoptée. Son image a été irrémédiablement endommagée. Elle va la rafistoler avec une intelligence hors du commun.

Parents

Les souvenirs d'enfance de Brigitte ne sont pas heureux. Qui sont ces drôles de parents ? L'amateur de cravache et de photographie, c'est Louis Bardot dit Pilou. La mère imprévisible, Anne-Marie Mucel, dite Toty. Ce couple d'hypersensibles fait chambre à part et querelle à répétition. Homme jovial et plein de fantaisie, Louis Bardot recopie ses blagues sur un carnet et compose des poèmes. « Je me souviens d'un vieux monsieur délicieux, élégant, qui écrivait des vers à compte d'auteur » dit le parolier Jean-Max Rivière, qui fut d'abord son ami, puis celui de sa fille[7]. *Vers fragiles*, *Verts de Quatre à Huit*, *Vers en vrac* ont en effet été publiés au début des années soixante.

Louis Bardot peut s'assombrir et s'enfermer dans un silence morne. Blessé durant la Grande Guerre, il en a rapporté la croix de guerre, la Légion d'honneur, une citation et des coups de désespoir. Pilou est-il hanté par la guerre ? A-t-il senti le vent du boulet ? On ne parle pas à l'époque des désordres mortifères causés par les conflits armés ni de stress post-traumatique. Ses frères aînés Jacques et Paul sont morts en 1914 et 1917. Gazé, son autre frère André est mort prématurément. Le conflit ignoble a mutilé les familles. Brigitte est enfant de la Grande Guerre et du Chemin des Dames. Elle porte en elle le souvenir de ses oncles morts.

Brigitte est la fille d'une femme-enfant lointaine et fuyante. Fille unique et gâtée, Anne-Marie est devenue une jolie blonde bourrée de tocs et atteinte d'insatisfaction chronique. De seize ans plus jeune que son époux, elle est une adolescente attardée qui refuse de jouer à la maman et rêve de la carrière d'artiste qu'elle n'a pas eue. En 1945, elle commande à Marie Laurencin le portrait de sa fille aînée. L'amie d'Apollinaire et de Picasso, dont la vue faiblit, s'est reconvertie dans la peinture mondaine. Dans la bourgeoisie parisienne des années quarante, ces commandes sont alors en vogue. En revanche, pas de confitures, pas de pâtisseries, c'est l'apanage des « bobonnes », selon Anne-Marie. Frivole et maniaque, elle accable ses filles de recommandations absurdes.

Le vaste appartement possède quatre chambres, une pour chacun, et des portes nombreuses qui claquent comme au théâtre. La nuit, les petites filles se réveillent pour épier sanglots, cris, supplications. Mijanou se glisse dans le lit de sa sœur et se rendort apaisée tandis que l'aînée, muette d'angoisse, guette en vain le sommeil. Un jour, devant les yeux de sa femme et de ses filles, Louis Bardot enjambe le balcon et menace de se jeter dans le vide. Il est retenu par la gouvernante, qui panse les plaies des fillettes alarmées. « Je garde de ces minutes une fêlure dans le cœur » a dit Brigitte. Entre deux scènes de ménage, les parents se réconcilient et donnent d'élégants dîners.

Rayon de soleil dans l'enfance de Brigitte, son grand-père maternel surnommé le Boum qui l'adore. « Avec ses parents, il y avait eu une cassure. Brigitte ne garde pas un souvenir extraordinaire de son enfance. Mais de son grand-père, Boum-papa, elle était très proche » dit Jean-Max Rivière[8]. Chaque week-end, le Boum voyage dans un pays de son choix. Sans quitter sa chambre, il parcourt le Mexique, sa civilisation, son histoire, son climat, sa gastronomie, puis le Japon, les États-Unis, l'Afrique en se plongeant dans une collection d'atlas, de guides, d'encyclopédies. C'est lui qui fait travailler Brigitte après l'école. Avec un succès relatif puisqu'elle redouble la septième.

Brigitte s'invente

Étranges miroirs qui ne réfléchissent pas à l'identique. La grande glace du hall, rue de la Pompe, est aussi malveillante que le miroir de la marâtre dans *Blanche-Neige*. Brigitte s'y voit vilaine. Quelque part à Passy, un miroir magique lui renvoie une image flatteuse. Celui du cours Bourgat où sa mère l'inscrit à l'âge de sept ans. Dans les hautes glaces du studio où se reflètent le ciel et les nuages, Brigitte s'examine et se trouve belle. Elle ôte ses lunettes, ferme la bouche sur son appareil dentaire, s'élève sur les pointes, et la vie devient légère. Trois fois par semaine, elle plie son corps à la discipline de la danse et acquiert l'en dehors et les cinq positions de la danse académique. Dans les années trente, les sœurs Alice et Marcelle Bourgat ont dansé à l'Opéra de Paris avec Yvette Chauviré, Tamara Tourmanova, Odette Joyeux. Depuis leur retraite, aidées de leur neveu Claude, elles transmettent leur passion aux petites filles de Passy, auxquelles la danse est enseignée comme un art d'agrément. Un reliquat des mœurs de cour que la bourgeoisie se pique encore d'imiter. Mais pour la petite Bardot, la danse devient beaucoup plus que cela.

Disciplinée, rigoureuse, Brigitte a le sens du rythme et de la mesure. Incarner le geste parfait, tel est son but. Si la danse est une dure école d'endurance, l'entraînement physique ne la rebute jamais. L'odeur particulière de l'école, mélange de sueur, de poussière, de colophane dont les danseuses enduisent leurs chaussons, la grise. Et puis l'espoir, peut-être, d'arracher un sourire à sa mère qui a rêvé de devenir ballerine. Anne-Marie Bardot a-t-elle reporté ses espoirs sur Brigitte ? Elle lui a appris à marcher la tête droite, une cruche sur la tête. Lorsqu'elle se voûte, la petite reçoit l'eau sur les cheveux et une gifle sur la joue. L'admirable port de tête, la nuque majestueuse ont été façonnés durant cet apprentissage. Où cette si petite fille si intelligente trouve-t-elle la force de contraindre son corps ? « Le visage toujours joyeux, elle ne montrait pas la souffrance » a noté son professeur, Claude Bourgat, frappé par son ardeur.

Pareille aux jeunes mousses de la Royale, Brigitte grandit à la dure. « La danse est une puissante discipline corporelle. On n'a pas le droit d'être fatiguée, d'avoir mal aux pieds... il faut y aller plusieurs heures par jour. Ça donne une discipline de vie et un maintien. On se tient droite. On a une jolie démarche[9]. »

Devant le miroir du cours, Brigitte, loin du regard blessant de sa mère, apprend à s'aimer. La barre la construit. « J'adorais danser. J'étais une autre moi-même[10]. » L'année de ses huit ans, elle est la partenaire d'une grande de quinze ans. Sur la *Gymnopédie n° 1* d'Erik Satie, elles dansent une variation intitulée *L'Amour et Psyché*. Naturellement, Brigitte est l'Amour.

Son port de tête et sa démarche, cette présence si particulière à Bardot, elle ne les a pas reçus, elle les a sculptés jour après jour. Sa plastique d'exception, Bardot la doit à elle-même. La silhouette, la gestuelle qui ont changé l'histoire du cinéma ou inspiré le changement ont été travaillées à la barre. Bardot n'est pas née belle, elle s'est faite belle. Elle a appris à se surpasser pour survivre. Elle a éduqué son courage. « Deviens sans cesse ce que tu es. Sois le maître et le sculpteur de toi-même » : elle a appliqué à la lettre la prescription de Nietzsche. Devant la glace elle se modèle, elle se reconnaît. Pour sauver sa peau, elle se fabrique un corps. Une arme de guerre. C'est son entraînement d'amazone.

Bien des années plus tard, convoquant son souvenir de Brigitte pour la télévision, Claude Bourgat se remémorera d'abord les qualités morales de sa jeune élève, si rares chez une enfant : « Elle possédait la volonté et le courage. » Le courage. La force d'âme à sept ans. Qualité virile par excellence.

Rue de la Pompe

Photo numéro 2. Je suis retournée rue de la Pompe munie du code, cette fois. Laurence et Hans, qui habitent le cinquième étage avec leurs deux enfants, m'ont conviée à visiter l'appartement. Rien n'a changé depuis les années trente : les moulures du plafond, la double porte de sortie, le balcon au-dessus de la place de la Muette. Et même le numéro de téléphone. Passy XX XX.

Hans m'a mise en relation avec Marie-Hélène, sa mère. De deux ans plus jeune que Bardot, elle m'a relaté l'histoire de la première photo de Brigitte parue dans le *Jardin des Modes* n° 22 en mars 1949. Cherchant une jeune personne pour présenter un petit tricot, Marie-France de La Villehuchet, rédactrice en chef du magazine, demande conseil à sa collaboratrice, Simone de Boigne, mère de Marie-Hélène : une « petite poitrine pigeonnante » est requise. Trop jeune, ou parce que sa poitrine ne pigeonne point, sa propre fille ne fait pas l'affaire. « Essayez la petite Bardot, elle est très mignonne » conseille Simone. Dans l'appartement

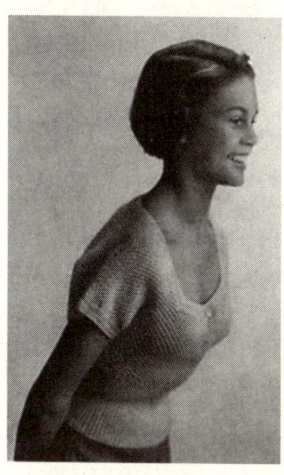

de la famille Bardot, elle l'a vue présenter les chapeaux de sa mère. Rachetant ceux de grands couturiers en fin de collection, Anne-Marie Bardot les améliore (aujourd'hui, on dirait « customiser ») avant de les revendre à un cercle d'amies et de connaissances ravies par les bonnes affaires.

Sans être d'une beauté exceptionnelle, la jeune fille possède un maintien exquis. Pour dissimuler des dents écartées, elle garde une main devant la bouche lorsqu'elle rit. Brigitte est le premier mannequin d'Anne-Marie, qui lui demande de présenter les chapeaux en dansant.

« Madame Bardot, une belle femme blonde, aurait voulu être actrice, explique Marie-Hélène de Boigne. La mode la distrayait. » Les femmes de cette génération, poursuit-elle, avaient vu leur ambition brisée par la guerre et les naissances. L'éducation de ses enfants avait privé la mère de Marie-Hélène de son métier de styliste chez

Primavera, l'excellent bureau de style des grands magasins du Printemps. Quant à Anne-Marie Bardot, elle doit attendre l'adolescence de ses filles et la fin de la guerre pour se lancer dans la mode. En femme de Passy, elle sait s'habiller au goût du jour sans nécessairement fréquenter les maisons de couture. C'est elle qui choisit la garde-robe de ses filles, souvent réalisée par une couturière qui se fournit aux Tissus Boussac, sur les Champs-Élysées. Tout est rationné, les femmes possèdent peu de vêtements. Frappée par la grâce de la jeune fille, Simone de Boigne la présente au *Jardin des Modes*. Sa mère accepte la proposition, à condition que Brigitte ne soit ni payée ni nommée et naturellement, elle l'accompagne à la séance de pose.

Bien qu'elles soient de la même génération, Marie-Hélène et Brigitte ne se sont pas fréquentées. La petite société de l'Ouest parisien obéit à d'implacables hiérarchies. Les Boigne et les Bardot n'appartiennent pas au même milieu. Les premiers sont des aristocrates, les seconds des bourgeois. Si Marie-Hélène et Brigitte apparaissent dans le même n° 28 du *Jardin des Modes* de septembre 1949 dans un sujet consacré à l'élégance, elles ne se sont guère croisées que dans l'autobus ou la rue de Passy. « Elle avait l'air assez banale. En photo, elle était merveilleuse. »

Les images en noir et blanc publiées dans le *Jardin des Modes* sont si anodines que la jeune Bardot est à peine reconnaissable. C'est Brigitte avant B.B.

La fille qui étincelle

> « Et surtout, n'oublie pas : ne sois jamais convenable. »
>
> Christian Marquand[1]

De grands yeux verts des cils très noirs

La jeune fille bouge la tête à la manière d'un chat. Ses yeux glissent sur les choses avant de s'arrêter sur Vadim. Elle est entrée dans le salon derrière sa mère. Tel un fanion, une jaquette de toile bleu roi balançait au bout de son index. Le rendez-vous a lieu en fin de journée, après les cours. Vadim a plié sa silhouette devant la mère puis la fille avant de reprendre son poste au piano, où il s'accoude. Qu'au moins cet instrument serve à lui donner une contenance. Jupe marine, chemisier blanc, la fillette se dirige vers Marc Allégret, qui baise la main de la mère. À la femme de chambre qui attend la jaquette, elle la tend par-dessus l'immense canapé de velours tabac. Lorsqu'elle s'est étirée, Vadim a vu ses jambes. Royales. Dans tout l'éclat de l'extrême jeunesse, une femme en miniature affichant une désinvolture de garçon. Puis elle s'assoit dans un fauteuil tandis que la femme de chambre apporte des rafraîchissements.

Mademoiselle Bardot, elle, ne reste pas longtemps dans son fauteuil. Après avoir vérifié que Vadim la regarde, elle se dirige avec nonchalance vers la cheminée. Saisissant la photo de Simone Simon, elle déchiffre la dédicace.

Un aplat de ciel très bleu, très pur, est découpé par les lourds rideaux. La chaude lumière de fin d'après-midi imprime une raie claire dans le chêne du plancher.

« D'habitude, on écoute les gens qui parlent. Vous, vous m'écoutez ne rien dire. »

Elle s'exprime avec lenteur, détachant les syllabes comme des quartiers d'orange. Le contraste entre les paroles désinvoltes et la panoplie de fillette vieille France est d'une séduction effroyable. Effroyable ? Ce mot lui est venu instinctivement.

La brunette le fixe de ses grands yeux à la noisette et cache son rire d'une main. Rayonnante d'autorité. Bien qu'elle ne soit qu'une gamine convoquée pour un rôle dans son film à lui, c'est lui qui a l'impression de passer une audition. Tandis qu'elle se rapproche pour s'asseoir sur le tabouret du piano, Vadim se recule. De près, elle est plus charmante encore. Le pollen soyeux qui vibre dans la raie de lumière semble s'être déposé sur la délicate courbe de la joue. Elle s'est assise sur le tabouret, cuisses ouvertes, comme une petite danseuse de Degas, plis de la jupe rabattus sur la peau. Des socquettes, une jupe plissée, un col Claudine habillent cette beauté ruisselante de santé. Beauté lustrée des très jeunes filles qui dure à peine plus longtemps que le vert tendre d'un feuillage d'avril. Sur son bras brille un duvet doré.

Mademoiselle Bardot rayonne de sentir sur elle l'attention d'un garçon aussi séduisant. Dieu qu'il est beau, Vadim ! Ce qu'on voit d'abord c'est son regard. De grands yeux verts, des cils très noirs. Habillé n'importe comment, pantalon trop court et chandail à col roulé, et tellement relax, il a une classe folle. Jamais elle ne pourra plaire à un garçon pareil. Mais elle est heureuse qu'il la regarde.

Sur le canapé, Marc Allégret badine avec la mère pour la convaincre d'autoriser sa fille à tourner un bout d'essai. Aux yeux des Bardot, le cinéma souffre d'une réputation douteuse : il n'est pas fait pour les « jeunes filles bien »[2]. Expert en conversations mondaines, le cinéaste s'emploie à rassurer Anne-Marie Bardot. Conquise déjà par le bon goût de l'élégant duplex du 11 bis, rue Lord-Byron, Anne-Marie a baissé la garde. Authentiques Louis XVI ou copies, ces sièges ?

Excitée d'être reçue chez un homme aussi célèbre, après avoir soigneusement étalé autour d'elle sa jupe en corolle, elle félicite Allégret de ses films si rafraîchissants, jolis, juvéniles et fait des mines en tirant sur la cigarette qu'il vient de lui allumer. Belle femme blonde de trente-huit ans, Anne-Marie Bardot plaît aux hommes. Si elle savait ! Elle ne fait pas plus d'effet à Marc que la mère de Lolita à Humbert Humbert. Le réalisateur n'apprécie que la jeunesse, les jeunes, les très jeunes femmes. Aussitôt qu'elle écrase un mégot, il se précipite pour le vider. C'est la seule manie que Vadim lui connaisse, avec les photos érotiques. Très en verve, Anne-Marie entreprend de raconter sa propre carrière interrompue, comme c'est dommage, par son mariage. Elle aurait tant aimé être actrice. Le cou du jeune faon pivote sur son axe : « Maman, vous les barbez. »

Elle n'a pas froid aux yeux, la gamine. Autant que son insolence, son phrasé impassible séduit le jeune Vadim. Dans sa tête de vieux séducteur de vingt ans, un signal d'alarme s'allume. Cette petite fille n'est pas une proie. La proie, ça pourrait bien... être lui. Quel âge a-t-elle ? Quatorze ans. Un arôme apaisant de feu de bois embaume la pièce, exhalé par le foyer éteint. Une odeur qui lui rappelle les Folliets, la ferme de sa mère, aux Gets. Pendant la guerre, Vadim y a recueilli une jeune chatte aux yeux verts. Elle buvait dans son bol et lui râpait le visage à petits coups de langue avant de dormir près de lui. Un jour, elle s'est emprisonnée dans un drap tombé de la corde à linge. Il l'a vue se débattre dans l'herbe, entortillée dans le tissu. Lorsqu'il a voulu l'aider, une lame acérée s'est refermée sur sa main. L'animal enfonçait ses crocs dans la chair tandis que Vadim s'agitait. Pendant quelques minutes, il s'est battu avec un animal sauvage. Lorsque la chatte s'est enfuie, Vadim a vu les chairs sanguinolentes. L'animal s'était profondément entaillé. Sans doute Vadim avait-il involontairement touché une blessure. Pourquoi pense-t-il à cette histoire ?

Lorsque la jeune Bardot s'élance vers le balcon, Vadim adosse toujours sa nonchalance contre le piano sans la quitter des yeux. Elle danse dans l'espace, les reins *pleins d'étincelles magiques*[3]. La gamine bouge avec une lenteur élastique. Une lenteur émouvante, oui, un rythme fluide comme si une musique la soulevait. Elle marche sans toucher terre. Une petite négresse blanche, croupe en altitude, buste altier.

Voilà qu'elle se penche au-dessus du vide. Couleur de châtaigne, d'une sève généreuse, la lourde masse de cheveux bascule en avant. Marc occupe seul les deux derniers étages du 11 bis, rue Lord-Byron. Vadim, venu faire de la figuration sur son film *Petrus*, a fait sa connaissance il y a trois ans. Charmé par sa jeunesse, Allégret lui a préparé un plat de pâtes. Vadim est devenu son fils adoptif, son collaborateur, sa dame de compagnie, son complice de plaisir. Et son chauffeur sans permis. Vadim conduit parfois la Chrysler décapotable bleue de Marc, garée sept étages plus bas.

— J'aime les terrasses, dit la petite, dos à la rambarde.

De près, ses yeux semblent plus grands. Des taches de rousseur parsèment le grain de sa peau lisse comme du papier bristol.

— Pourquoi ?

En riant, elle cache sa bouche et dévisage avec curiosité le jeune homme incroyablement beau, mieux que beau, sombre, mystérieux, en un mot... romantique.

— Il faut une raison pour aimer ?

Mon Dieu, mon Dieu... Ce petit génie vif et clair, c'est Mozart[4]. La fougue et le calme, l'orgueil et la prestance, un maintien d'exception, un corps discipliné et une assurance dans le mouvement, tout reflète une personnalité souveraine. Sa façon de rire, et surtout d'être à son aise, de s'exprimer de manière directe et pleine d'humour impressionne le jeune homme. Une grâce déliée, oui. Le naturel. Elle lui remémore une phrase de Balzac, « l'élégance, c'est de paraître ce qu'on est ». Qu'est ce qui lui prend de convoquer toute la littérature pour parler de cette fille ?

La mère prend congé. Bambi récupère sa jaquette et lui emboîte le pas. *Elle marche tout en beauté.*

> *She walks in beauty, like the night*
> *Of cloudless climes and starry skies,*
> *And all that's best of dark and bright*
> *Meet in her aspect and her eyes*[5].

Oui, Vadim veut travailler avec elle. Il vient d'écrire son premier scénario, *Les Lauriers sont coupés*. Une aventure noire et tendre, romantique, perverse, dont tous les acteurs sont adolescents et le personnage principal, une jeune danseuse. Marc Allégret, dont il est le jeune assistant, en sera le metteur en scène et Pierre Braunberger, le producteur. Un premier bout d'essai a été tourné avec un elfe gracile en maillot pailleté de la troupe du *Daisy*, une sorte de Lido anglais. Mince même de visage, avec un œil oblong d'antilope, l'exquise chose arrivait de Hollande où elle avait failli mourir de faim durant la guerre. Mannequin puis danseuse à Londres, elle s'était rebaptisée Audrey Hepburn. Braunberger n'en a pas voulu.

Dans la *Flèche d'Or*, le train qui relie Londres à Paris, Marc et Vadim ont remarqué une autre gosse élevée au ticket de rationnement. Leslie Caron, danseuse au Ballet des Champs-Élysées. Braunberger, que Vadim commence à soupçonner de ne pas vouloir faire le film, l'a recalée sous prétexte qu'elle a un nez d'eskimo. Grâce à Vadim, ami d'Hervé Mille, le patron de *Paris Match*, Leslie a fait la une du numéro 59, un brin de muguet à la bouche. Vadim est épris d'elle. « J'éprouvais beaucoup de tendresse pour Leslie qui, de son côté, me portait plus que de l'affection » fanfaronne-t-il dans ses donjuanesques mémoires où il se donne le beau rôle[6]. « C'est ma mère qui trouvait Vadim irrésistible[7] » corrige Leslie. Elle, elle est amoureuse de son partenaire, Jean Babilée, légende vivante de la danse. Babilée possède une si rare confiance en lui qu'il s'élève dans les airs sans se donner la peine de redescendre. Les plus grands danseurs assistent à ses spectacles avec vénération. Hélas, Babilée est marié.

Après une dispute avec sa mère, Leslie trouve refuge à la montagne où Vadim la rejoint avec son ami Christian Marquand. Par souci d'économie, le trio loue une chambre unique à l'hôtel du Mont-Blanc, à Megève. Leslie dort par terre, un loup noir sur les yeux : Vadim et elle n'ont échangé que des baisers.

Brigitte Bardot est aussi menue que les deux autres danseuses. Vadim fera le tour de sa taille des deux (grandes) mains. La guerre et les cartes d'alimentation ont forgé une génération de mutantes en fil de fer, des J1, J2, J3[8] semblables aux silhouettes de Bernard Buffet.

La fille qui flirte

C'est la photo numéro 3. La toute première d'une série miraculeuse. La couverture du magazine *Elle*. Le plus américain des magazines féminins. Deux mois après la parution du *Jardin des Modes*,

Marie-France de la Villehuchet a recommandé Brigitte à Hélène Gordon Lazareff, la directrice de *Elle*. Cette dernière a relancé le titre en 1945 à son retour des États-Unis, où durant cinq années elle a travaillé dans des titres prestigieux comme le *Harper's Bazaar*[9]. Pour la nouvelle formule, le magazine a besoin de visages frais.

C'est Braunberger qui a découvert la jeune Bardot dans *Elle*. Qu'est-ce qui a frappé le producteur sur la sage image de couverture ? En chemisier à col Claudine, la collégienne porte une tasse de thé entre ses mains. Cheveux relevés, elle jette un regard en coin à l'appareil photo. Mélange sensuel d'innocence et de séduction, ce coup d'œil retient l'attention. La jeune fille flirte avec l'objectif. Elle veut qu'on la regarde : la définition même d'une actrice, selon Braunberger. Avec ça, on leur fait faire tout ce qu'on veut.

Pense-t-il aussi à Simone Simon, une des femmes fatales les plus raffinées de l'histoire du cinéma ? Beauté sauvage à tête de félin lancée par Marc Allégret, elle a fait carrière aux États-Unis en tenant le rôle principal dans *Cat people* (*La Féline*), un film fantastique de Jacques Tourneur. La gamine inconnue a la même tête de chat et la démarche d'un léopard.

Découvreur d'inconnus, Marc, outre Audrey Hepburn et Leslie Caron, a donné leur première chance à Jean-Pierre Aumont, Michèle Morgan, Corinne Luchaire, Janine Darcey, Gisèle Pascal, Daniel Delorme, Gérard Philipe et plus tard Jean-Paul Belmondo, l'équivalent masculin de Bardot : air sauvage, diction singulière.

La prestance rassurante de Marc Allégret a eu raison des réticences (pas si injustifiées) d'Anne-Marie Bardot, qui autorise Brigitte à tourner un bout d'essai. Seul Louis Bardot entre en résistance.

— Le père : Pas de romanichel dans la famille.
— La fille : On verra !
— Le père : On verra quoi ?
— La fille : Très bien. J'arrête de manger. Pour toujours.

Le père cède. Il cède toujours.

Convaincu de mener sa maison, Louis Bardot se laisse manipuler. C'est la mère qui pousse la fille sur le devant de la scène. Brigitte est le nom qu'enfant, Anne-Marie donnait à sa poupée de prédilection[10]. C'est elle qui a inscrit sa fille à la danse. Elle qui l'a fait défiler comme mannequin, elle encore qui a accepté qu'elle pose pour le *Jardin des Modes* alors qu'elle n'avait pas quatorze ans, puis pour le *Elle*. Anne-Marie l'accompagne aux séances photo, tout comme elle l'a accompagnée chez Marc Allégret. Au début, c'est Anne-Marie Bardot qui a fabriqué sa fille.

Brigitte veut être danseuse, pas actrice. Si elle ne fréquente plus le cours Hattemer que trois fois par semaine, elle répète maintenant au Conservatoire de Paris avec le chorégraphe russe Boris Kniaseff, qui compte de grandes ballerines comme Yvette Chauviré ou Ludmila Tcherina parmi ses élèves. Brigitte n'a qu'une passion, la danse, et rêve d'être une danseuse étoile.

Elle n'a jamais songé au cinéma mais amoureuse déjà du regard porté sur elle, Brigitte est d'accord pour l'essayer, ce Vadim. Intellectuel sexy, un spécimen inconnu chez les puceaux de Passy. Avec lui, elle vient de trouver un Pygmalion.

Son enfance, sa famille, tout ce qui l'a façonnée, Brigitte les abandonne une fois par semaine après son cours de danse. Vadim tente de lui inculquer les quelques notions retenues d'un bref passage au Conservatoire avant de lui faire tourner un essai pour *Les Lauriers sont coupés*. Trop indépendante pour se plier aux lois de la diction ou de l'art dramatique, Brigitte est une drôle d'élève. Parfaitement égotiste, elle ne joue que ce qui lui parle : elle doit s'identifier au personnage pour le jouer.

Au cours de danse, c'est autre chose.

Impressionné par la métamorphose souveraine de sa jeune amie aussitôt qu'elle lace ses chaussons, Vadim aime l'accompagner à ses leçons au studio Wacker, rue de Douai. Plus tard, se remémorant ces instants dans ses mémoires, il orthographiera « Walker », comme le whisky Johnny Walker. C'est dire l'effet vasodilatateur qu'eurent sur lui les jetés arrière, les pas de chat, les pirouettes de sa jeune amie. Leslie s'était formée au même endroit tout comme Zelda Fitzgerald, qui décrit le studio dans *Accordez-moi cette valse*. Leslie et Brigitte ont grandi dans le même quartier, fréquenté le même Conservatoire et sont venues à la danse dans l'espoir de gagner l'approbation de leurs mères, deux femmes ni chaleureuses ni maternelles. Brigitte ignore tout de l'idylle de Vadim et de la jeune danseuse au nez d'Inuit, qui vient de s'envoler à Hollywood. Elle a été recrutée par la MGM à la demande de Gene Kelly. Au Ballet des Champs-Élysées, le soir de la première de *La Rencontre*, elle tenait le premier rôle aux côtés de Jean Babilée lorsque le danseur américain l'a remarquée. Roger se remémore le corps de Leslie, si petite et musclée, Leslie au charme acidulé qui n'a pas été son amante mais qui se sent si seule à Hollywood qu'elle lui demande de la rejoindre. Trop tard[11].

Des studios voisins proviennent des bribes de Scarlatti, de Chopin ou de Satie. Le studio Wacker est imprégné d'une âcre odeur de jeunes corps en sueur que l'air des fenêtres à tabatières ventile à peine. Avant les exercices « au milieu », le professeur arrose d'un filet d'eau le plancher de chêne pour empêcher la poussière de voler. La passion, la discipline, la ferveur de sa jeune ballerine émeuvent le paresseux Vadim. Jamais ailleurs, pas même devant une caméra, il ne la verra plus en accord avec elle-même : elle se donne à la danse corps et âme.

« La danse, c'était sa vie. Le cinéma, un jeu qui a réussi[12] » dit Vadim.

Des *Lauriers sont coupés*, il reste 4'14 de rushes en noir et blanc tournés par Marc Allégret au studio Lhomond, près du Panthéon, une ancienne chapelle qui a servi à la Gestapo. Lors d'une répétition menée par un prof de ballet à l'accent russe, Vadim donne la réplique à une Brigitte enfantine et charmante qui joue plutôt juste. Quoique honorable, le sketch n'est pas jugé concluant par Braunberger. « La fille s'exprime avec le râtelier de la mère » aurait-il déclaré[13].

« Je m'en tamponne le coquillard » rétorque Brigitte.

Le film ne se fera pas. Sans doute le producteur est-il dubitatif depuis le début. Ce même producteur frileux sera celui de la Nouvelle Vague : entre-temps, il y aura eu le triomphe de *Et Dieu créa la femme*. Quant à Vadim, son intuition se révélera aiguisée puisqu'Audrey Hepburn, Leslie Caron, Brigitte Bardot, les trois danseuses inconnues qu'il a auditionnées deviendront toutes des stars internationales.

Un coup d'admiration pour une grâce insolite. Un coup de foudre ? Non. Un coup d'admiration. Des années plus tard Vadim qualifiera ainsi le choc émotionnel que lui inspira la vitalité animale, la force expressive du corps en mouvement de Brigitte Bardot[14].

Admirer : voir avec étonnement. Être ébahi. Frappé de stupeur. Avant que le mot « admirer » existe, on disait « se merveiller ». Le merveilleux de cette rencontre, c'est que Vadim voulut en exprimer la trace magnifique et indélébile. Comme dans les contes, sept ans après le balcon de Lord Byron, il tournera *Et Dieu créa la femme*.

Amoureux d'une femme magnifique, il s'efforcera de filmer ce qui l'avait ému.

Tant qu'il a été son professeur, Vadim s'est promis de ne pas mélanger le plaisir et le travail, il n'a pas tenté de séduire son élève. Même lorsqu'elle balance ses jambes élastiques en écoutant ses conseils. Et puis quelque chose le retient de tomber amoureux. Elle n'est pas belle, elle est trop belle. Trop belle pour être humaine, se dit-il. Tout ce qui la recouvre est beau, même l'intérieur rose de sa bouche. Il a été amoureux d'une autre ravissante, Françoise Dreyfus, devenue Anouk Aimée, qui a déjà tourné deux films. Jamais il n'a rencontré quelqu'un comme Brigitte. Que ressent-il vraiment ? De la peur, de la méfiance ? Paris est un grand terrain d'aventure. Il habite alors avenue Wagram, chez Danièle Delorme, la sœur d'Evy Girard, une ex-petite amie. « Vadim était un peu voyou dans l'âme, et même un peu vachard[15] » s'amuse Danièle Delorme, qui le trouve alors plus beau que Brigitte.

Camarades de chambrée, Vadim et Danièle se racontent leurs frasques. Outre Evy, le beau Roger a fait affaire avec Marie-Thérèse, dite Théote, la sœur cadette de Danièle. « J'adorerais coucher avec les quatre sœurs Girard » confie-t-il à son amie. En attendant, Danièle lui a installé un lit jumeau dans sa propre chambre. En tout bien tout honneur, car elle est mariée avec Daniel Gélin. Le couple fait chambre à part car Gélin rentre tard du théâtre.

Vadim incruste aussi une famille de marginaux séduisants, les Marquand. Jean, le père, n'a jamais de sa vie réglé ses impôts. Il a six enfants : Huguette, Christian, Serge, Lilou, Nadine (qui épousera plus tard Jean-Louis Trintignant), Carole.

Pendant l'hiver 41-42, un des plus froids du siècle, les privations ayant été plus rigoureuses que jamais, Jean Marquand un midi réserva une table au Berkeley, en bas des Champs-Élysées. Sans un sou en poche, il emmena sa progéniture au complet. « On la foutait mal avec nos vieilles canadiennes au milieu des visons[16] » raconte Lilou Marquand. Qu'ils commandent tout ce qu'ils veulent, ordonne le père. « Ce fut un repas extraordinaire[17] » dit Nadine Trintignant. Lorsqu'arriva l'addition, Jean Marquand n'avait pas de quoi payer. Selon Lilou, un officier allemand régla la note. Selon Nadine, le directeur de l'établissement les invita, après avoir baisé la main de leur mère. Qu'importe. Vadim l'orphelin aime la générosité et la bohème d'une famille qui vit au jour le jour. Il n'est pas le seul. Au 15, rue de Bassano, chez les Marquand, Marlon Brando, Anouk Aimée sont comme chez eux. Une famille à part, la seule qu'il adoptera jamais. Il a rencontré Christian, l'aîné des fils, au cours Simon. Ils ont le même âge. Vadim traîne à Saint-Germain-des-Prés avec une bande de vitelloni, Christian et Serge Marquand, mais aussi Maurice Ronet, Robert Hossein, toute une cour de récréation *qui retarde l'heure de devenir adulte*. Le café de Flore est leur Q.G. à cause du poêle à charbon. Ils fréquentent Gide, Genet, Cocteau, Colette, grandes personnes attirées par leur fraîcheur. Escrocs sur les bords et machos sur les grandes largeurs, ils leur font les poches comme ils volent leurs maîtresses fortunées. Et les bonnes fortunes ne manquent pas. Nadine Trintignant possède encore un Max Ernst subtilisé autrefois par son frère. Depuis l'explosion de la bombe d'Hiroshima et Nagasaki en août 1945, ces jeunes gens croient vivre un sursis avant la déflagration finale et profitent de l'instant présent avec un cynisme juvénile.

Au milieu de tout cela, Brigitte fait l'effet d'une fillette. Curieusement, Vadim finit par oublier la peur ressentie lors de leur première rencontre. Après tout, Brigitte n'est qu'une collégienne. À la fin de leur dernière leçon, elle l'a embrassé sur les lèvres. Depuis l'échec du bout d'essai, il ne l'a pas revue. Jusqu'au jour où, presque par hasard, il téléphone chez elle alors que ses parents sont absents. Depuis, Vadim donne rendez-vous à Brigitte rue de Bassano, dans le studio de Christian Marquand où il lui enseigne des jeux plus sensuels. Impudique et timide, la jeune fille l'émeut. « Est-ce que je suis une vraie femme, maintenant ? » lui demande-t-elle après chaque rendez-vous. « Pas encore. À vingt-cinq pour cent seulement » répond-il.

Androgyne parfaite, elle a des hanches de garçon et d'opulents seins de fille sur un corps étroit.

« Ce qui est racé, c'est ta ligne de hanches » dit-il.

Il mettra la réplique dans la bouche de Jean Marais dans *Futures vedettes*, le film dont il sera le scénariste en 1955. Lorsqu'au bout de quelques visites, Vadim enfin répond à la question rituelle : « À cent pour cent », elle ouvre la fenêtre et hurle : « Je suis une vraie femme » raconte-t-elle dans ses mémoires. L'a-t-elle réellement vécu ? La scène duplique un plan d'*En cas de malheur*, le film de Claude Autant-Lara. Yvette, le personnage principal interprété par Bardot, hurle au balcon : « On est heureux ! »

Vadim est l'amant d'une très jeune fille à laquelle son père, à seize ans, donne encore des fessées. Pour le retrouver, elle sèche les cours. Vadim imite la signature de la mère au bas des mots d'excuse. Un an après leur rencontre, il s'installe sous les toits au 16, quai d'Orléans avec Christian Marquand dans l'appartement d'Évelyne Vidal, la femme d'un riche industriel. Marlon Brando, proche de Christian, les rejoint lorsqu'il est à Paris. Les deux hommes se sont rencontrés par hasard à une terrasse, à Montparnasse alors que Brando n'a pas encore tourné avec Elia Kazan.

Tout en étant bouleversé par le mélange d'innocence et de féminité de Brigitte, Vadim continue à lui préférer la compagnie de ses copains et la trompe quand ça lui chante, se désolant qu'elle soit aussi fleur bleue. « Elle était moderne dans son insolente recherche de liberté, démodée dans son romantisme à la Bovary[18] » déplore-t-il. Elle commence à montrer une forme extrême de possessivité qui va détruire leur relation, comme plus tard celle de Brigitte avec les autres hommes.

Bichette

Dans les archives du Conservatoire national de danse, on peut lire : « Brigitte Bardot, 1948, 1er accessit. » Un premier accessit obtenu dès la première année au Conservatoire signale une danseuse douée. Plus laconique, mais on ne peut être primée chaque année, en 1949 : « A concouru. » 30 septembre 1950 : « Rayée. » Brigitte Bardot a donc abandonné la danse. Pourquoi a-t-elle renoncé à sa passion ? Dans ses mémoires, elle résume sa décision en une phrase lapidaire : « Adieu bachot, Conservatoire, je serai une vedette de cinéma. »

Selon Brigitte, c'est pour tourner son premier film, *Le Trou normand*, qu'elle a renoncé à la danse. Mais le tournage n'a eu lieu que deux ans plus tard, au printemps 1952[19]. Une chose est sûre, elle a poursuivi sa carrière de mannequin junior. Elle a pris goût aux séances de photos. Sans lunettes ni appareil dentaire, on la regarde, on la félicite. Sauf à la danse et désormais dans le regard de Vadim, Brigitte n'a pas reçu beaucoup de compliments dans sa vie. Les photos des magazines, qui fixent d'elle un reflet fugitif, la consolent. Parfois, elle se trouve jolie. Elle prononce « jeu-li », comme à Passy. En 1950, elle a même posé pour Robert Doisneau dans *Vogue* pour une série « Bal des débutantes ». Dans *Elle*, elle présente tailleurs, manteaux ou jupes crayon. Un corset à peine plus grand qu'un bracelet encercle sa taille minuscule. Une fois, on l'habille d'une robe du soir Dior qui la transforme en princesse. Les fans de B.B. collectionnent aujourd'hui les anciens numéros de *Jardin des Modes*, de *Veillées des chaumières* ou de *Elle* dans lesquels elle a fait la *cover girl*. Virginie Prévot, créatrice d'un important site dédié à Bardot, en possède une si grande collection qu'elle leur réserve une pièce entière[20].

Le 4 janvier 1951, dans un sujet sur la mode des sports d'hiver à la toute nouvelle télévision française, Brigitte présente l'ensemble « Remonte-Pente » de la maison Hermès, fuseau vert et gilet de plaid écossais. Elle n'est alors qu'un jeune et joli mannequin anonyme de seize ans dont les débuts coïncident avec ceux d'un nouveau média, la télévision. Frange courte et accroche-cœurs romantiques, sa chevelure a poussé. Cette première version de Brigitte travaille plusieurs années comme mannequin junior sans que son nom soit jamais cité.

Pourquoi a-t-elle renoncé au rêve de devenir une danseuse étoile alors qu'elle a passé plus de la moitié de sa vie à s'y préparer ? Pour suivre Vadim, tout bêtement ? L'été de ses seize ans, durant deux semaines, elle danse sur un paquebot de la Compagnie générale transatlantique, le *De Grasse*. À son retour, elle déclare que la vie en tournée la contraindrait à d'incessantes séparations et qu'elle arrête la danse. Le cinéma n'entraîne-t-il pas les mêmes conséquences ? Oui, mais Vadim veut faire du cinéma, alors elle aussi.

Lorsqu'un ami de son père lui propose de tourner avec Bourvil, Brigitte Bardot accepte de jouer dans *Le Trou normand*. Dans ce poisseux navet, elle interprète sans talent excessif une peste antipathique qui abuse de la naïveté d'un paysan (Bourvil) pour s'approprier son héritage. Sa voix n'est pas posée : elle parle trop haut sur un ton monocorde. Elle a manifestement été engagée pour sa jeunesse, pas pour son talent ou son sex-appeal.

Si elle a accepté, c'est pour conquérir son indépendance financière. La liberté a un prix. Deux cent mille francs, le montant de son cachet. Pour vivre avec Vadim, elle doit gagner sa vie. Dans la bourgeoisie parisienne de 1950, les filles épousent un statut social, pas un amant. Et Vadim n'a pas de statut. Bardot n'est pas tout à fait de son milieu. Vadim lui a fait lire un ouvrage scandaleux, *Le Deuxième Sexe* de Simone de Beauvoir, publié l'année de leur rencontre. Le bréviaire de la femme émancipée.

Sa défection à l'égard de la danse a peut-être un autre motif : l'orgueil. Brigitte Bardot n'a-t-elle pas abandonné la danse avant que celle-ci ne l'abandonne ? Un trait de son caractère : rompre, partir la première, s'épargner la douleur du rejet. Discipline austère et cruelle, la danse ne pardonne pas les écarts. En tournée, peut-être Brigitte a-t-elle mesuré le travail qui la séparait encore de ses camarades de premier plan. Au premier accessit a succédé une période de stagnation. Son professeur lui a reproché ses absences, son manque de concentration. La passion amoureuse a entraîné une baisse d'assiduité. Brigitte est incapable d'accepter le regard désapprobateur d'un maître de danse. Hantée par la crainte de l'abandon, elle a besoin que l'attention se concentre sur elle. Seul l'attire le devant de la scène. Au second rang, elle redoute la disgrâce. Être la première, oui. Derrière, jamais. Lâcher plutôt qu'être lâchée.

Le Conservatoire, dirigé par la sévère Jeanne Schwartz qui a découragé Leslie Caron partie dans la troupe de Roland Petit avant de s'envoler pour Hollywood[21], n'a jamais été une école facile.

Leslie Caron l'a quitté avant l'examen, comme Bardot : elle refusait de porter le costume de petit lapin imposé par l'inflexible directrice, un tutu court qui laissait voir les cuisses et découvrait la culotte bordée de dentelle. Quant à Boris Kniaseff, Jean Babilée lui-même le trouvait inflexible.

Leslie a croisé Brigitte en 1949 lors d'une tournée en province. Recommandée par le grand danseur Christian Foye, ami de sa mère, Bardot était surnommée Bichette par ses camarades, en hommage à une silhouette gracile qui ne touchait pas terre. « Brigitte n'était alors qu'un *corps de ballet* prometteur. Un peu faible sur les pointes, il aurait fallu qu'elle travaille beaucoup. Pas bûcheuse, elle faisait les choses à moitié[22] » assure Leslie Caron. Bûcheuse et courageuse, Leslie l'était puisqu'elle s'exila loin des siens, se confronta à la solitude avant de devenir actrice d'un Hollywood dont Brigitte n'aurait pu accepter la discipline. Lorsque la Warner lui fit une offre, Bardot la refusa. Leslie, elle, peut revendiquer quelques-uns des films les plus emblématiques de la culture hollywoodienne : *An American in Paris*, *Lili*, *Gigi*, *Daddy long legs*.

Le studio de danse est un monde à part dans lequel Brigitte a trouvé refuge. Le miroir l'enferme en elle-même. Elle n'en sortira plus. Quand elle fait un pas de côté, c'est vers le cinéma, un autre monde clos par l'œil de la caméra.

Suicide n° 1

Depuis que Brigitte découvre son corps et celui de Vadim, elle se sent pleine d'assurance. Alors qu'elle vit une période de découvertes extraordinaires, ses parents s'alarment. Tout en étant charmés par le jeune homme, ils s'inquiètent de la présence d'un garçon qui n'a ni situation ni fortune. « Vadim, dans cette famille, était perçu comme un Noir : la perdition totale » dit Jean-Max Rivière.

Les Bardot décident d'éloigner leur fille dans un internat anglais. Brigitte est anéantie par le projet qui menace son intégrité. Patienter, se soumettre ne figurent pas dans ses options. Alors qu'un soir ses parents sortent avec Mijanou voir la ville illuminée pour la première fois depuis la guerre, Brigitte refuse de les accompagner. Vadim, lui, est parti rejoindre sa mère dans le Midi. Brigitte est seule, aussi seule qu'un enfant oublié au fond d'un bois. Dans l'appartement vide et silencieux, elle s'effondre. « J'ai une peur panique de la solitude. Le silence, le vrai silence a quelque chose de terriblement angoissant. » Pour fuir le vide, elle choisit de se donner la mort. Après avoir laissé une lettre d'adieux sur la table de l'office, elle ouvre le robinet de gaz et place sa tête dans le four avant de tomber inconsciente. Elle n'a que quinze ans.

Ses parents finiront par céder, tout en exigeant que Brigitte attende d'avoir dix-huit ans pour épouser son bohémien. « C'était tout Pilou, ça, mener sa maison *manu militari* avant de se laisser manipuler comme un bleu » note Jean-Max Rivière. Des suicides manqués, il y en aura d'autres.

Exquis Vadim ?

> « Si le plaisir est un droit de l'homme,
> Vadim est un de ses artisans majeurs. »
>
> Alain Riou

Dieu eut la bonne idée de fabriquer Roger Vadim Plémiannikov six ans avant Brigitte, le 26 janvier 1928, afin de lui en faire cadeau quand elle serait grande.

L'Occupation a été l'université de ce beau jeune homme. La débâcle, la collaboration, les Juifs traqués, le maquis : à seize ans, Vadim a achevé ses humanités. Il a tout vu, il sait tout, il n'apprendra plus rien. Les catégories du bien et du mal chamboulées par une société désaxée. Les femmes tondues sur la place publique, les collabos dénoncés, les écrivains exécutés, et la vie qui continue avec les mêmes. Puis Hiroshima et Nagasaki, deux villes rayées de la carte sur ordre d'un politicien. Quatre-vingt-neuf mille morts à Madagascar pour réprimer l'insurrection de 1947[23]. André Gide, son partenaire aux échecs, le surnomme Désarroi. « J'en avais trop vu durant l'Occupation et les années d'après la Libération. Dès l'âge de seize ans, je m'étais imposé une règle : pour éviter de tomber dans le cynisme et, pire, dans l'amertume, j'allais profiter de tout ce que la vie m'offrait de mieux. La mer, la nature, le sport, les Ferrari et les copains, l'art, les nuits d'ivresse, la beauté des femmes, l'irrévérence et les pieds de nez à la société[24]. » L'hédonisme comme remède à la confusion. Une stratégie de survie ou plutôt d'évitement. Une manière de ne pas se confronter au réel, enfin pas trop, de s'anesthésier par l'ivresse, peut-être parce qu'il est trop difficile de demander des comptes aux adultes qui ont construit ce monde inquiétant. Un stratagème plutôt qu'une morale.

L'intelligence de Vadim, comme celle des écrivains Bernard Frank et Françoise Sagan, du peintre Bernard Buffet – autres jeunes désabusés de la même génération – a été affûtée par la guerre. Vadim : « La grâce, la bonne camaraderie, le cynisme, l'audace publicitaire, la rapidité d'esprit, l'amoralité native et l'immoralité consciente » écrit Raymond Cartier dans *Paris Match*[25].

Vadim est le fils de Marie-Antoinette Ardilouze, féministe d'exception, et d'un diplomate. Forte et vulnérable, Ardilouze a un goût de l'indépendance si aigu qu'elle se marie à dix-huit ans pour s'émanciper de sa famille et suivre des études d'architecture. « À côté d'elle, Beauvoir, c'était de la gnognote » dit son gendre, le cinéaste Pascal Thomas[26]. Aussitôt parvenue à ses fins, elle plaque le mari et plus tard épouse un exilé russe, le prince Igor Nicolaevitch Plémiannikov, consul de France à Alexandrie. Ils ont deux enfants, Vadim et Hélène, de onze mois plus jeune. Vadim a neuf ans lorsqu'un beau matin à Morzine, Igor tombe tête en avant sur la table du breakfast et meurt devant ses enfants. Par bonheur, il les a équipés d'une mère hors du commun. Pourvue d'une prodigieuse vitalité, Marie-Antoinette assume seule leur éducation. Sans formation mais pleine de ressources, elle est dactylo, ouvrière, professeur, tisserande. Dans ses mémoires[27], Yves Robert, le futur réalisateur de *La Guerre des boutons*, raconte avoir séjourné pendant la guerre aux Gets, dans une auberge de jeunesse.

Lieu de passage pour les Juifs, elle était tenue par une femme très belle, la mère de Vadim.

Selon sa femme Danièle Delorme, Yves Robert en a été l'amant[28]. Révélateur de femmes d'exception, Vadim est le fils d'une femme peu banale. Marie-Antoinette a transformé une vieille ferme, les Folliets, en auberge de jeunesse. Anti-pétainiste historique, elle y cache des fugitifs. Cacher un Juif, c'est une chose, partager ses bons d'alimentation, c'en est une autre. Elle fait les deux.

Aux Folliets, ni eau courante, ni électricité, toilettes au fond du potager. La vie quotidienne est si rudimentaire que Marie-Antoinette souffre de courbatures et se soigne avec des injections de Propidon, d'où son surnom de Propi. Pendant la guerre, elle envoie son fils en internat au lycée de Nice, dont il se fait exclure pour trafic de lait en poudre et de biscuits Lu. Du moins c'est ce qu'il raconte dans des mémoires pleins d'imagination. À douze ans, il fugue et tente de rejoindre la Haute-Savoie tout seul. Le fils de Marie-Antoinette n'est pas un manchot. C'est Yves Robert qui le retrouve à Lyon et le ramène chez sa mère. Laquelle épouse l'architecte Gérald Hanning, bras droit de Le Corbusier, qu'elle cache aux Folliets.

À cinquante ans, Marie-Antoinette est antiquaire, metteur en scène de documentaires, auteur de livres de spiritualité. À quatre-vingt-cinq ans, aveugle, elle conduit encore sa 2 CV. « Pour franchir un tunnel proche de chez elle, à Aix-en-Provence, elle pliait l'antenne radio de sa voiture et se guidait au bruit » prétend Pascal Thomas[29]. Elle continue à faire du camping. Sa technique, lorsqu'elle sent un de ses enfants en danger ou malheureux : « Faire l'œuf. » Projeter mentalement vers lui un cocon spirituel, un filet d'amour protecteur.

« Elle m'apprit à respecter les femmes sans les craindre » dit Vadim. Grâce à Marie-Antoinette, qui a communiqué à ses enfants sa vitalité, il sait aussi tirer les tarots, lire dans le marc de café, faire tourner les tables. Seul défaut : elle est envahissante. Aux Folliets, Vadim l'entend faire l'amour avec Hanning derrière la mince cloison qui les sépare. C'est excitant et perturbant. Peut-être a-t-elle rendu son fils un poil misogyne ? Certains voient en elle une emmerdeuse. Marie-Antoinette Ardilouze pique de stupéfiantes colères qui effarent son fils, indigné qu'un adulte se contrôle si peu. Selon Pascal Thomas, pour parvenir à ses fins, elle était capable de se rouler dans la neige à peine vêtue.

À celle des femmes, Vadim a toujours préféré la compagnie de ses amis. Mari inconstant, il a été fidèle à son alter ego, Christian Marquand, athlétique et viril géant d'un mètre quatre-vingt-huit. La légende raconte que sur les vols longs courriers, les deux hommes prenaient des paris sur l'hôtesse de l'air : lequel la sauterait le premier ?

Les femmes, Vadim les transformait, comme Pygmalion (un autre misogyne). Choisissant des fillettes malléables, il en a fait des sex-symbols, des figures représentant un idéal sexuel qui était le sien et celui de ses copains, et devint celui d'une époque. Bardot, Annette Stroyberg, Catherine Deneuve, Jane Fonda sortent de sa fabrique. Teintes en blond, cheveux au vent – je suis jeune et très sexy avec une chevelure ruisselante d'énergie vitale – regard maquillé fortement, toutes font du cinéma. « Des expériences matrimoniales passionnantes », ainsi Vadim résuma-t-il sa vie conjugale dans de paresseux mémoires[30].

Propidon a fait de son fils, auquel elle a communiqué sa liberté d'esprit, le mentor de deux des plus célèbres activistes du XXe siècle, Bardot et Fonda, et le mari de trois stars puissantes, avec Catherine Deneuve. « C'est en partie à ma mère que je dois d'avoir toujours aidé les femmes que j'ai aimées à s'épanouir et à se réaliser sans craindre que le succès ne les éloigne de moi. » Vadim, qui aimait la facilité, n'a épousé que des femmes plus ambitieuses que lui. Comme sa propre mère, elles possédaient un entrain hors norme. Dilettante et nonchalant, lui méprisait le travail. « C'est une qualité qu'il faut considérer : Vadim ne faisait pas l'effort de peiner sur l'ouvrage. Son charme suffisait » dit Pascal Thomas.

Vadim est une des meilleures rencontres de la vie de Brigitte. Il lui apprend tout ou presque. Professeur particulier, il lui donne des livres, lui présente des êtres que jamais elle n'aurait pu rencontrer à Passy, ouvre largement son esprit. Charmeur et doux, presque féminin, il sait s'y prendre avec elle. Les ravageuses sautes d'humeur de Brigitte, il les désamorce avec un caractère riant qui ne prend rien au sérieux. Jamais il ne juge, ni elle ni personne.

À Marie-Antoinette Ardilouze, Brigitte inspire une compassion indulgente. « Elle me fait de la peine » dit-elle de cette jeune fille dont elle perçoit le drame intérieur. Lorsque Brigitte se réfugie chez elle, elle observe avec avidité la mère de Vadim, si différente de la sienne. « Une femme rigolote, relax, bohême, hippie avant l'heure. Tout le contraire de mes parents. Je l'aimais beaucoup.[31] » Marie-Antoinette a divorcé de Gérald Hanning tout en l'aimant, parce qu'il travaille trop et qu'elle refuse de le suivre en Algérie où l'appellent ses chantiers. À cinquante ans, elle ose affronter la solitude. Brigitte admire son indépendance et son cran. Marie-Antoinette s'est émancipée financièrement des hommes. Une femme qui travaille, Brigitte n'en connaît guère dans le milieu de sa mère. Aux yeux de Marie-Antoinette, Brigitte semble trop avide de bonheur pour être jamais heureuse. « Elle ne grandira pas. Elle restera une enfant. Pour être heureux, il faut savoir aimer » dit-elle avec perspicacité.

En guise de bague de fiançailles, Brigitte demande à Vadim... un chiot. Ce sera Clown, le cocker noir, peluche vivante et substitut affectif.

Brigitte aime Roger

Le 24 novembre 1952, Brigitte pose pour un sujet sur le pyjama dans le *Elle* n° 365. Dix-huit ans et l'air d'une fillette habillée par sa mère. Dans un mois, le bébé se marie. Le 21 décembre, Brigitte épouse Roger Vadim à l'église d'Auteuil. Afin de se convertir au catholicisme, le fiancé a pris des cours de catéchisme rue de la Pompe. Trois autres fois Brigitte Bardot convolera civilement, mais dans le cœur de cette femme chrétienne, le lien indéfectible du mariage religieux conservera toute

sa force. Pour Christine Gouze-Rénal, la productrice de ses films et son intime, Vadim excepté, Bardot n'a jamais aimé. « Elle sera éternellement une enfant. Franchement, je ne crois pas qu'elle ait jamais connu l'amour. Vadim, cependant, occupera toujours une place à part ; elle ne peut oublier qu'il lui a appris la vie. Mais les autres ? Je me demande[32]… »

Marc Allégret, Anouk Aimée et Françoise Arnoul font partie des invités à la mairie du XVIe arrondissement. Françoise Arnoul ! L'émoi des adolescents ! Fille de général, elle a montré ses seins dans *L'Épave*, son premier film en 1949. Les témoins sont Danièle Delorme et Daniel Gélin. Il y a aussi les photographes, des copains de *Match*, où Vadim, pour rassurer ses beaux-parents, occupe un emploi de rewriter au magazine. Le 29 décembre, le couple fait la couverture de *Elle*, avec le titre « Bonne et Amoureuse année ». Le nom des jeunes gens, toutefois, n'est pas mentionné. Sans doute un cadeau de la rédaction à une gamine photogénique.

Jamais vu

Ces images, c'est Philippe Collin, l'assistant de Louis Malle, qui m'en parle. Est-ce que je connais les fameuses photos de Marc Allégret ? demande-t-il. Les photos ? Quelles photos ? Selon Philippe Collin, qui a aussi été son assistant[33], le cinéaste détenait une prodigieuse collection de photos montrant tout le cinéma français de l'époque en train de baiser. Ou de sucer, précise Philippe. « Les régisseurs de cinéma faisaient ça avec des filles à poil dans des *cosy-corners*. »

Voyeur, Marc Allégret est photographe d'images érotiques[34]. Les débutantes qu'il auditionne ont droit à une séance de pose. Parfois, elles sont simplement nues. D'autres fois, elles polissonnent dans un coin de studio avec un technicien ou un assistant-réalisateur, mimant ou ne mimant pas des jeux sexuels qu'il fige sur la pellicule. Marc Allégret constitue une vaste collection de photos de starlettes dévêtues.

Ah bon ? Mais quel rapport avec Brigitte ? Et bien justement, Philippe a eu entre les mains une image de Bardot. Quel genre de photo ? Très explicite, me dit-il, mystérieux. Érotique. Pornographique, ajoute-t-il. Je suis sceptique. Je n'imagine pas Brigitte Bardot dans une mise en scène obscène. Vadim, d'accord. Mais elle, non. Elle est trop libre pour ça. Le sexe, pour elle, n'était pas synonyme de faute. « Elle était Ève avant la mauvaise humeur du bon Dieu[35]... » Peut-être cette disposition lui venait-elle de son père. « Charmant, délicieux, drôle, élégant, Pilou, le père de Brigitte, n'en était pas moins un baiseur. Un gros baiseur. Sur l'avenue Victor-Hugo, son terrain de chasse de prédilection, il draguait les petites vendeuses des boutiques. Dans le chalet de week-end de Louveciennes, je me souviens du plancher qui vibrait quand Pilou lutinait une petite » raconte Jean-Max Rivière[36]. Alors que Pilou s'envolait pour l'URSS pourvu d'un stock de bas et de parfums, le Boum, son beau-père lui demanda une faveur : « Pilou, soyez chic, ne nous ramenez pas un petit virus »... Plus tard, invité dans un dîner élégant, alors que la maîtresse de maison le présentait à ses convives comme « le père de Brigitte Bardot », Louis s'inclina devant elle et lui demanda, un brin exhibitionniste : « En voulez-vous de la graine ? »

Être libre est une chose, faire l'amour devant un objectif tenu par un tiers, voilà une autre paire de manches. Qui ne colle pas avec le romantisme fleur bleue de Brigitte que déplorait Vadim : « Les sentiments, le décor, l'ambiance, tenaient autant de place que le plaisir. » Où trouver cette photo ? Philippe Collin me conseille les marchands de curiosités. Ou Serge Bramly, spécialiste de photographie. C'est lui qui possède l'instantané.

La photo est en fait extraite d'une planche contact Rolleiflex 6 × 6. Elle a été prise rue Lord-Byron, chez Marc Allégret, peut-être en 1950. La date n'est pas certaine, mais c'est avant *Et Dieu créa la femme* car Brigitte Bardot est vraiment très jeune. Quinze ans, peut-être. Sur l'une d'entre elles, vêtue d'une jupe longue, cuisses écartées, elle dévoile son intimité. Vous voyez ce que je veux dire ? demande Bramly. Non, je ne *vois* pas. Je ne sais pas si je veux *voir*. Cela me *regarde*-t-il ? Le matériel de divertissement sexuel déshumanise souvent les femmes. Sur un autre contact, poursuit Bramly, Brigitte est allongée sur un canapé, jupe soulevée, toujours sans culotte. « De sa braguette, Vadim sort un engin prodigieux. » Vingt-cinq centimètres, affirme une de ses compagnes (Annette Stroyberg). « On est troublé par l'âge et la beauté de Bardot, qui a quinze ou seize ans, et la forte virilité de Vadim. » Selon Bramly, ces photos ont été volées à la jeune fille, qui ne participe en rien à l'élaboration de l'image et ignore sans doute qu'elle est épiée par Marc Allégret, peut-être avec la complicité de son jeune assistant Vadim. « Accompagnateur d'André Gide au Congo, Allégret avait fait pour lui des photos cochonnes » ajoute Bramly. Où se trouve la photo ? Bramly ne l'a plus en sa possession. Il l'a prêtée et jamais revue.

Il me conseille de rencontrer l'expert Alain Paviot qui autrefois lui a offert la planche contact. Et puis de m'adresser au cinéaste Pascal Thomas. « J'ai vu un contact. Je me souviens d'une jeune fille magnifique avec une grande liberté d'esprit. C'est le contraire de ce qu'on peut imaginer : joyeux et sain, sans la moindre trace de péché » répond ce dernier. Il n'a pas conservé le cliché.

« Ces photos ? Maudites. Moi-même, j'en ai offert une à mon père à qui elle a été volée » dit Alain Paviot. Proche de la fille de Marc Allégret, l'expert confirme l'information de Philippe Collin : le cinéaste a collectionné des milliers d'images. « Des jeunes filles, cherchant à faire du cinéma, posaient chez lui. Danièle Delorme, par exemple, toute nue devant une piscine. » Mylène Demongeot, accompagnée d'Isabelle Corey, a eu droit à sa séance de pose. « Le genre T-shirt et petites culottes. Odile Rodin était alors sa favorite » confirme Mylène.

Je transcris à Paviot la description de Bramly. « J'ai vu des choses plus précises comme action. Sacrément pornographique. » Bramly n'a pas eu la même impression : « C'était frais et ravissant, pas pornographique. » Bon, mais Paviot possède-t-il un exemplaire de la planche contact ? « Tout a été brûlé par la famille Allégret » répond-il aussitôt. J'ai du mal à le croire. À regret, il me donne les coordonnées de Christian Rothmeyer, exécuteur testamentaire de Marc Allégret.

Le galeriste m'a mis sur la bonne piste. Les photos se trouvent dans un coffre-fort de la BNP, à Aix-en-Provence. Rothmeyer me décrit la planche contact 6 × 6 dont il possède les négatifs tout en me signalant l'existence d'un film montrant les ébats de Bardot et Vadim qu'il aurait confié aux archives.

En effet, aux Archives françaises du film, à Bois-d'Arcy, la boîte n° 793337 contient bien le négatif nitrate d'un « élément court » de deux minutes intitulé *Prénuptial : Brigitte Bardot et Roger Vadim*, répertorié en 1952 avec la mention « Réservé à Brigitte Bardot et Roger Vadim ».

Cette sorte d'images, à la limite de l'exploitation sexuelle, serait aujourd'hui passible de poursuites pénales. Il entre dans ces pratiques troubles de l'abus, de la maltraitance, du mépris. Le cinéma des années quarante-cinquante était porté sur le sexe, et un sexe malsain. Dans la haine ultérieure du cinéma que devait développer Bardot, le mauvais souvenir de telles images avait-il sa part ? L'archiviste m'explique que pour visionner le film, je dois demander à Mme Bardot son autorisation écrite. Quant à Christian Rothmeyer, il me propose de venir à Aix. Je n'irai pas. Certaines images ne nous *regardent* pas.

Bardot avant Bardot

Avant de surgir d'un bloc en Bardot dans *Et Dieu créa la femme*, Brigitte est une jeune première qui enchaîne les seconds rôles dans d'insignifiantes comédies où on lui concède un rôle de petite sœur, de fille ou de servante, en tout cas une ingénue dépourvue des attributs génétiques de B.B. – blondeur, silhouette en sablier, moue boudeuse, regard provocant. Sa jeunesse compte davantage que son sex-appeal dans les seize films qu'elle tourne avant celui de Vadim.

Qui a conseillé à Brigitte d'écrire à Olga Horstig, grande prêtresse des agents parisiens qui a sous son aile Michèle Morgan, Edwige Feuillère, Françoise Arnoul ? Marc Allégret, sans doute, ou Daniel Gélin. Dans ce cinéma de la Qualité Française, la jeune Brigitte s'adapte tant bien que mal au moule même si son jeu laisse à désirer. D'ailleurs elle n'est joueuse que lorsqu'elle impose ses règles. Les comédiens de cette époque s'expriment avec une diction châtiée, leurs expressions sont empâtées par le maquillage, ils portent leurs costumes comme des acteurs de la Comédie-Française, tandis que la musique joue un air entraînant de Georges Van Parys. On a toujours besoin d'une mignonne dans le décor, même si elle parle trop haut. Olga Horstig la fait d'abord engager dans *Manina, la fille sans voiles*, un film d'aventures de Willy Rozier, ce même réalisateur qui montrait les seins de Françoise Arnoul en 1949. Brigitte se voit confier un rôle en bikini dont le cachet est aussitôt englouti par l'acquisition d'une BMW d'occasion pour son mari. Elle enchaîne « les navets destinés à faire bouillir la marmite », selon sa formulation, parce qu'elle rêve d'aménager le petit appartement que ses parents lui prêtent, rue Chardon-Lagache.

« Voici, après Clown et dans l'ordre, ce que Brigitte aime le plus au monde : les chiens, les oiseaux, le soleil, l'argent, la mer, les fleurs, les meubles anciens, l'herbe, les chatons, les souris. Je n'ai pas osé lui demander où elle me plaçait – peut-être entre l'herbe et les chatons » écrit alors son mari dans *Elle*. L'argent, donc. En quatrième position. Vadim a épousé une matérialiste. C'est pour lui qu'elle travaille. Elle n'aime ni le milieu du cinéma, ni les tournages, ni la comédie. Gagner de l'argent est grisant pour une si jeune femme qui a toujours vu sa mère, mariée à un homme plus âgé qu'elle, dépendre de lui. Sans argent, pas de liberté.

Ainsi tourne-t-elle dans *Le Portrait de son père*, un film d'André Berthomieu, dont Jean Richard est la vedette. Pareille à Aggie Mack, l'héroïne de bande dessinée américaine née en 1946, elle porte des nattes, des jeans ou des jupes écossaises et des socquettes. Sa plastique importe moins que son âge. Sur le tournage d'*Un acte d'amour*, d'Anatole Litvak avec Kirk Douglas, elle côtoie son idole, Dany Robin, une ancienne danseuse elle aussi.

Dany est la vedette, Brigitte sa servante. Dans *Le Fils de Caroline Chérie*, teinte en noir, elle est une des amoureuses d'un bellâtre.

Dans ces premiers films, Brigitte Bardot n'est que le faire-valoir mal dégrossi d'une kyrielle de jeunes premiers, Roger Pigault, Louis Jourdan, Daniel Gélin, Jean-Claude Pascal, Gérard Philipe. Faute de succès en France, elle tourne dans des péplums : une esclave dans *Hélène de Troie*, interprétée par le beau sex-symbol italien Rossana Podestà, puis Poppée dans *Néron*. Outre-Manche, elle joue avec Dirk Bogarde dans *Doctor at sea* (devenu *Rendez-vous à Rio*), une comédie qui se déroule sur un paquebot où elle est une chanteuse française. Betty Box, productrice de comédies bon marché, s'efforce toujours d'avoir à l'affiche un nom étranger permettant l'exportation du film. « J'avais repéré Bardot assez tôt. Elle était très douce, très voluptueuse, très française[37]. » Brigitte a obtenu trois fois ce qu'elle gagne en France : sept cent cinquante livres par semaine. Ce qui n'est pas énorme, rapporté au cachet de Bogarde : dix mille livres par semaines.

Aux studios de Pinewood, James Robertson Justice, un de ses partenaires, lui présente le prince Charles qu'elle subjugue. Il a six ans[38]. Brigitte laisse un si bon souvenir à Bogarde qu'il se vante de l'avoir découverte. « Elle était drôle, pleine de sagesse, très en avance sur tout ce qui pouvait exister en Angleterre. Et bien sûr, personne ne savait s'y prendre avec elle. » Sauf Vadim, resté à Paris.

Sur le tournage de *Doctor at sea*, Brigitte doit prendre une douche nue derrière un rideau de plastique. L'habilleuse a scotché du chatterton sur ses seins et lui a fait enfiler un body couleur chair. En dépit des efforts du metteur en scène et des techniciens pour régler les éclairages, on voit que la jeune actrice n'est pas nue. Zélée, Brigitte propose une solution. « Dites-moi simplement à quel moment je dois enlever ces machins ? » Et de s'exécuter devant l'équipe tout entière attroupée pour admirer une comédienne aussi obligeante. Brigitte devient ainsi la première actrice complètement nue de l'histoire des studios britanniques. Ce qui frappe ses partenaires puritains, c'est sa fraîcheur. Elle a fait cela sans pudibonderie, comme on ôte un justaucorps dans un vestiaire. « La nudité pour elle n'est rien de moins qu'un sourire ou que la couleur d'une fleur » explique Vadim. L'anecdote se répand des studios de Pinewood à Londres. Lors de la conférence de presse du film à l'hôtel Dorchester, bien que peu de journalistes soient attendus pour questionner la jeune inconnue, une bonne trentaine fait antichambre. Elle, elle refuse de sortir de sa chambre : elle se trouve moche[39]. Dès qu'elle arrive, moulée dans une robe épatante, une paire de volumineuses créoles aux oreilles, son retard est pardonné. Son aplomb et sa sincérité font leur effet :

— Quel est le plus beau jour de votre vie ?
— Une nuit.
— Quelle est la personnalité que vous admirez le plus ?
— Sir Isaac Newton. Il a découvert que les corps pouvaient s'attirer[40].

Les journalistes la regardent, hypnotisés. Médusé, un chef de rubrique semble sur le point de sauter à travers le cercle de ses boucles d'oreilles.

— Pourquoi ne portez-vous pas de rouge à lèvres ?

— Ça laisse des traces.

La presse britannique fabrique alors l'expression « *sex kitten* ». Spécialement pour elle. *Sex kitten*. Chaton sexy. Le sexe, la libido, le péché de chair, la part animale, l'innocence. Un animal tiède, tendre et joueur comme un jeune chat.

Dans cette première vie cinématographique, Brigitte est l'archétype de la servante de Molière : vive, franche, pleine de bon sens, coquine, espiègle, honnête. Un bibelot sucré pour humeur égrillarde, dont le balcon pigeonnant ouvre sur de douces perspectives. Elle ne menace pas (encore) la virilité. Chemin faisant, elle a composé son *shadow cabinet* vers la gloire. Dans *La Lumière d'en face*, elle fait la connaissance de Christine Gouze-Rénal, épouse et administratrice du producteur Jacques Gauthier. De vingt ans son aînée, Gouze-Rénal a du cinéma une longue expérience entamée sous Vichy, où cette jolie femme était la maîtresse et la secrétaire de Louis-Émile Galley à la Direction du service du cinéma[41].

À la mort de Jacques Gauthier, Brigitte et Vadim la poussent à succéder à son mari. Elle devient ainsi la première femme productrice en France. À Brigitte, qui s'imagine abandonnée dès qu'un tournage l'éloigne des siens, la jeune veuve rebaptisée Ma Cri-Cri assure une présence affective à temps plein. Et puis Christine couvre ses frasques. Sur *La Lumière d'en face*, Brigitte a eu une liaison avec André Dumaître, le chef opérateur. Christine n'en a bien sûr rien dit à Vadim. Sur *Une sacrée gamine*, la jeune actrice achève de compléter son équipe avec une pièce maîtresse : une maquilleuse en titre. La prise de guerre se nomme Odette Berroyer. La jeune et jolie femme, avant de se consacrer en quasi-exclusivité à Brigitte et de devenir Ma Dédé, l'accompagnant jusqu'à son dernier film, a maquillé Martine Carol, le sex-symbol qui précède Bardot sur les écrans français, et Dany Robin. Plus tard, Odette Berroyer maquillera d'autres femmes de Vadim : Jane Fonda et Catherine Deneuve.

Les films de la jeune Bardot ont un petit charme rétro, mais aucun n'est mémorable. Dans *En effeuillant la marguerite*, un des derniers films précédant sa métamorphose, elle n'est encore qu'une brunette un peu nunuche qui s'inscrit dans un concours de strip-tease. Cette marguerite, allusion à Marguerite Sacrez, la grande maison de lingerie de la rue du Faubourg-Saint-Honoré, est surtout l'occasion pour Marc Allégret de se livrer à son passe-temps favori, l'effeuillage de gamines. Il est grand temps d'inventer Brigitte Bardot.

Et Dieu créa la femme

Bardot lave plus blanc

Et Dieu créa la femme... C'est là, véritablement, que tout commence. Pour elle, pour le cinéma, pour la France de cette période-là. Un personnage de femme résolument neuf, un cinéma revitalisé, un pays aux contours inédits. *Et Dieu créa la femme* est l'acte de naissance d'un monde nouveau. Derrière l'écran d'un drap blanc, elle est nue, au soleil, complètement nue au soleil, complètement. Filmée de dos, échine en cinémascope derrière une lessive qui sèche. Joyeuse et soyeuse en Eastmancolor. Linge propre et derrière propre, Bardot lave plus blanc. Le drap la sépare... d'un Allemand. Un riche Allemand à la fortune d'origine incertaine, interprété par Curd Jürgens, exemplaire de Teuton amical passé en 1944 par un camp de concentration pour opinions antinazies. Et ce barbon, elle n'en veut pas, Juliette Hardy, fille qui choisit ses amants, parce que le plaisir est une fin en soi.

Des femmes nues au cinéma, il y en a eu. Bardot n'est pas la première blonde à prendre un bain de soleil sur le ventre en jouant des orteils. Edwina Booth l'a fait en 1931 dans *Trader Horn*, un *jungle movie*. Vêtue d'un collier ethnique et d'un bout de pagne, Edwina a rapidement disparu du cinéma américain. Peu après, Hedy Lamarr a galopé à poil dans les sous-bois sous prétexte d'attraper un cheval dans *Ecstasy*, film tchèque de Gustav Machaty dont une copie a été brûlée aux États-Unis bien que le film exaltât l'hygiénisme et les joies rurales plutôt que la dépravation. Une fois rhabillée, cette beauté a fait une carrière de glamour girl à Hollywood avant d'inventer un système de codage de transmission encore utilisé aujourd'hui dans le WiFi et de devenir le modèle de Dita von Teese. Vadim connaissait bien Hedy Lamarr, qui en 1953 avait tourné sous la direction de Marc Allégret dans *L'Éternel féminin*. En France, Arletty est apparue toute nue sous la douche, une énorme éponge à la main dans *Le Jour se lève*, de Marcel Carné. La scène figurait dans le film sorti en 1939. Cisaillés par Vichy, les seins en poire d'Arletty disparurent des versions ultérieures. En 1953, on aperçut le 95 C puis le derrière de Martine Carol au bain dans *Lucrèce Borgia*, de Christian-Jaque. « La nudité, il y en a toujours eu au cinéma. C'est la nudité joyeuse, insolente, la nudité sans péché qui irritait mais excitait les gens » a dit Vadim.

Pas seulement. Certes la Juliette Hardy de *Et Dieu créa la femme* assume sa part animale, mais elle malmène l'ordre patriarcal en élisant ses amants. Sa nudité est légère, insolente, dépourvue de remords. « Quand un homme a beaucoup de maîtresses, on dit que c'est un Don Juan. Quand une femme a beaucoup d'amants, on dit que c'est

une putain » remarque alors Brigitte Bardot. Grâce à elle, ce ne fut plus vrai.

L'image de Brigitte Bardot s'est élaborée autour des idées de naturel, de jeunesse et de simplicité : dans *Le Trou Normand*, son premier film, elle interprétait une jeune Normande et dans le second, la fille d'un gardien de phare corse qui passait sa vie dans la mer. À dix-sept ans, elle faisait pour la seconde fois la couverture de *Match*[1], vêtue en sauvageonne : sarrau écossais, tresses, fleurs des champs. « Il s'agissait d'illustrer un reportage sur le thème : "Restez toujours jeune en appliquant la méthode du Dr Gayelord Hauser." J'étais affreuse sur cette photo, on aurait dit une noix de coco avec une perruque ! Personne ne me connaissait puisque je n'avais jamais fait de cinéma. D'ailleurs, mon nom n'était même pas mentionné sur la couverture[2]. » En fait, son nom y figure bien. Et loin d'être affreuse, elle respire la santé. Petit chaperon au cou enserré dans un collier rouge, elle étreint une brassée de boutons d'or en défiant le grand méchant loup, bouche maquillée d'un rouge provocant sur des lèvres entrouvertes. Sur le visage enfantin, le désir de séduire semble une invite. Dopé par le vermillon du costume et des accessoires, le mélange d'innocence et de sensualité est troublant. Elle fait la promotion de Gayelord Hauser, la marque de produits diététiques. Hygiène et santé sont les nouvelles idéologies d'après guerre. « La pourriture s'expulse des dents, de la peau, du sang, de l'haleine : la France ressent une grande fringale de propreté » note Roland Barthes dans ses *Mythologies*. À la Libération, des milliers de femmes accusées de *collaboration horizontale* sont tondues. En 1946, Marthe Richard, une prostituée repentie, obtient la fermeture des maisons closes, elles aussi contaminées par l'ancien occupant. « L'heure est venue de nous lancer vers l'objectif de la propreté et du progrès moral » déclare-t-elle.

Le corps frais de Brigitte Bardot n'a ni passé ni mémoire. Belle fille saine pourvue d'un désarmant sourire et d'une abondante chevelure, elle possède une beauté régénérante. « J'savais pas que l'amour c'était une maladie » dit-elle dans *Et Dieu créa la femme*. Pareille à Françoise Sagan, son aînée d'un an, elle est un corps neuf dans lequel la nation projette un désir de jeunesse, de modernité, de renaissance. Au petit cimetière de Seuzac, le jour de l'enterrement de Sagan, Brigitte avait envoyé des fleurs avec cette sibylline inscription : « À ma jumelle. » Une sœur médiatique sans doute. Françoise a son pseudonyme Sagan, Brigitte son diminutif, B.B., parfaites initiales pour une femme-enfant. Plus tard seulement, on dira Bardot, Sagan, les nommant par leur patronyme comme des chefs de guerre, lorsqu'il sera entendu qu'elles sont des femmes de caractère.

   Comme l'a écrit l'universitaire anglaise Sarah Leahy dans son étude sur Bardot, « elle efface les taches que la guerre a laissées sur le corps des femmes[3]. » Bardot est là, la souillure morale s'en va.

L'amour pour le plaisir

Oui, tout commence pour Brigitte Bardot avec *Et Dieu créa la femme*. Chaque trait du personnage de Juliette Hardy, une petite orpheline sensuelle et immorale amoureuse d'un homme mais épouse de son frère, lui est emprunté : hardiesse, besoin d'affection, amour des bêtes, nonchalance, accent traînant. Les extérieurs sont tournés dans le village où la famille Bardot passait ses vacances. L'été précédent, Brigitte et Roger y ont séjourné dans un petit studio de la rue Saint-Esprit.

Vadim filme sa femme : sa naïveté, sa spontanéité, sa brutale franchise. Le corps libre de Bardot. Une liberté jamais vue au cinéma. Il pense à James Dean, mais surtout à Brando sous la direction de Kazan dans *Un tramway nommé désir*. Pour capter une forme d'authenticité sauvage, de sincérité, Vadim décape la surface. Cela ne va pas sans mal. Comme tout être secret, Brigitte se sent vulnérable et s'affole. Elle ne se met jamais à découvert et contrôle son image : sa chevelure tombe comme un rideau. Pas le blond nordique de Madeleine Sologne pendant l'Occupation, ce blond propre et presque blanc de l'idéal aryen. Pas le *platinum blond* de Mae West, de Jean Harlow ou de Marilyn. Non, un blond doré, comme décoloré par le soleil, celui de la pin-up de Milton Caniff qui fait rêver les Français depuis qu'ils l'ont vue peinte sur les avions américains. Brigitte en a les mensurations. Taille, un mètre soixante-six. Tour de taille, cinquante centimètres. Tour de poitrine, quatre-vingt-dix centimètres. Hanches, quatre-vingt-huit centimètres. Elle accentue ses avantages tout en se cachant. Son maquillage, un masque qui la dissimule. Le visage est enduit d'un fond de teint aussi épais qu'un mastic, le regard charbonneux. La nuit, Brigitte dort maquillée de crainte qu'au matin son compagnon ne s'aperçoive qu'elle est moche. Au réveil, ses joues sont barbouillées de rimmel. Plus tard, sur les vols longs-courriers, elle s'interdira de dormir de crainte d'une photo volée durant son sommeil. Pendant le tournage, Brigitte et Vadim dînent avec Françoise Sagan qui loue une maison à La Ponche. « Brigitte Bardot était d'une extraordinaire beauté, se souvient Florence Malraux, amie de Françoise. Cependant, à plusieurs reprises durant le dîner, je l'ai vue sortir un poudrier, s'examiner et se remaquiller. Tant de manque d'assurance chez une femme aussi belle ! » Le maquillage, les cheveux, une membrane protectrice. Brigitte Bardot semble montrer beaucoup, elle dissimule tout. Son exhibitionnisme est un leurre. Il est plus facile d'exposer ses fesses que son âme.

Au début de *Et Dieu créa la femme*, elle est trop coiffée, trop fardée. Dans ses quinze premiers films, son maquillage était violent car le cinéma classique interdit de bouger la tête. La face est engoncée dans des caches qui projettent des ombres et contraignent à l'immobilité. Pour faire des retouches et atteindre le visage des comédiennes, les maquilleurs emploient des pinceaux de plusieurs longueurs, les plus grands pouvant atteindre un mètre cinquante.

Tournant en lumière naturelle, Vadim refuse de céder et invente le visage (presque) nu qui sera la marque de la Nouvelle Vague. Entre chaque scène, il décoiffe son actrice et interdit à Odette Berroyer de rajouter du fard. La starlette trop peinte du premier plan cède la place à une magnifique adolescente à la sensualité indomptée. Dans la scène du mariage, Vadim parvient à capter sous le voile de tulle l'éclat singulier de l'adolescence avant la mue, grâce laiteuse qui dure à peine une ou deux saisons avant la maturité.

Avec Brigitte, Vadim sait comment s'y prendre. Leur intimité facilite la direction d'acteur et lui permet de l'apprivoiser puisqu'elle lui fait confiance. Jean-Louis Trintignant se souvient de la première scène qu'ils doivent tourner ensemble au pied du môle, le bras de pierre enlaçant le vieux port de Saint-Tropez.

« Alors, Vava, qu'est ce que je dis ? »

Rarement Vadim lui fait recommencer une scène plus de deux fois. Sans lui demander de jouer, il l'accompagne au plus près. Il filme le corps de sa femme sous toutes les coutures. Juliette fait du vélo, Juliette nage, Juliette danse, Juliette montre ses fesses, Juliette embrasse, Juliette s'allonge sur le capot d'une voiture, Juliette se couche. Il filme son corps, mais aussi une attitude. De l'insolence, un goût de la provocation. Surtout, il enregistre ses gestes si touchants. Scène délectable dans la librairie où Juliette Hardy travaille : elle sert une matrone sans interrompre la lecture d'un illustré tout en croquant une pomme. Puis d'un coup de jarret nonchalant, renfile ses ballerines sans se retourner...

Pour que Brigitte s'identifie à Juliette, Vadim s'efforce de tourner le scénario dans sa continuité et puisqu'elle peut tout jouer à condition... d'être le personnage, il lui fait écrire une grande partie de ses dialogues. « Quel cornichon, ce lapin ! » réplique culte de la Nouvelle Vague parce que Juliette Hardy agit et parle comme les jeunes gens de l'époque, porte sa marque de fabrique. « Vadim m'a permis de m'exprimer librement et d'être absolument moi-même, ce que je n'aurais pas pu faire seule » a dit Bardot[4].

Et Dieu créa la femme n'est pas un rêve devenu réalité, mais une réalité devenue rêve. Le film tient du documentaire, de l'autoportrait stylisé. L'équipe technique, celle d'un film de la Qualité française, est solide : Armand Thirard, le chef opérateur, a travaillé avec Julien Duvivier, Clouzot, René Clair et éclairé *Hôtel du Nord*. Les décors sont confiés à Jean André qui vient de collaborer avec Jean Renoir. En revanche, les acteurs, à l'exception de Jürgens, sont des inconnus. Vadim a distribué le premier rôle féminin à sa femme et le premier rôle masculin à son meilleur ami, Christian Marquand. Lui-même et le producteur Raoul Lévy font de la figuration, ainsi que Clown, l'épagneul de Brigitte, dans une scène sur le vieux port. Quand à Jean-Louis Trintignant, acteur de théâtre, personne ne le connaît. Vadim l'a-t-il retenu parce qu'il est le neveu de Maurice Trintignant, pilote automobile ? Lorsqu'elle l'a rencontré avant le tournage, Brigitte l'a trouvé tarte. De son côté, elle déplaisait à Trintignant. « Je me disais c'est vraiment une petite conne et en fait c'était pas ça du tout, mais au début moi je l'ai prise comme ça, elle devait dire c'est un petit con, un petit timide, un petit provincial, ce que j'étais et moi je me disais mais elle est sotte cette femme, moi je rêvais de travailler avec Delphine Seyrig[5]. » Une actrice du théâtre d'avant-garde, à cette époque. Une icône autrement intimidante. L'incarnation envoûtante du glamour hiératique. L'opposée de Bardot.

Si les intérieurs sont tournés à Nice dans les studios de la Victorine, une grande partie du film est réalisée en extérieurs, ce qui est insolite pour l'époque. Du 3 mai au 7 juillet 1955, Saint-Tropez se transforme en décor. Thirard tire parti des volumes gris de La Ponche tandis que Jean André n'en rajoute pas dans le pittoresque. Au port, on compte une épicerie, une pharmacie, une librairie.

Les comédiens logent à La Ponche. Lilou Marquand rend visite à son frère Christian. « C'était des vacances, de vraies vacances. Je logeais à l'hôtel de La Ponche.[6] »

Les immeubles du quai n'ont pas été repeints avec des coloris de crème glacée italienne, comme aujourd'hui, mais laissés brut. Le premier tour de manivelle est donné sur une petite plage de la baie des Canoubiers, là où habite Brigitte Bardot aujourd'hui.

Manine Vachon costumière

Bardot n'entre pas dans la peau du personnage, c'est le personnage qui lui emprunte la sienne. C'est pourquoi on prend du plaisir à regarder ce film de série B illuminé par sa présence. Bardot donne chair au personnage peu crédible de Juliette. Ses robes la moulent comme une seconde peau lorsqu'elle ne se vêt pas de la seule chemise de son époux, le très mignon Trintignant. La costumière se fournit à Saint-Tropez, dans la petite boutique du quai Suffren créée en 1919, tissus provençaux et vieilles impressions. Claire Vachon, dite Manine, y vend alors d'aimables créations, une mode d'été inspirée par les pêcheurs, marinières et toiles aux couleurs franches ou écrues. Elle utilise les tissus les plus rustiques, linon, cretonne, vichy, grosse toile rêche pour tailler corsaires, brassières, robes légères. Picasso, Annabel ou Françoise Sagan y dénichent déjà leurs marinières rayées et des espadrilles. Les spartiates sont fabriquées dans les ateliers de la famille Rondini, rue Clemenceau ou dans ceux de Jacques Keklikian, rue Allard. Styliste dans l'âme, Brigitte a acheté chez un marchand de couleurs une blouse grise qu'elle érotise en la déboutonnant, manches roulées. C'est la première fois en France que l'actrice principale d'un film revendique une garde-robe aussi légèrement étoffée. Cheveux libres et costumes réduits, nue et libre de son corps, Bardot s'est débarrassée d'un carcan. « Je l'ai acheté sur le port, je vous donnerai l'adresse » dit Juliette Hardy à la maîtresse quadragénaire de Carradine, habillée en haute couture, qui expertise avec envie le simplissime fourreau rouge de *Et Dieu créa la femme*.

Bardot danse

Dans les films de Bardot, on attend le moment où elle danse. La scène la plus délectable, celle du mambo. Juchée sur une table, elle scelle sa légende, justaucorps noir sous la jupe dégrafée.

« Je ne jouais pas, j'étais » dit-elle. Ça se voit, elle est en sueur. En mai, lors d'une fête à Cannes, Vadim et Raoul Lévy l'ont vue entrer en transe. Ivre d'elle-même, elle dansait sans retenue, libérant des tensions obscures. « C'était comme si une autre moi-même possédait mon corps ! Le champagne rafraîchissait ma gorge et puis zut ! j'avais trop chaud, et renversai mon verre sur ma poitrine, mes épaules, mes cuisses. » Ses débordements ont laissé dans l'esprit de son mari une empreinte obsédante.

Dans le décor plein de fantaisie de Jean André, qui a créé une boîte à musique moderniste, Brigitte improvise une mini-comédie musicale dont l'énergie préfigure celle de *West Side Story*. Pieds nus, cuisses ouvertes, elle mime l'amour au rythme des percussions.

Avec son corps androgyne, elle séduit tour à tour les hommes et les femmes. Les hommes parce qu'elle est sexy. Les femmes parce qu'elle s'affirme. Si le corps de B.B. a été modelé en pin-up par Vadim pour narguer et électriser le sexe masculin, il émet de puissants signaux en direction des femmes. L'énergie extraordinaire de Brigitte Bardot, sa force vitale, n'est pas seulement vasodilatatrice. Regarder Bardot danser, c'est éprouver une allégresse immédiate, un irréductible désir d'aventures inédites. Elle est la forme chorégraphique d'un idéal féminin. « Brigitte a enchanté ma vie » m'a dit Francine Rivière, une de ses plus anciennes amies. Francine n'est pas la seule.

Pour qui danse Juliette-Brigitte ? La danse est une affirmation de soi jubilatoire – et désespérée. Dans le film, elle a commencé devant un miroir. Le miroir du narcissisme féminin assoiffé de regards. Elle a grimpé sur la table avant de se camper une nouvelle fois devant la glace. Il y a quelque chose de tragique dans ce mambo qui inaugure une période nouvelle de la vie des femmes.

Bye bye Vadim

Outre un cachet de six millions de francs et sa mince garde-robe de tournage, Brigitte Bardot a troqué son vrai mari contre son mari de cinéma, Jean-Louis Trintignant. « Je ne me suis jamais sentie comédienne mais, quand je faisais un film, je me mettais dans la peau du personnage de toutes mes forces. À tel point que je tombais amoureuse de mes partenaires[7]. »

L'intrigue s'est nouée vers la fin du film. Pour répéter, Brigitte et Jean-Louis se sont isolés dans l'arrière-pays niçois où loge le comédien durant le tournage. Jusqu'à la dernière image, Brigitte n'a rien avoué. Avant le montage à Nice, elle avait quitté Vadim. Lâche, elle l'a laissé prendre conscience de son infortune. Lorsqu'elle lui envoie un mot, c'est pour s'assurer qu'il l'aime encore. « Vadim était un type un peu pervers. Très tendre, mais pervers. Il aimait les situations... compliquées » dit Jean-Louis Trintignant. Compliquées ? Qu'insinue-t-il ? Est-ce une allusion au voyeurisme du cinéaste ? Trintignant n'en dit pas plus.

Durant ses années d'apprentissage, Brigitte a été le jeune page de Vadim. Il lui a enseigné la liberté, elle en fait usage. Et lui, Vadim, a-t-il aimé Brigitte ?

« Chaque fois que je marchais, que je me dévêtais ou que je prenais le petit-déjeuner, j'avais l'impression qu'il me regardait avec les yeux d'un autre, avec les yeux de n'importe qui. Pourtant, je savais que ce n'était pas moi qu'il regardait, mais son rêve à travers moi » a dit Brigitte, perspicace[8]. Son message de rupture est signé Sophie, surnom que Roger lui donnait : une héroïne inventée avant leur rencontre pour un roman qu'il avait écrit. Il prétendait que Brigitte ressemblait à son personnage imaginaire. « À cette époque, je m'amusais beaucoup, je pensais que ce n'était de sa part que de petites excentricités très innocentes. Je ne comprenais pas à quel point il jouait avec le feu – et aussi cynique soit-il, lui non plus. » Elle s'est crue son idéal, elle n'était peut-être que son fantasme.

Les hommes choisis à l'âge naïf conditionnent pour la vie. La légende attribue à leur couple la plus grande liberté amoureuse. Le généreux Vadim, dit-on, partage son argent comme ses partenaires. Dans ses mémoires publiés en 2005, son ex-femme Jane Fonda lui prête un goût pour la partouze. Parfois à trois, parfois plus. « Je savais tellement bien enfouir mes sentiments réels et me couper en deux que je finis par me convaincre que j'aimais ça[9] » écrit-elle. Vadim était son premier amour et Jane Fonda ne s'aimait pas. Sa relation avec Vadim la valorisait à ses propres yeux.

Comme Brigitte et les autres épouses de Roger, elle a fini par le quitter.

La défection de Brigitte atteint Vadim. L'abandonner pour un acteur au charme maladroit comme Trintignant – même si ce dernier possède une force physique insoupçonnée ! Vadim n'a pas le sens de la propriété, mais de là à ce que Brigitte choisisse elle-même ses amants et le plaque...

Depuis le tournage de *Futures vedettes*, madame Plémiannikov s'émancipe. Vadim a deux vices, il boit et il joue. Il vient de claquer une partie des cachets de sa femme dans une martingale foireuse. Après une dispute, elle demande à la production de l'installer à l'hôtel Bellman. Repaire de photographes de *Match* et de comédiens installés au dernier étage, le Bellman est alors le laboratoire expérimental des filles de la bourgeoisie. Mijanou, la sœur de Brigitte, y retrouve un homme marié. Brigitte s'y débauche avec Odile Rodin. De bonne famille lyonnaise, la nymphette a perdu son père médecin lorsqu'elle était enfant. Son beau-père, Paul Dupuy de Frenelle, est un grand anesthésiste. Marc Allégret a joué au docteur avec Odile et Isabelle Pia avant de les recruter pour *Futures vedettes*. À seize ans, Odile est si dessalée que Brigitte elle-même en est épatée : jamais elle n'a rencontré de fille aussi désinhibée.

« Odile était une très jolie minette qui avait de si beaux seins – bien gros, bien fermes – qu'elle les montrait à la demande » raconte l'actrice Mylène Demongeot[10], leur partenaire de *Futures vedettes*. Au-dessus de cette poitrine provocante, un visage bon genre qui brouille les pistes. « Toujours nue sous son pull, et bien sûr sans soutien-gorge. » L'absence de soutien-gorge est interprétée comme un signal racoleur. À ses camarades médusés, Odile explique le choix de son pseudonyme : « Voilà, mon vrai nom, c'est Odile Bérard. Bérard, c'est trop connu. Alors j'ai décidé de m'appeler Odile Rodin. C'est mieux non ? »

Brigitte, décidée à profiter de toutes les options de la vie d'hôtel, l'invite dans sa chambre où les deux jeunes filles varient le menu du room-service en comparant leurs plastiques et les plaisirs à en tirer. Depuis, Odile a épousé le vieux play-boy Porfirio Rubirosa mais Vadim continue à la croiser au New Jimmy's ou à la Calavados où elle sort seule. Enfin, sans son mari. Les filles deviennent dangereuses.

Après une séparation vient d'abord un moment grisant. La vie vous appartient de nouveau. Bavarder avec un inconnu toute la nuit, dormir en travers du lit, prendre le petit-déjeuner au bistrot. On se sent joyeusement disponible. Vadim se réfugie avec son cœur égratigné chez Françoise Sagan, rue des Pêcheurs, où elle écrit un scénario avec Alexandre Astruc, un autre assistant de Marc Allégret. « Il faut célébrer la fin d'un amour comme on célèbre la mort à La Nouvelle-Orléans, lui dit-elle. Avec des chants, de la danse, des rires, et beaucoup de vin. » Le 21 juin, Sagan a noyé ses vingt et un ans dans le champagne à L'Esquinade, où Vadim passe désormais ses nuits, escorté de Christian Marquand et d'un jeune touriste allemand qui rêve de lui ressembler, Gunter Sachs.

C'est en rentrant à Paris que Vadim est rattrapé par la jalousie. Un soir, ses pas le mènent à Passy devant son ancienne adresse conjugale, rue Chardon-Lagache. Dans l'appartement, la lumière est allumée. Comme dans un mauvais film, la porte s'ouvre sur Brigitte et son nouvel amant tenant Clown en laisse. Ce détail atteint Vadim comme une balle perdue. Une vipère, un poisson venimeux, une bête archaïque plante ses crocs dans sa peau. Un autre l'a détrôné, qui promène le chien. Le scénario s'écrit sans lui. Le choc, au fond, c'est la violence de Brigitte. Qu'elle le plaque au moment où il lui offre le film la consacrant. En amour, la première impression est toujours la bonne. Rue Lord-Byron, lors de leur première rencontre, il avait senti un danger. Pour la défendre des jugements de ses copains qui la trouvaient idiote, il avait préféré oublier ses préventions. « Ta nouvelle danseuse est un peu nouille » disait Danièle Delorme. « Oui, mais t'as vu comme elle est belle ? » rétorquait-il[11]. Elle est comme le jeune chat qui l'avait mordu, aux Folliets : innocente et cruelle.

Bardot applique en fait la méthode de Vadim : profiter de la vie. « J'aime mon mari, mais j'aime encore mieux Jean-Lou » déclare-t-elle dans un magazine. Le Don Juan, c'est elle à présent. La mer, l'amour, les Ferrari et les copains. Non, la voiture et les copains, c'est lui. Elle, c'est l'Amour avec un grand A. Ou un grand P comme Passion. Brigitte ne peut vivre que dans une atmosphère où règne un haut voltage amoureux. Elle ne peut rester seule un instant. Ou alors elle imagine qu'on ne l'aime plus. Qu'elle est devenue laide[12]. Lorsqu'en rêve Vadim la désobligeait, elle lui faisait la gueule au réveil. Dans la scène de *Et Dieu créa la femme* où Juliette-Brigitte agrippe Michel-Trintignant

avec angoisse, il lui fait prononcer ses propres paroles :
— Juliette : Il faut que tu m'aimes très fort.
— Michel : Mais je t'aime comme un fou.

C'est lui, Vadim, qu'elle questionnait dans la vraie vie. Brigitte exige un amour dévorant. Un amour monstre. Il ne s'attendait pas à ce qu'un film qui la sublime, elle, un film qu'il a construit pour elle, les sépare. « Elle était sa chose et lui, le Pygmalion. Elle lui a échappé[13] » dit Trintignant. Une plaisanterie se propage dans le petit monde du cinéma : « Je ne savais pas que c'était aussi merveilleux de faire l'amour à deux » fait-on dire à Brigitte en imitant son accent traînant, comme si elle et Roger avaient passé leur vie à partouzer.

Dévoré de jalousie, Vadim fait du chantage. Il téléphone en menaçant de se tuer. Elle le calme, il recommence. « Il menaçait, et même se suicidait un peu, mais pas trop quand même » raconte Jean-Louis Trintignant, qui le trouve déplaisant. « J'ai connu des moments un peu pénibles avec lui parce qu'on a eu une passation de femme, voilà, et alors ça a été un peu pénible et je lui en ai voulu un peu. Je ne l'aimais pas beaucoup à cette époque. Quand je l'ai mieux connu, je me suis rendu compte que c'était un type merveilleux. Mais à ce moment-là, parce qu'il était sûrement malheureux – je le comprends très bien maintenant – il n'était pas très sympathique. Et puis on était rivaux[14]. »

Heureusement, il reste les belles voitures. Le film ne lui permettait pas de s'en offrir une nouvelle. Il lui a rapporté moins d'argent qu'à Brigitte. Enzo Ferrari a proposé à Vadim de tester un prototype. Il accepte.

Rendez-vous manqué

> « Je suis arrivée dans le monde du cinéma au moment où l'image de la femme changeait. C'est moi qui suis arrivée à ce moment-là. J'ai été la bombe qui correspondait à cela. »
>
> *Actuel 2*, 9 avril 1973

Le dossier de presse conservé à la Cinémathèque française donne le pouls de la société française le 4 décembre 1956, jour de sortie de *Et Dieu créa la femme* dans trois salles à Paris, le Rex, le Normandie, le Moulin Rouge. Le slogan publicitaire n'y va pas de main morte : « Dieu créa la femme... et le diable inventa B.B. »

Le public français n'est pas au rendez-vous et la presse, guère favorable. Les critiques croient exprimer un point de vue, ils formulent les préjugés de leur époque. Le sex-appeal de Brigitte Bardot agit comme un projectile à fragmentation. D'un côté les plumes un brin salaces, les plus nombreuses : « Ce film prouve que le tortillage de croupion peut être considéré comme un des beaux-arts » ricane *Le Canard enchaîné*. De l'autre, une poignée d'enthousiastes. Des juniors émus, en tête desquels François Truffaut et Jacques Doniol-Valcroze, le créateur des *Cahiers du cinéma*. « Brigitte Bardot est magnifique, pour la première fois totalement elle-même[15] » écrit le premier. « Il y eut James Dean. Il y a Brigitte Bardot (...). Elle est le lieu géométrique de la moitié des jeunes filles que nous avons connues depuis dix ans[16] » renchérit le second. « Une actrice attachante » dit même Godard, ce qui n'est pas rien.

Même si Vadim, éternellement décalé, n'appartiendra jamais à une famille, *Et Dieu créa la femme* préfigure la Nouvelle Vague : un tournage en extérieur, des acteurs inconnus, des dialogues qui dupliquent la vie. Vadim et la Nouvelle Vague, c'est comme Rousseau et la Révolution française.

D'un scénario conventionnel, de personnages stéréotypés, Vadim réussit à faire des caractères vivants grâce à ses acteurs. Brigitte, d'abord. Vadim en convient : « *Et Dieu créa la femme* est celui de mes films que je préfère, celui où j'ai été le plus libre de raconter ce qui me tenait à cœur. J'attribue son succès au personnage de Brigitte, physique d'abord, puis son rôle qui lui a permis de montrer ce qu'elle avait d'angoisse, de dynamisme, de confiance, totalement libre dans son comportement sexuel. Je n'ai jamais voulu peindre la jeune fille de 1956, mais ce personnage d'exception n'aurait pu exister à une autre époque. » Godard est d'accord : « C'est un film d'auteur. Vadim se raconte lui-même à travers ses personnages » note-t-il dans *Les Cahiers du cinéma* n° 73 en juillet 1957, séduit par le ton neuf des dialogues.

Devant l'écran, le public ricane, gêné par la sensualité de Bardot. François Truffaut n'est pas dupe : glousser plutôt qu'avoir la gorge serrée. Lorsque le public ne ricane pas, il boude. Cent quatre-vingt mille entrées, en semi-exclusivité. Un rendez-vous manqué. L'année suivante, cautionné par sa réussite américaine, le film fera une seconde sortie remarquée.

Adieu Pétain

Le 23 juillet 1951, Philippe Pétain s'éteint à l'Île d'Yeu. *Paris Match* affiche en une la panoplie du maréchal déchu : képi, gants blancs, capote bleue. Ultime photo : Philippe Pétain mange sa soupe sur une toile cirée. « Les derniers mois de sa captivité, il avait perdu la mémoire. Il ne savait plus pourquoi il était enfermé dans la forteresse de l'Île d'Yeu. Il ne se souvenait plus de Vichy » dit la légende du cliché. Comme un être humain, un pays sans mémoire est un pays sans identité. L'époque n'a qu'un désir : perdre la conscience de ce qu'elle vient de vivre.

Et Dieu créa la femme marque la naissance d'une société nouvelle. « On vit une femme, en 1954, faire l'amour parce qu'elle en avait envie, aimer un homme puis un autre, et ne ressentir de tout cela aucune honte mais plutôt, au contraire, un sentiment de liberté qui était grisant[17] » écrit Françoise Sagan.

Dans la France catholique et patriarcale du président René Coty, une majorité de Français fréquente encore la messe du dimanche, même si la pratique religieuse s'érode avec l'urbanisation. L'avenir de la femme, c'est le mariage, qui légalise son insertion dans la société plus qu'il n'officialise une relation amoureuse. « Jamais le fossé n'a été aussi profond entre parents et enfants », remarque Jean-Luc Godard dans les *Cahiers*. D'ailleurs Juliette est orpheline comme Michel, son mari, qui a perdu son père. Humiliés, les pères ont failli. L'Occupation les a réduits à l'impuissance. Il n'y a plus d'autorité.

Une scène choque plus que les autres. Celle de la « nuit » de noces consommée en plein midi. Après avoir fait l'amour au-dessus de la salle à manger où s'empiffrent les adultes, une Juliette pieds nus, cheveux en bataille, descend en peignoir dans son propre banquet nuptial pour rafler d'un seul bras un plateau de victuailles. Du passé elle fait table rase. C'est la famille que Juliette Hardy piétine de ses orteils nus. « Débarquer dans cette tenue à la table des parents ! C'était inimaginable à notre époque. Aujourd'hui cela paraît anodin. Mais je me souviens encore du choc que j'ai ressenti durant la projection[18] ! » raconte Mylène Demongeot, née un an jour pour jour après Brigitte.

La bien-pensance se déchaîne. « Quand trois propres à rien de familles respectables assassinèrent un vieillard dans un train à Angers, l'Association des professeurs et parents d'élèves dénonça B.B. devant M. Chatenay, le député-maire de la ville. C'était Bardot, disaient-ils, la responsable du crime. *Et Dieu créa la femme* avait été projeté à Angers et les jeunes gens avaient été immédiatement pervertis » s'émeut Simone de Beauvoir. En réponse aux Angevins, Vadim publie dans *L'Express* du 5 juillet 1957 un texte cinglant, véritable brouillon des professions de foi de la jeunesse soixante-huitarde. Après avoir fait remarquer que certains parents doivent être bien désorientés pour attribuer l'amoralité de leurs enfants à une paire de jambes, il se livre à une réflexion politique sur la société française au sortir des années noires. « Les grands mots sonnent creux. Si beaucoup de jeunes ne reconnaissent pas les règles de morale ancestrales, c'est parce qu'ils sont victimes d'un malaise, d'une habitude de tout mettre en doute à chaque instant, d'un manque total, absolu, irrémédiable de confiance ou d'admiration pour leurs aînés. »

Un manque total d'admiration pour des aînés humiliés par la défaite, des enfants qui méprisent leurs parents, des parents désorientés : cela ne s'est jamais vu. Vadim, et à travers lui une génération, règle un compte. La famille repue qui se goinfre dans son film est celle de *Travail, Famille, Patrie*, le slogan du maréchal Pétain. « Les grands mots sonnent creux : FAMILLE... » Et d'évoquer les expériences atomiques. « PATRIE ». « Patriote le Hongrois qui tirait sur les Russes mais bandit l'Indochinois qui porte l'uniforme vietminh »... Et, prenant appui sur l'actualité de 1957, il cite l'exemple troublant du général Speidel, officier de la Wehrmacht qui vient d'être nommé à la tête des forces terrestres de l'Otan. « Était patriote celui qui risquait sa vie pour abattre les soldats du général Speidel. Sont toujours patriotes ceux qui vont servir sous les ordres de ce même général. » Les massacres de la guerre, les bombes atomiques, la décolonisation ont tué Famille et Patrie, poursuit Vadim, qui dénombre les morts de Madagascar. « Il y a comme ça beaucoup de grands mots (...) qui sont immuables pour nos aînés mais qui nous semblent à nous un peu flous. » Les mots de Vadim, eux, sont sans détour. Avec un détachement dru, il exprime la confusion de l'époque et le dégoût qu'elle inspire. « Les aînés pensent que sans leur code de morale il n'y a pas de notion du bien et du mal. Les jeunes trouvent au contraire que ce "code" a fini par brouiller toute notion de bien et de mal. » Et de conseiller aux mères d'Angers d'envoyer leurs enfants voir son film, et même des films policiers. « Là au moins, on sait qui est le mauvais, qui est le bon, et on est sûr que le mauvais sera puni. »

L'article est surmonté d'un titre prémonitoire : « LES JEUNES PRÉPARENT UNE SURPRISE. » « Quand la jeune génération arrivera à sa maturité sociale, elle réservera une grande surprise. » Onze ans avant mai 68, Vadim et Bardot font sauter le premier verrou.

Comme le dit Godard à propos de *Et Dieu créa la femme* : « Il était à l'heure juste. » Un nouveau mode de vie est en train de naître, avec ses comportements et son langage. *Et Dieu créa la femme* est le premier film à l'exprimer en France. Une femme en est l'étendard. Une page se tourne, celle de l'après-guerre. « Les jeunes Français dans leur ensemble participent à une merveilleuse reconstruction en profondeur de leur nation » note Raymond Cartier, alors quinquagénaire, dans *Paris-Match*. La jeunesse a la cote : selon le chroniqueur, elle est une des plus « pures » apparues depuis longtemps. Depuis la souillure morale, en fait. Avec sa prestation culottée, Bardot modernise la France sans perdre le fil de son histoire.

« Une idée acquise est que j'ai "fait" Brigitte Bardot. C'est parce qu'elle n'était pas fabriquée, ni ses parents, ni la société n'ayant jamais influencé sa nature profonde, qu'elle a choqué, séduit, créé une mode et finalement explosé dans le monde comme un symbole sexuel » a dit Vadim.

Vadim n'a pas plus créé Bardot que Jussieu n'a inventé le sophora du Jardin des Plantes. *Et Dieu créa la femme* est le poème qu'il a écrit pour la femme sensationnelle dont il admirait la grâce. Un chant lyrique, un hymne à un corps, à sa gestuelle musicale. Le film date, certes : une œuvre inventive vieillit dès que ses innovations sont reprises. Un autre cinéaste aboutira l'exercice sept ans plus tard avec une grande sculpture moderne, *Le Mépris*.

En attendant, la France a trouvé un moyen de refouler son passé. Ce moyen attirant s'appelle Brigitte Bardot.

L'invention de Bardot

Le film marque un tournant dans l'histoire du cinéma, note Bardot avec fierté. « J'ai été la première dépouillée de tout artifice et naturelle. » Un naturel relatif puisque ses cheveux sont peroxydés et son maquillage étudié. La vedette française sexy de l'époque, c'est Martine Carol : cheveu impeccable, visage plâtreux, plus coquine que sensuelle. Une femme qui se déshabille, alors, n'est pas sexy : gaine, culotte, soutien-gorge, combinaison, porte-jarretelles tiennent davantage du bandage herniaire que de la panoplie de charme. « Un choc, oui, un choc. Une fille comme Brigitte, ça n'existait pas. Il y avait nos mères, qui jouaient au bridge avec leurs amies, les jeunes filles qui les imitaient, les dactylos qui travaillaient, et les dames de mauvaise vie, qui d'ailleurs ne s'habillaient pas comme Brigitte » analyse Mylène Demongeot. Les plus chics prostituées, dans le quartier de la Madeleine, ressemblent à Martine

Carol : cheveu amidonné, tailleur et gants, écharpe de vison.

Le personnage érotique qu'élabore Bardot ne doit rien à la figure de la prostituée. Les photographes lui ont enseigné la charte de la *candid girl* de Peter Basch, dont *Playboy* publie les images de pin-up. « Nous apprenions à nous asseoir, à monter sur une scène, à sortir d'une voiture, à mettre la poitrine en avant... Où poser ses pieds, ses mains, ses jambes... Brigitte, bien sûr, en savait plus grâce à la danse. Une gazelle. Un bel animal » dit Mylène Demongeot. L'année suivante, Vadim engagera Peter Basch en personne pour promouvoir Brigitte sur *Les Bijoutiers du clair de lune*.

Dans *Et Dieu créa la femme*, elle marche seins en avant, mais elle subvertit l'asepsie de la pin-up américaine : pas de coiffure sophistiquée, pas de hauts talons, pas de rouge à lèvres éclatant. La chevelure en broussaille, les pieds nus (et sales, peut-être), le regard noir, les falbalas empruntent à la syntaxe sensuelle de la Bohémienne. Bardot est fille de Carmen, la gitane incendiaire. Une baba-cool avant l'heure, dont la naissance dans les beaux quartiers légitime les choix.

Au cinéma, Bardot a inventé un genre. *Et Dieu créa la femme* est son *Ange bleu*. Alors que Dietrich construit une *persona* synthétique d'une perfection mystérieuse, la figure de Bardot est sa propre substance. Elle habite son corps comme Marlène habite ses robes. Si elle n'a pas la magie inaccessible de Dietrich, elle est plus proche du public. Jusqu'à Bardot, le cinéma hollywoodien fabriquait des mythes. Lancées par les studios, Garbo,

Dietrich, Monroe aspirent à la même réputation que les grands acteurs de théâtre et tirent leur prestige des films qu'elles ont tournés. Bardot tire le sien de son attitude. Après elle, les femmes ne seront plus tout à fait les mêmes. Si Vadim a fait de Brigitte une vraie femme, Bardot a fait d'elle une femme vraie.

La Madrague

Un parfum fumé de feuilles d'eucalyptus enveloppe le chemin défoncé. La maison est invisible. Un chien tigré escorte la moto jusqu'au portail de la Madrague enfouie dans un bosquet échevelé d'eucalyptus. Une haie de canisses, un grand mur blanc percé d'une porte azur et deux murs hostiles de parpaing s'enfonçant en épi dans la mer d'un air revêche la dissimulent aux regards. « Bar à toutou » indique une inscription. Des colombes veillent sur le mur. De taille modeste, coiffée d'une bougainvillée, la Madrague disparaît dans un fouillis sauvage, plumages des roseaux, duvet des mimosas, rêches figuiers, cactus hirsutes. C'est la cabane de Robinson au pays des milliardaires, une réserve d'Indiens au royaume du clinquant, une tente de Bédouin au milieu des gratte-ciel.

Une maison résume un univers mental. Derrière ses remparts, Brigitte Bardot s'est construit un monde à part où elle vit en autarcie, animée par une nostalgie d'enfance. Les feuillages coiffent la maison comme le chaume de ses cheveux son visage. La Madrague est une machine solipsiste dont Bardot a agrandi les frontières sans permis, une république imaginaire où elle règne sur une tribu d'amis animaux. Jamais ils ne l'interrompent, ne la contredisent ou la critiquent, notait Vadim. Elle les ensevelit dans la terre du jardin avec une croix datée comme une gosse ses hamsters. Tania, 1989-2002. Bonbon, 1997-2000. Croquignol, 1994-2000. C'est l'ossuaire de Douaumont, le chemin des Dames.

Dans la principauté de son enfance, elle a créé un microcosme dont elle écarte une réalité encombrante. « Je me crée mon monde à moi à l'intérieur du monde des autres, et j'essaie de ne pas trop en sortir. J'ai en moi l'image que j'avais enfant d'un monde joli. Un des buts de mon existence, conserver un monde à moi le plus joli possible et le plus honnête possible[19]. » Joli, le mot fétiche de Brigitte Bardot.

Au cimetière marin, un vieux monsieur jardine sur une tombe hérissée de roses en céramique semblables à celle que Vadim filme dans *Et Dieu créa la femme*. Amusé, le vieux monsieur me regarde déchiffrer les inscriptions : « Vous vous intéressez aux tombes des personnages célèbres, n'est-ce pas ? » demande-t-il avec malice. Il ressemble à André Pousse, l'acteur mascotte de Michel Audiard. Une bonne part de la légende de Brigitte Bardot repose ici, au pied de la citadelle. Roger Vadim, bien sûr, sous une pierre blanche où son nom est gravé en grandes lettres rouges à la typographie romantique. Le jour de ses obsèques à l'église de Saint-Tropez, les femmes de sa vie l'ont accompagné avec des brassées de mimosa : Brigitte, Annette Stroyberg, Jane Fonda, Catherine Schneider,

Marie-Christine Barrault. Il y la tombe de Raoul Lévy, le producteur de *Et Dieu créa la femme* qui s'est suicidé par amour. Entre les tombes posées au ras de l'eau glissent des voiles blanches. Il y a aussi Félix de l'Esquinade. Et cachée derrière un épais massif de lauriers, la famille Bardot au grand complet : les grands-parents, le papa Pilou, la maman Toty. Sur la tombe d'Eddie Barclay, le producteur des disques de Brigitte, coiffée de microsillons géants, cette inscription : « Que la fête continue. » Elle continue, justement. Toutes les deux minutes, un bateau-promenade croise devant le cimetière, égrenant les noms illustres des pensionnaires.

Rue de la Miséricorde

L'hiver 1958, Bardot et son nouveau copain Ghislain Dussart, dit Jicky, se réfugient chez les parents de Brigitte, rue de la Miséricorde, où ils soignent leurs cœurs écorchés. La grande façade allumée par le feu violet d'une bougainvillée, où la famille Bardot a passé ses étés depuis la guerre, existe toujours, à l'angle de la rue, en remontant vers l'église, sur le trottoir de gauche avec un panneau « la Saravia ».

Brigitte se remet d'une rupture avec le chanteur Gilbert Bécaud (marié, hélas) et Jicky avec Anna Karina (envolée, hélas, avec Jean-Luc Godard). Un copain, pas un amant : plus âgé que Brigitte, Jicky est un grand frère protecteur depuis qu'il lui a prêté un cabanon à Cassis pour cacher son idylle avec Jean-Louis Trintignant, un des moments les plus heureux de sa vie.

À Saint-Tropez, l'hiver 1958 est... épicurien : un mot que Jicky a enseigné à Brigitte. Le soleil illumine le golfe comme un gros projecteur qui supprime les ombres. Plus transparentes qu'ailleurs, ses eaux sont apaisantes. De La Ponche, les deux amis aperçoivent les cimes enneigées de l'Esterel. En boucle, Brigitte écoute l'adagio d'Albinoni et Georges Brassens qui lui rappellent Trintignant. Ou bien elle relit les poèmes qu'il lui a donnés : William Saroyan et Charles Cros. Pour le consoler de l'avoir trompé, elle lui a offert une Austin Cooper vert pomme (à ses hommes, elle donne des voitures. Vadim avait reçu une Chrysler). Cela n'a pas suffi. Il a fini par la quitter. Elle l'a remplacé par... d'autres. Dont Bécaud, alors une grande vedette de la chanson.

Actrice la mieux payée du cinéma français, Brigitte gagne bien sa vie depuis *Et Dieu créa la femme*. Raoul Lévy lui a signé un contrat pour quatre films. Elle obtiendra douze millions de francs pour le premier, quinze pour le second, trente et quarante-cinq pour les suivants. Elle a touché 5 % des recettes des *Bijoutiers du clair de lune*, 25 % des suivants[20].

Peu flambeuse, cette fille paradoxale se comporte en bourgeoise sur le plan financier. Capable de la plus grande audace amoureuse, elle n'en a pas moins les réflexes terriens de sa caste. Conseillée par son père, elle investit dans la pierre. Avec ses gains, elle s'offre d'abord la Doumer, son appartement parisien avenue Paul-Doumer et maintenant, elle désire une ferme dans l'arrière-pays, au soleil, où elle se voit entourée d'animaux.

À force de grandes balades à bicyclette autour du golfe, l'envie prend à Brigitte d'y chercher sa maison. Sa mère lui déniche la Madrague, à deux pas de la Treille Muscate, la légendaire maison de Colette. Le 15 mai 1958, Brigitte en signe l'acte de vente pour vingt-cinq millions de francs, soit trois cent soixante-quinze mille euros d'aujourd'hui[21]. Étymologiquement, une madrague est une enceinte de câbles et de filets posée près des côtes pour capturer les thons en migration. Elle va en capturer, des poissons, la maison de Brigitte Bardot.

Brigitte versus Marilyn

Brigitte ne voit qu'elle. Marilyn face au miroir. La Marilyn Monroe de *Gentlemen prefer blondes* qui vérifie sa blondeur. Plus belle encore que sur les photos. Elle a ôté ses gants de satin ivoire et arrange les boucles qui dégringolent en copeaux soyeux sur sa nuque. À l'aide d'un mouchoir en papier, elle matifie son teint. Profil droit. Profil gauche. Pareille à une ouvrière passant un bas au contrôle qualité, Monroe procède à une vérification méthodique de ses ressources.

Un silence talqué règne sur la *powder room* du théâtre Empire. Dans un bruissement de robes du soir, des femmes très parées se repoudrent devant les psychés portatives. Sur chaque tablette a été déposée une corbeille de broderie anglaise pourvue de quelques produits de beauté, de coton, de mouchoirs. Assise dans un recoin, Brigitte épie l'Américaine du coin de l'œil. Les deux seins nacrés dans leur corbeille lamée sont-ils aéroportés par un soutien-gorge *Rising sun* ? Tout ce que Marilyn porte est parfait. Émerveillée, Brigitte enregistre les mèches rebelles effleurant le visage vulnérable, donnant l'impression que Marilyn sort du lit, un lit de féerie, bien entendu, où les robes ne froissent pas, le rouge à lèvres ne file pas.

Juste à côté de Brigitte, une femme humecte une petite brosse avec de la salive puis la frotte sur un cake de mascara contenu dans une boîte grise dont elle utilise le miroir minuscule pour allonger ses cils. Le geste rappelle à Brigitte l'oubli à Paris du vanity-case préparé par sa maquilleuse. Débarquer sans armes à Waterloo ! Elle a fondu en larmes avant de surmonter la crise morale (et matérielle) en courant à droite et à gauche pour reconstituer un nécessaire. Elle n'a pas trouvé le drôle de stylo doré pourvu d'une brosse en fer qui évite de cracher sur la brosse, le Mascara Matic d'Helena Rubinstein.

Grâce à *Paris Match*, Brigitte sait qu'aux studios de Pinewood, Marilyn tourne *Le Prince et la Danseuse*, de Laurence Olivier. Monroe produit elle-même le film dans l'espoir de devenir une actrice respectable. Sa carrière de sex-symbol lui vaut succès... et mépris. Au contact du grand acteur shakespearien, elle rêve de remporter enfin un label de bonne comédienne. Elle empochera 10 % des bénéfices, mais ce n'est pas d'argent dont Marilyn a soif. Comme Brigitte qui a commencé à tourner bien avant l'achèvement de sa personnalité, Marilyn souffre du décalage destructeur entre son image de poupée sexuelle et ce qu'elle est, ce qu'elle désire être. Monroe voudrait être une grande actrice. Elle est une grande actrice. Mais tout le monde s'en fiche. Alors qu'elle est amoureuse de son nouveau mari, Arthur Miller, la presse ne s'intéresse qu'à sa rivalité supposée avec Vivien Leigh, la femme de Laurence Olivier, qui attend un enfant. À Pinewood, Olivier la traite de haut. Il a tort. Avec son naturel touchant, le jeu de Marilyn dans *Le Prince et la Danseuse* écrase le sien, celui d'un théâtreux raidi dans un académisme à la naphtaline.

Dans ses films, qu'elle a tous vus, Brigitte trouve Marilyn sensationnelle et un peu fêlée. L'Américaine semble confusément exprimer quelque chose de brisé[1]. Juliette Hardy, le personnage de *Et Dieu créa la femme* est d'ailleurs inspiré de la vie de l'Américaine : toutes deux sont des enfants rejetées, recueillies par des familles d'accueil revêches, qui reportent leur tendresse sur les animaux. Pour éviter d'être renvoyées à l'orphelinat, l'une et l'autre épousent un jeune ouvrier. Le fourreau rouge de Juliette, simple comme un T-shirt, est inspiré des robes en jersey de soie qu'affectionne Marilyn. Celle-ci les commande chez Pucci, à Florence.

Muette, la starlette française se laisse envoûter par l'aura vibrante de Marilyn qui illumine la *Ladies' room*. Un nuage de photons flotte au-dessus de sa coiffeuse. La grâce enfantine qui émane de la jeune femme si blonde, dont elle ignore qu'il ne lui reste que six ans à vivre, émeut Brigitte. Peut-être reconnaît-elle en cette gamine mal-aimée une même exigence éperdue d'attention et de reconnaissance.

Marilyn s'est levée pour mettre dans son œil une goutte de collyre Schwab's. Lorsqu'elle se penche, Brigitte aperçoit ses chaussures. De hautes sandales mordorées à se damner, avec une semelle intérieure couleur or. Leurs yeux un bref instant se croisent dans les miroirs. Marilyn se retourne et sourit. Son regard est doux, léger, une caresse. Elle quitte la pièce en relevant d'une main sa robe lamée.

La déesse américaine bat sa propre monnaie. La veille, lors de la répétition, le chef du protocole a précisé que les décolletés étaient défendus en présence de *Her Royal Highness* Elizabeth II. Un monstre sacré impose sa règle du jeu, et celle de Marilyn exige la mise en valeur rigoureuse de ses attributs. En dérogeant au protocole des Windsor, non seulement Marilyn le défie, mais elle démontre qu'au firmament de la grandeur, l'extrême célébrité l'emporte sur la haute naissance. Toutes deux du millésime 1926, Elizabeth II et Marilyn ne sont pas nées sous la même étoile scintillante mais Hollywood rivalise avec la monarchie de droit divin.

Marilyn n'a sans doute vu aucun film de Bardot, ni prêté attention à celle que la presse britannique surnomme le *sex kitten*, mais face à face deux belles femmes s'évaluent en un coup d'œil. Que pense-t-elle de la jolie Française, à cet instant ? Dans la robe blanche brodée de perles et de strass prêtée par la maison Balmain, sur le décolleté de laquelle une femme de chambre au Savoy a cousu un morceau de tulle pour obéir au protocole, Brigitte se sent affreusement provinciale. C'est Christine Gouze-Rénal, plus mondaine que Brigitte, qui l'a habillée. Quelqu'un d'autre, en tout cas, a remarqué la jeune Française : le mari de Marilyn. « Il y avait une fille plutôt petite, à l'air timide, avec de longs cheveux ramenés sur la tête ;

comme elle se tenait juste derrière moi, j'ai pu saisir son nom : Brigitte Bardot » dit Arthur Miller, intello à lunettes.

Le 29 octobre 1956, un mois jour pour jour avant la sortie de *Et Dieu créa la femme*, Brigitte Bardot rencontre donc Marilyn Monroe dans les *Ladies' room* du cinéma Empire, sur Leicester Square, à Londres, où se déroule la Royal Film Performance, un gala annuel où des personnalités du septième art sont présentées à la reine. Brigitte a été conviée grâce à la productrice anglaise de *Doctor at sea*. Cette rencontre fugitive de la bombe américaine avec celle qui vient de prendre place sur le lance-roquettes de la renommée est une amusante coïncidence. Dans la seconde moitié du siècle, aucune actrice américaine n'a été plus fameuse que Marilyn. Et aucune Européenne plus célèbre que Bardot. La seconde marche nu-pieds sur les traces de son aînée. Cinq ans avant Brigitte, la parade ouvertement sexuelle de Marilyn Monroe dans *Niagara* avait été bridée par une Amérique conservatrice et puritaine. Privée d'animalité, la créature hollywoodienne ne pouvait dépasser les limites de la pavane de surface. Corps conducteur de l'érotisme, la Française reprend l'emploi et lui donne une réalité organique : Bardot transpire. Un état que le cinéma d'Hollywood proscrit. C'est ça, le « naturel » de Bardot. Brigitte est Monroe sans le puritanisme.

Deux femmes remarquables se sont croisées... dans un miroir. « Je la buvais des yeux. Je la trouvais sublime. Elle représentait tout ce qu'une femme doit rêver d'être. Charmante, d'une beauté sublime, fragile[2]. » Une chose exquise, chez Bardot : sa loyauté envers les autres femmes, dont elle ne manque jamais de souligner la grâce, à condition qu'elles ne soient pas de pâles copies d'elle-même.

Brigitte, qui a vu *Et Dieu créa la femme* au montage et s'y trouve « pas mal », ne mesure pas l'impact que le film va avoir sur sa vie. Dans les toilettes de l'Empire, elle arrache le tulle qui couvre son décolleté, décoiffe ses cheveux trop apprêtés avant de rejoindre les objectifs des photographes et de sourire comme si elle vivait le plus beau jour de sa vie.

Ce jour de 1956, quatre sex-symbols s'alignent sur le tapis rouge[3]. Fraîche comme un verre d'eau, la reine, suivie de sa sœur Margaret, salue d'abord Brigitte Bardot, en marche vers la célébrité. Aux oreilles de la jeune Française, les pendants en pierre du Rhin virevoltent tandis qu'elle tourne la tête pour apercevoir la souveraine qui salue déjà le vétéran Joan Crawford, sur la pente descendante, puis Anita Ekberg qui n'atteindra pas le sommet. La Suédoise spectaculaire détourne la consigne avec impertinence. Si elle est couverte jusqu'au cou, un soutien-gorge sans doute conçu par un prothésiste façonne son buste en deux cônes si parfaitement géométriques qu'on ne voit qu'eux. Puis la reine s'attarde près de Marilyn. Si en réalité elle est très menue, Marilyn semble plantureuse : sa robe la sculpte. Elle paraît même élancée alors qu'elle est aussi petite que la reine : à peine plus d'un mètre soixante. Pour compenser une taille qui risque de la dérober aux objectifs, Marilyn a commandé à Londres chez Anello & Davide, le célèbre chausseur

du show-business, une paire de sandales à plate-forme. Ces escabeaux miniatures lui permettent de surmonter le royal obstacle d'une bonne demi-tête. Les flashs ne la manqueront pas ! Les chaussures que la petite Française a admirées tout à l'heure ne sont pas une arme de séduction, mais un instrument de travail. Rien à Hollywood n'est laissé au hasard. Ni jeté. Les fameuses mules Anello & Davide seront revendues trente-trois mille trois cent cinquante dollars le 27 octobre 1999 par Christie's au Rockfeller Plaza, lot numéro 19, vente 9216.

B.B. party à la Victorine

Des bataillons de journalistes ont commencé à suivre les pas de Brigitte, qu'elle parvient encore à semer au volant de son coupé décapotable, une Simca *Week-End* conçue par le fabricant des Facel Vega. Elle en conduit une dans *La Parisienne*, comédie-bikini de Michel Boisrond calquée sur *Le Prince et la Danseuse* : Brigitte y apparaît dans son costume fétiche, le drap de bain.

Bientôt, sa célébrité lui interdira de prendre le volant. Qu'importe, la réussite lui vaut les services d'un chauffeur-secrétaire-nounou-cuisinière, Alain Carré.

En 1957, alors que B.B. achève le tournage d'*Une Parisienne* à Nice, on lui demande d'en faire la promotion au festival de Cannes. Brigitte refuse tout net. « "Ils" n'ont qu'à venir ici », ordonne-t-elle, réfractaire. « Ils », c'est-à-dire les journalistes. La prenant au mot, la production inonde la presse de cartons d'invitation à une B.B. Party. Américains, espagnols, italiens, français, les journalistes se ruent aux studios de la Victorine. Leur élan s'achève au bar où ils s'arsouillent en attendant la vedette. La sémantique bien rodée des apparitions cannoises obéit à un protocole aussi rigoureux que celui des Windsor. Les reporters viennent de photographier Elizabeth Taylor montant les marches en majesté, robe à traîne et tiare de diamants. Les stars américaines – dont Taylor est l'ultime avatar – appartiennent à une galaxie où tout semble possible. Assujetties aux studios hollywoodiens omnipotents qui définissent et contrôlent leur image publique, elles sont aussi désincarnées que des déesses synthétiques.

En France, les actrices n'ont jamais été une pure fabrication de l'industrie cinématographique. La spontanéité, la vivacité, l'entrain, un jeu (faussement) naturel ont toujours été considérés. Le charme l'emporte sur l'artifice ou l'extrême sophistication. Les aînées de B.B., comme Micheline Presle ou Danièle Darrieux, possèdent l'allant qui plaît en France. Bardot est la pointe extrême de cette école. Ni bombe sexuelle à l'italienne, ni star sophistiquée hollywoodienne, elle invente un genre et le pousse à son plus haut degré de réussite. « Bardot a changé les canons de la beauté, aurait dit Arletty. Avant elle, les stars descendaient les escaliers empanachées. Bardot les monte nue. Le public y a gagné... »

Après avoir boudé la ruée des journalistes à la Victorine, la jeune actrice prend l'affaire à la rigolade. S'enfermant dans un grand carton d'emballage, elle se fait porter par deux machinistes et déposer devant les représentants de la presse. « Et vlan ! Je suis sortie de là en jean et en T-shirt, hurlant de rire[4]. » Elle les emballe littéralement. Un coup de génie. Puis elle fait son travail d'objet : une pavane de fille bien roulée avec minauderies aguicheuses et poses suggestives. En T-shirt hyper moulant et jean corsaire à taille haute, son allure reste compatible avec les exigences de la production. Après tout, comme n'importe quelle star, elle possède une capacité à être ce qu'on attend d'elle.

Imprésario de sa propre séduction, B.B. fait preuve d'adresse expérimentale sans entamer son prestige. Détournant l'attention de la Croisette, elle a fait venir la presse à elle. Elle bouscule les conventions tout en augmentant sa séduction. Aux prestiges de la beauté et de la jeunesse s'ajoute celui de sa liberté de ton. Elle renforce le désir. Une créature céleste s'est mêlée aux mortels. Dietrich, Garbo, Monroe, Liz Taylor, les stars hollywoodiennes étaient inaccessibles. La très astucieuse Bardot vient d'abolir la distance qui sépare les vedettes du public. Ses aînées prennent un coup de vieux.

Brigitte Bardot dans Time Magazine

Lorsque *Et Dieu créa la femme* sort sur les écrans à Manhattan en décembre 1957, Brigitte Bardot est une inconnue en Amérique. Son nom n'a été cité qu'une fois, et entre parenthèses, dans *Time Magazine*, pour son rôle dans *Rendez-vous à Rio* (*Doctor at sea*), dont Dirk Bogarde est la vedette. À la sortie du film de Vadim, le critique du magazine se demande pourquoi les Français ont envoyé une gamine faire le job d'un sex-symbol. Car si Marilyn Monroe est une vraie petite fille déguisée en bombe, Bardot est une vraie bombe déguisée en petite fille. Huit mois plus tard, la Française est une star. Les Américains la savent de bonne famille, ils savourent ses mensurations aussi bien que les détails peu conventionnels de sa vie privée. À la fin de l'année 1958, *Et Dieu créa la femme* a déjà rapporté quatre millions de dollars, soit autant que la vente de deux mille cinq cents Dauphine de la Régie Renault. Aux quatre coins du pays, le public se précipite pour voir cette Française dans un film sous-titré. Devant ses courbes, les Américains font les yeux ronds.

Pourquoi elle ? Les adversaires de B.B., qui lui reprochent d'être une idiote – pourquoi ce préjugé ?

Parce que la beauté aveugle ? Dietrich, si cultivée, si brillante, si solide a souffert des mêmes préventions – et une mauvaise comédienne, affirment qu'elle ne doit son succès qu'à sa nudité. « Des femmes nues, stupides et incapables de jouer, les foyers américains en regorgent à partir de vingt-trois heures[5] » rétorque le critique Paul O'Neill dans une pénétrante analyse publiée dans *Life* le 30 juin 1958. Certes, dit le critique, Bardot est une belle plante française qui peut se risquer dans des scènes plus osées qu'Hollywood ne l'autorise, et dans des tenues sans autocensure. Mais ces avantages n'expliquent pas pourquoi dans toutes les villes d'Amérique, pays plus que réticent aux films sous-titrés, un directeur de salle programmant *Et Dieu créa la femme* ou n'importe quel navet avec le nom de Bardot au générique fait recette durant des semaines. « Une actrice qui laisse ses cheveux tomber dans les yeux, transpire un peu et frétille avidement quand elle embrasse un homme est une révélation » écrit Paul O'Neill. Le naturel, voilà la chose nouvelle que Bardot apporte au cinéma.

Le pouvoir qu'exerce Brigitte Bardot va au-delà de sa plastique, d'ailleurs elle n'est pas la première Européenne fraîche et sexy à se balader à poil sur les écrans, note O'Neill. Ses triomphes, elle les doit à son charisme. Elle est un des rares êtres capable d'exercer un impact aussi fort sur le public avec ses photos qu'avec ses films. Cet impact est d'autant plus perturbant que même dans ses actes les plus mièvres, elle force le spectateur à redécouvrir en lui-même les facettes souterraines de la nature humaine que les humains passent leur temps à renier. Et nul ne les renie plus vigoureusement que ses détracteurs, qu'ils soient professionnels ou privés, hommes ou femmes. Par son absence d'inhibitions, Bardot confronte le spectateur à ses désirs secrets. Bardot n'est pas seulement nue, elle met à nu les désirs et les peurs du public. Son authenticité place chacun face à son hypocrisie. Ava Gardner est d'une beauté plus fracassante (conservée jusqu'à la fin), Marlène Dietrich d'une intelligence plus aiguë, Simone Signoret plus grande actrice que Bardot. Cependant B.B. est perçue, à tort ou à raison, comme un être libre de ses désirs et dépourvu de remords. Et ça, c'est exceptionnel.

Le truc est dans l'air du temps. Dans un petit essai visionnaire publié durant l'été 57, Norman Mailer définit le profil du « nègre blanc » ou du « branché », un adolescent désabusé par la violence des deux derniers conflits mondiaux qui ne cherche que la gratification immédiate, notamment sexuelle[6]. Comme Vadim dans *L'Express* la même année, Mailer en tire une morale de l'immédiateté : puisque la bombe atomique menace à tout instant d'exploser, il ne reste qu'à vivre l'instant présent, sans référence ni au passé ni à l'avenir. Brigitte Bardot est le séduisant mirage de cette sensualité violente et authentique que sa génération aspire à vivre. Elle touche à quelque chose de très profond, la libido. Bardot est la clé de sol qui inaugure la partition hédoniste.

Revue de presse

Time Magazine, 11 novembre 1957
« Selon les Français, B.B. (diminutif de Brigitte Bardot) va remplacer M.M. (Marilyn Monroe) en tant que symbole sexuel. Brune, elle est mince quoique tout en courbes. Au-dessus des épaules, elle semble avoir douze ans et ressemble à Shirley Temple au même âge… » Selon le magazine, elle gagne trente millions de francs par film.

Time Magazine, 18 novembre 1957
« Tout repose sur l'immoralité de l'héroïne » note le journal. C'est vrai. En raison de ses promesses érotiques, le film sous-titré sort dans quatre mille salles.

Time Magazine, 16 décembre 1957
« Divorcée : Brigitte Bardot (B.B.), vingt-trois ans, la savoureuse friandise française (*Et Dieu créa la femme*) et le scénariste et réalisateur Roger Vadim, vingt-neuf ans, après trois ans de mariage, aux torts réciproques. »

Time Magazine, 23 décembre 1957
« Imaginez l'ingénuité des Français en matière de rapports humains. B.B. a proposé à son ex-mari Vadim d'être la marraine de la fille de sa nouvelle femme. »

Time Magazine, 17 février 1958
Le *Time Magazine*, regrettant que l'audience de *Pather Panchali*, le film de Satyajit Ray, palme d'or à Cannes en 1956, ne dépasse pas *Manhattan*, note

que trois films de Bardot sont à l'affiche. Outre *Et Dieu créa la femme*, *La lumière d'en face* et *La mariée était trop belle*.

Time Magazine, 24 février 1958
Et Dieu créa la femme, film où « la flamboyante Brigitte Bardot dévoile abondamment ses charmes, histoire d'une jeune femme qui cherche sans discrimination un compagnon de lit », risque d'être interdit à Philadelphie à la demande de Victor H. Blanc, représentant du ministère public. Les bobines ont été saisies dans deux cinémas et les exploitants poursuivis pour atteinte à la loi anti-obscénité. La cour suprême a donné tort à Blanc. » Conclusion du *Time* : « Ce week-end, Brigitte a drainé plus de curieux que jamais. »

Time Magazine, 17 mars 1958
« Récupérant de l'épuisant tournage de *En cas de malheur*, la savoureuse Brigitte Bardot se remet également d'une séparation avec l'acteur Jean-Louis Trintignant, son mari dans *Et Dieu créa la femme*, lequel effectue son service militaire en Allemagne. Expliquant qu'elle ne supporte pas les longues séparations et qu'il n'a pas assez de permissions, B.B. déclare : "Je suis terriblement exigeante, je sais, mais j'ai besoin d'avoir tout le temps celui que j'aime auprès de moi." »

Time Magazine, 21 juillet 1958
Le magazine dépêche un reporter dans le petit port où a été tourné *Et Dieu créa la femme*. Saint-Tropez est lancé.

Time Magazine, 28 juillet 1958
Long compte rendu sur *La Parisienne*, « le meilleur des sept films de Bardot que nous avons pu voir récemment ».

Time Magazine, 24 août 1958
« À Lake Placid, trois mille habitants dont plus de la moitié catholiques, monseigneur James T. Lying, scandalisé que le cinéma local programme Brigitte Bardot dans *Et Dieu créa la femme*, a appelé à boycotter cette salle pendant six mois. Lying, qui reproche au film d'être "une agression à l'encontre de chaque homme et de chaque femme de notre communauté et de la nation tout entière", a proposé trois cent cinquante dollars en guise de compensation financière si le cinéma renonçait à programmer le film le dimanche. L'exploitant lui a préféré Brigitte. »

Time Magazine, 8 septembre 1958
« Brigitte Bardot est si dévêtue que les cheveux se dressent sur la tête. Quelle honte ! » Marion Smith, Fort Benton, Montana, Courrier des lecteurs.
« En réalité, tout homme normal rêve secrètement que sa propre femme soit aussi provocante avec lui que l'est Brigitte. » William H. Tatro, Bakersfield, Courrier des lecteurs.

Time Magazine, 15 septembre 1958
« Dans le ciel, de petits avions ont tracé les courbes de ses initiales. Tout Venise a reçu le message : "Brigitte Bardot arrive." Quelques critiques myopes iront peut-être voir des films, mais une

chose est certaine, le dixième festival du cinéma de Venise appartient à l'aguichant félin français. Le lendemain, au Lido, Brigitte a obéi aux photographes qui exigeaient qu'elle pose sur la plage, jusqu'à ce qu'ils se grimpent les uns sur les autres pour atteindre des postes d'observation. Imperturbable, Brigitte Bardot a déclaré qu'elle était ravie d'être un sex-symbol universel... Quant au succès du film qu'elle présente, *En cas de malheur*, histoire d'un avocat célèbre qui tombe amoureux d'une souillon, il est assuré. En effet, Elsa Maxwell a déclaré : "Bardot n'est rien, un pauvre chaton sexuel sans importance. Elle n'a aucun talent, sinon celui de l'effeuillage. Une catastrophe pour la jeunesse américaine." »

Une photo de Willy Rizzo

> « Voyez cette ravissante petite sorcière blonde à cheval sur son balai. Voyez la voler vers le Valpurgis. Voyez ce jeune sphinx boudeur et de formes parfaites. La mode a beau remuer des fortunes, il suffira que cette sorcière, que ce sphinx achète un pantalon, un chandail d'homme chez Mme Vachon à Saint-Tropez pour que les jeunes filles de la Côte adoptent cette mise et que cette mise devienne mode. »
>
> Jean Cocteau

Pour raviver sa mémoire, Willy Rizzo extrait d'un écrin en rhodoïd un minuscule poisson en chocolat chamarré comme une breloque Fabergé et lui tranche la tête d'un coup de dent. Pour quel journal a-t-il pris cette photo de Brigitte ? Vêtue d'un micro-short en vichy, sa tête espiègle sort de la cabine d'un bateau, pareille à un lutin jaillissant d'une boîte. Obligeant, Rizzo invente : « J'ai dû lui dire quelque chose comme : "Tu sais que tu es très mignonne à quatre pattes ?" » En quelle année ? 1958, l'année où elle a acheté la Madrague. Prise dans le petit port de La Ponche, c'est une des plus fameuses photos de Bardot, aussi on interroge souvent Willy sur son histoire. En fait, Rizzo ne se souvient plus. Né la même année que Vadim, il travaille depuis soixante-dix ans. Marilyn sur le dos d'un éléphant, Marlène près d'un minuscule électrophone, Le Corbusier cassant la croûte, Yves Saint Laurent dans son salon moderniste, Chanel rue Cambon au milieu de ses mannequins clones. Accrochés au mur de sa galerie et mêlés aux meubles que Rizzo dessina à Rome pour la jet-set des années soixante, ses portraits forment une galerie de grands ancêtres au milieu des meubles de famille. Acteurs, grands architectes, grands couturiers, ces stars ont survécu à l'actualité. Un jour, Willy s'est trouvé face à chacune des stars accrochées aux murs. Dans une relation probablement juste, qu'expriment des images réglées comme des plans de cinéma. Une bonne photo, c'est d'abord un échange. Willy possède ce *tact rapide* qui met en communication avec le modèle, dont parle Nadar[7].

Quand a-t-il rencontré Brigitte Bardot la première fois ? Elle venait souvent chercher Vadim à la rédaction de *Paris Match*, rue Pierre-Charron, ou bien ils se croisaient au bar de la Belle Ferronnière ou du Bellman. Brigitte les connaissait tous, Vital, Michou Simon, Jacky Garofalo, Walter

Carone, Georges Ménager, Jean-Claude Sauer. Une équipe de vingt-cinq pieds nickelés qui tous finissaient un jour ou l'autre par la photographier. Certains, dit la légende, bénéficiaient de son généreux tempérament. Recruté par Hervé Mille, Willy Rizzo était entré au magazine avant son lancement, comme Walter Carone. Il a shooté la toute première couverture de *Paris Match*, le numéro 1 du 25 mars 1949 : une photographie en couleurs de Churchill cachant son visage.

Charmeur et flambeur, Willy Rizzo est un des plus beaux spécimens de la légende dorée de *Paris Match*. Des reportages de prestige, des notes de frais pharaoniques réglées cash par une comptable enfermée dans une minuscule guérite. En échange, elle n'exigeait qu'une signature et des piécettes pour sa tirelire SPA. Vêtu avec soin, Willy Rizzo menait grand train, voiture de sport et épouses de standing, mannequin de Chanel ou vedette italienne comme Elsa Martinelli. Grâce à Willy, l'humoriste Art Buchwald comprit la différence entre une star et une starlette : « Les photographes de *Match* courent après les stars. Les starlettes courent après les photographes de *Match* ». L'image un peu miteuse du photoreporter fit place à la figure flamboyante du play-boy plein d'humour. Dans *Les Bijoux de la Castafiore*, le personnage de Walter Rizotto, photographe à *Paris Flash*, c'est à moitié Willy, à moitié Walter Carone.

Bardot, Rizzo se souvient qu'il était allé chez ses parents, rue de la Pompe, mais en quelle année ? « Je me souviens de tout, c'est mon cerveau qui ne suit pas » dit drôlement ce vieux monsieur élégant, costume noir et derbies Berlutti aussi lustrées qu'un capot de Ferrari. « Elle avait un côté… bon genre… ce chic très seizième… vous voyez ces jeunes filles drôles ou pas, d'ailleurs, avec leur diction traînante ? C'est étonnant parce que cela existe encore aujourd'hui… Elles sont toujours là, les jeunes filles de Passy… » Rizzo a raison. Elles sont toujours là. Emmanuelle, Vanessa, Cécilia, Camille, Mathilde. Rue du Faubourg-Saint-Honoré, elles dirigent le *Vogue*, dessinent des robes Azzaro et A.P.C. ou des bagues Dior, épousent le président de la République. Le soir, après un verre au Bristol, elles rentrent à Auteuil ou à Passy border les enfants. Paris est un pays de clochers dont chacun a son accent, son lexique vestimentaire et ses codes. Les nuances sont si subtiles qu'elles sont aussi difficiles à saisir que les nuages doux sur la Seine. Prosodie ensommeillée, l'accent de Neuilly-Auteuil-Passy, surnommé l'accent bourge, se reconnaît à ses voyelles exténuées, ses syllabes qui s'étirent comme un chewing-gum, d'inexplicables ralentis. Lorsqu'elle parle, la fille de Passy prend son temps, comme engourdie par un bain trop chaud. Capable d'une audace soudaine, elle l'annule avec le conformisme le plus terre à terre.

Jusqu'à Bardot, le sexy est une catégorie de la vulgarité. Un couturier comme Azzedine Alaïa, qui met en valeur les attributs sexuels, est impensable dans les années cinquante à moins qu'il n'habille certaines putes (et encore, pas toutes) ou des danseuses nues. Une femme chic demande à son couturier de la rendre élégante, pas désirable. Qu'il exalte son charme, pas son derrière.

Bardot n'a pas inventé le mini-short. Silvana Mangano le porte en 1949 pour cueillir le riz amer dans les eaux de la Lamellina. Mangano est fille de cheminot, elle a du poil sous les bras. La libido des filles pauvres, artefacts d'Hollywood comme Monroe ou Mansfield, plantureuses de Cinecitta telles Sophia Loren, Gina Lollobrigida, Silvana Mangano ou Rossana Podestà, conserve une trace de vulgarité : leur potentiel érotique s'évalue en mégatonnes. Celui de Bardot est aérien. Imiter l'élite, c'est gagner en prestige. Imiter le peuple, perdre en estime. Filles du peuple, les stars italiennes sont vigoureuses et aguicheuses. La Française Bardot est une nymphette pétillante, joyeuse, savoureuse, sexy. Ses poses provocantes

ne sont pas vulgaires, elles sont hardies. Sa naissance bourgeoise légitime une sensualité qu'elle colore d'un vernis de bon goût. Bardot casse la règle. Le spectacle érotique qu'elle offre ne sent pas le souffre, n'en déplaise au Vatican. Elle n'a pas inventé le sex-appeal, elle l'a rendu convenable. La mode, qui se propage par mimétisme, va du haut vers le bas. Jamais l'inverse. L'insolence vestimentaire de Bardot, tempérée par son côté *bon chic*, fait bouger les lignes d'un coup. De bonne famille, elle est le plus délicieux des alibis.

Chocolat en bouche, Rizzo s'enfonce dans le canapé en peau de sanglier dessiné dans une autre vie. Salvador Dalí, le play-boy Gigi Rizzi qui assura un intérim amoureux chez Brigitte, Otto Preminger et bien d'autres ont commandé ses tables laquées avec bar incorporé, ses canapés de napa blanc, ses rutilantes commodes en acier. D'ailleurs Willy a décoré la Madrague. La revue *Art et Décoration* en mai 1975 a publié un reportage sur la maison. On y voit le bar avec shaker, nécessaire à cocktails, flacons de whisky, vodka, gin, porto. Le Parthénon d'une civilisation engloutie, sauf chez les amis de Bardot, comme Paul Giannoli ou Victoire Doutreleau, ex-femme du patron de *Match*.

La galerie de la rue de Verneuil est la salle d'armes des baroques *seventies*. Encore un chocolat pour Willy. Bon, Bardot en short vichy ? « D'autres étaient jolies, mais Bardot avait une personnalité. Elle inventait des gestes. Une manière de relever ses cheveux. »

La chevelure, elle la rassemble des deux mains. D'un geste nonchalant elle la remonte sur les tempes pour former une gerbe dorée qu'elle laisse s'effondrer en draperie liquide. Avec la science plastique d'une danseuse, elle façonne et stylise des gestes neufs. Avant Bardot, le cheveu est apprêté, raide, amidonné par la laque et les codes rigides. Une femme ne sort pas sans mise en pli. Les cheveux des femmes sont attachés, seules les gamines les lâchent. La coiffure de Bardot simule le naturel, le décoiffé, le négligé. Bardot pourrait, aujourd'hui, revendiquer des droits d'auteur à chaque fois qu'une fille se recoiffe avec les doigts dans la rue, au restaurant, au bureau, sur la plage et qu'un flot de cheveux se déverse. Parure de Bardot, sa chevelure dit la femme disponible comme Marie-Madeleine, la seule sainte dans l'iconographie chrétienne à s'autoriser pareille coiffure. Les cheveux des femmes étant maléfiques, ils sont couverts (Marie)

ou attachés (Élisabeth). L'innovation boudeuse de B.B. est tombée dans le domaine public et paraît banal même dans les plus anciennes institutions. Une Kate Middleton, future reine d'Angleterre, s'est mariée à Westminster cheveux dénoués.

Sur la table en laque, Willy étale une série de B.B. en short, en grand format sur cartoline. « Elle inventait un style, aussi. Une façon de lancer le short très court ou le T-shirt très long »... À pied dans les rues de Saint-Tropez, sur le port, avec un panier et un cocker, sans panier. Ses vêtements ne l'entravent pas et laissent ses gestes libres, elle ne porte pas de bijoux. Elle incarne la nouvelle féminité à la recherche de sa liberté sexuelle, cela plaît aux femmes. Elle montre jambes, taille fine, décolleté pigeonnant, cela plaît aux hommes. « Elle était maligne comme une panthère » dit Willy Rizzo, songeur. C'est peut-être cela qu'il a photographié, sur la barque de pêche : un jeune fauve.

Deux photographes suivent le petit short à carreaux, ce jour de l'été 1958, car Luc Fournol, le photographe de *Jours de France*, a pris les mêmes instantanés. Ou presque. Il a cadré B.B. au moment où elle extrait son panier du siège arrière de la Simca. Pour faire une bonne photo, il faut d'abord la « voir », dit-on. L'imaginer avant de l'impressionner. Rizzo et Fournol posent sur la fille diablement menue un même regard idéalisé où il entre 80 % d'érotisme dru, 10 % de fraîcheur enfantine (le short à carreaux d'écolier) et 10 % de pittoresque (la coiffure ébouriffée, le panier d'osier, la barque de pêche ou les ruelles de La Ponche).

Comme les images publicitaires, les photos de célébrités donnent de leur modèle une image embellie. Rizzo a shooté plusieurs pellicules ce jour-là. Sur la planche-contact, il a sélectionné, éliminé en fonction de l'idée qu'il se faisait de son sujet. Beaucoup de déchets et de rebuts pour une seule photographie, une unique image publiée. B.B. regarde l'objectif bien en face, elle est en confiance. Son regard ne révèle aucun secret. Le photographe semble s'intéresser à un type : la jolie fille blonde pleine de gaieté. Pareille à une poupée Peynet, la petite figurine en latex très en vogue du moment. Ce n'est ni une image documentaire ni un cliché volé. Le photographe et son modèle ont pris rendez-vous. B.B. s'est habillée et coiffée

« avec une négligence de sauvageonne », conformément à la charte de son personnage *spontané et authentique*. Willy l'a conduite sur le port.

Le succès de *Match* tient à ses photos et Bardot y est omniprésente. La photogénie, être plus beau en photo que dans la vie, est un privilège mystérieux. Bardot a fait trente-neuf fois la couverture de *Paris Match*, plus que n'importe quel président de la République. Seule Lady Di l'a devancée, mais à une période où le journal ne tirait plus à un million huit cent mille exemplaires comme dans les années soixante. Le phénomène est exponentiel : plus on est photographié, plus on est connu. Plus on est connu, plus on a de chance d'être photographié. La prolifération des images explique l'emprise de Brigitte.

Des milliers de personnes ont découpé le cliché de Willy afin de l'accrocher dans la cabine d'un camion, une penderie, un cahier, ou de la glisser dans un portefeuille. Autrefois publiée dans *Match*, la galerie Rizzo en diffuse aujourd'hui l'agrandissement numéroté et signé. Vendue très cher, encadrée de noir ou d'inox, cernée par une marie-louise, elle ne fait pas le même effet que sur le papier journal. Dans ce nouveau contexte, elle ne raconte plus la même chose. D'image populaire, elle est devenue totem chic.

En 1958, la photo de Rizzo contribue à lancer un décor : Saint-Tropez. Depuis cinquante ans, l'histoire de cet éden de poche se conjugue avec celle des stars du moment. La beauté surnaturelle du site est d'abord appréciée de quelques esthètes. En 1925, Colette, écrivain et journaliste vedette, achète la Treille Muscate, une petite maison sur un terrain abandonné dans la baie des Canoubiers où elle vit à l'année. Trop rustique pour séduire la *cafe society*, Saint-Tropez n'a pas le glamour de Cannes, Antibes ou Juan-les-Pins.

Planté d'arbres fruitiers, de vigne, de fleurs, le jardin de la Treille Muscate descend jusqu'à la mer. Colette y dort à la belle étoile. C'est le paradis quelques étés. « Il y a dix yachts dans le port, une horreur » se plaint-elle à une amie en 1931 avant de revendre sa maison à l'acteur Charles Vanel. Des familles bourgeoises comme les Bardot, fascinées par son mode de vie, remplacent peu à peu les artistes. Lorsqu'elle débarque de la gare de Saint-Raphaël, c'est au bar de La Ponche que la famille prend le premier petit-déjeuner avec fougasse chaude[8]. Saint-Tropez est leur paradis de poche. Les Bardot commencent par louer ce qu'on appelle les baraques, sur la plage des Salins, puis ils achètent une maison rue de la Miséricorde.

En 1955, c'est la jeune Sagan qui annexe La Ponche avec son frère Jacques. Sans doute en ont-ils entendu parler par leurs amis de Saint-Germain-des-Prés, Juliette Gréco, Boris Vian, Vadim, Daniel Gélin et les frères Marquand qui y prennent leur quartier d'été. Dans la maison la plus grande de la rue des Pêcheurs, Sagan importe ses copains et un mode de vie qui sacralise le farniente. Saint-Tropez est un bourg de quatre mille habitants vivant de la mer et de l'usine de torpilles. L'année suivante, Vadim y tourne les extérieurs de *Et Dieu créa la femme*. En contrebas de la plage de La Ponche, au 4, rue de la Rampe, il loue à la famille Patrone une des maisons de pêcheurs devant la mer. Le bar de La Ponche sert de loge à Brigitte qui s'y déshabille au milieu de la salle. « Veux-tu bien te cacher » gronde Albert, le patron. La jeune actrice est en territoire connu.

En 1958, Saint-Tropez devient une destination dans le vent pour une petite élite de jeunes gens, la *Nescafé Society*, qui abandonnent la Côte d'Azur aux milliardaires vieillissants. Le reporter envoyé par le *Time* pour visiter les décors de *Et Dieu créa la femme* compte les yachts mêlés aux barques de pêche. Quatre-vingt, italiens la plupart. Les petits jeunes de la *Nescafé Society* s'habillent comme Bardot de shorts et d'espadrilles ou pieds nus et hâlés, de pantalons cigarettes avec des tops amples et colorés de chez Manine Vachon, le tout surmonté de chapeaux cloches en toile. Le petit short photographié par Rizzo, c'est Manine Vachon qui l'a dessiné. Avec Bardot en guise de *cover girl*, Vachon fera la mode estivale des années soixante : marinière, bermuda, brassière, pantalon taille basse, sari de plage, toutes ses trouvailles inspirent les collections de haute couture, en particulier celle du jeune Yves Mathieu Saint Laurent. « Plus elles sont bronzées, plus il faut les déshabiller », tel est le slogan de la maison[9]. Quand la *Nescafé Society* deviendra la *jet-set*, les clients de Vachon se nommeront Sophia Loren, Liz Taylor, Paola de Belgique, Géraldine Chaplin, Juliette Gréco, Jeanne Moreau, Claude Pompidou, Aristote Onassis, Lucia Bose et Dominguin, Sacha Distel.

Dans les ruelles étroites, cet été 58, le journaliste du *Time* liste les marques automobiles : Ferrari, Lancia, Mercedes, Aston Martin, Jaguar, Austin-Healey. Il dépeint un Saint-Tropez idyllique où tout n'est que fêtes et flirts. L'été, durant la journée, Saint-Tropez est une ville fantôme. Personne ne se baigne, les plages sont faites pour bronzer. La vie commence vers cinq heures avec l'apéritif chez Sénéquier. Le soir, dans des boîtes minuscules bricolées dans les caves de bistros, le cha-cha et le rock cèdent le pas au charleston. Les hôtels sont sommaires : pas de room-service, à peine une clé qu'on attrape au tableau. Mille chambres pour vingt mille touristes. C'est trop pour Sagan, qui à son tour plaque la Méditerranée pour la Normandie ; « Saint-Tropez, c'est fini » écrit-elle en 1958. À moins que « ça » ne commence. Saint-Tropez devient un concept sensationnel, la Jérusalem de la société des loisirs, charriant promesse de sexe, d'optimisme, d'adolescence éternelle, dont l'effigie de Bardot est le golem. Découvert par des artistes, abâtardi par des bourgeois qui repeignent en fraise-vanille les vieilles façades grises, massacré par l'argent des nouveaux riches, le petit village de pêcheurs connaîtra le destin de tous les lieux de rêve du globe au cours du XXe siècle, de Goa à Marrakech en passant par Acapulco ou Capri.

En juin 1958, Willy Rizzo peut utiliser Saint-Tropez comme un décor, et son modèle s'y promener sans émeute. C'est la dernière fois. Publiée dans *Paris Match* (Willy Rizzo) et *Jours de France* (Luc Fournol), la photo pieds nus, rue de la Miséricorde, en mini-short et débardeur sans soutien-gorge, avec un couffin de paille en guise de sac déclenche un émoi collectif. Les Français font une si grande consommation de magazines que pendant l'été 1958, nul n'échappe à l'effigie de Bardot en vacances. « Brigitte Bardot est un scandale national. Elle est en accord avec une époque qui rejette les cravates, les gaines et les fards. La publicité lui fait dire qu'elle n'a pas de peigne, les doigts étant le peigne donné par le Bon Dieu. Elle n'a pas de montre, pas de bijoux, sauf quelques pacotilles, et autant dire pas de garde-robe (…). Dire que cette simplicité soit dépouillée d'artifice est une autre histoire (…). Brigitte Bardot est immorale de la tête aux pieds, tant par ce qu'elle montre que par ce qu'on lui fait exprimer » écrit l'éditorialiste Raymond Cartier dans *Paris Match* le 8 août 1958. Tombé dans l'oubli, Raymond Cartier est alors la conscience bourgeoise française, une voix un brin réac dont le bons sens est respecté[10].

Sur la photo de Rizzo, Brigitte Bardot profite de ses dernières heures de récréation. Quelques jours plus tard, elle va s'acheter une robe en tissu provençal à la mercerie Vachon. En quelques instants, ce jour de 1958, des centaines de personnes s'agglutinent devant la vitrine. Terrifiée, Brigitte se réfugie au fond du magasin tandis que Manine baisse le rideau de fer et appelle la police, qui extrait la jeune vedette à la force du poignet. À sa sortie, c'est le délire. La foule l'insulte. Putain. Salope. Ordure. Les gens rient, se bousculent, tentent de lui tirer les cheveux. Une femme lui tend son bébé, lui demande de le toucher. « J'étais à la fois le diable et Bernadette Soubirous. » C'est la dernière sortie libre de Brigitte Bardot.

Mauvaise mère

> « On devait vivre, on vivait, car l'habitude devient instinct, en admettant que tout son émis était entendu et que, sauf dans l'obscurité, tout mouvement était perçu. »
>
> George Orwell, *1984*

Une boîte Kodak d'un modèle ancien contenant une série de grands tirages argentiques sur papier glacé. Lui, pâtre bouclé sorti d'un film de Pasolini, se penche sur elle, royalement blonde. Enveloppés de lumière chaude, la mère et le fils, admirables. Brigitte et Nicolas, dix-huit ans.

La gamme chromatique, rouge d'un maillot, bleu franc d'un transat, exalte l'éclat méditerranéen d'un matin radieux. Le temps coule avec mollesse. Christian Brincourt, un ancien grand reporter, vient de les sortir de la boîte, protégées par une feuille de calque.

« Ce matin-là, Brigitte se lève de fort bonne humeur. Nous buvons nos bols de café au bord de la piscine, planqués dans les roseaux de la Madrague. Elle joue avec son fils, lui met les doigts dans les narines, lui pince les oreilles. Une chatte et son petit. Un moment de pure tendresse. Jamais je ne prends de photos chez elle. Notre complicité ne se monnaye pas. Soudain, le regard de Brigitte accroche le mien. "Qu'est-ce que t'attends ?" »

Christian se rue dans sa chambre, apportant un Leica.

« J'ai fait trente-six photos inouïes. »

Dans le papier de soie, Christian Brincourt range le secret de Brigitte. Par amitié pour elle, qui le lui a demandé, les photos n'ont jamais été publiées. Il y a les photos que tout le monde connaît, et celles qu'on ne verra jamais. L'histoire de son enfant est une ombre sur la vie de Brigitte Bardot.

En décembre 1959, la rupture du barrage de Fréjus et ses centaines de morts mettent Christian Brincourt en présence de Brigitte Bardot. Reporter débutant, il vient recueillir son appel en faveur des rescapés. Elle signe un chèque d'un million de francs. Un mois avant la naissance de l'enfant, la catastrophe offre au jeune journaliste un prétexte pour approcher la star mondialement célèbre. Depuis des jours, il planque en bas de chez elle, au 71, avenue Paul-Doumer. Il n'est pas le seul.

« Au bistrot, un jour, nous nous sommes comptés. Nous étions cent quatre-vingt-seize journalistes venus du monde entier. La plus sexy des femmes allait avoir un enfant... »

Et pourtant, ni lui ni aucun des autres n'a photographié B.B. enceinte. J'ai pensé qu'il n'en existait pas d'image jusqu'à la découverte d'un cliché d'elle avec la chanteuse Dalida. Un manteau parapluie dissimule ses formes. Ce jour de décembre, la vulnérabilité de Brigitte, écrasée par le poids de la célébrité, émeut Brincourt. Le harcèlement, d'une violence alors inédite en France, interdit toute intimité à une jeune femme sans défense : la loi ne protège pas encore la vie privée, invention récente.

Les procès sont rares jusqu'au 13 mars 1965. Dans une affaire concernant une photo de l'enfant de Gérard Philipe hospitalisé, auquel on attribue la maladie ayant tué l'acteur quelques années auparavant, les journalistes qui se sont introduits dans l'hôpital et le directeur de la publication sont condamnés. Cette affaire, à laquelle s'ajoutent d'autres concernant Bardot et Picasso, contraindra le législateur à modifier les textes. La loi du 17 juillet 1970, devenue l'article 9 du Code Civil, reconnaîtra à chacun le droit au respect de sa « vie privée » : un concept récent.

En 1960, B.B. est sans cesse épiée, jugée, bousculée, violentée. « Ma vie privée, c'est comme un livre ouvert écrit par les autres[11] » dit-elle. Non seulement les journaux consacrent des pages à sa grossesse, mais la fièvre médiatique qu'elle déclenche est elle-même un sujet d'articles. *Point de vue – Images du monde* relate que depuis vingt et un jours, à l'approche du terme, reporters et photographes se relaient devant l'immeuble de l'actrice. Le soir du réveillon, on a dénombré pas moins de sept autos devant le 71, avenue Paul-Doumer. Une nouvelle espèce de photographes prolifère, les « paparazzis » : Fellini vient de créer le personnage de Paparazzo, dans *La Dolce Vita*, né de la contraction de *pappatacci* (petits moustiques) et *ragazzi* (jeunes garçons). Ces moustiques sont particulièrement friands d'images de Bardot, dont les photos volées atteignent des sommets.

Retranchée au dernier étage, la jeune femme peut entendre les conversations des journalistes jusque devant sa porte. Brigitte ne sort plus de chez elle. Par les fenêtres, on aperçoit l'enfilade de l'avenue Paul-Doumer qui vient buter contre le palais de Chaillot. Elle doit fermer les persiennes en découvrant que les chambres de bonne ont été louées par ceux qui l'épient.

« Alors que mon gynécologue me demandait de sortir, de prendre l'air, de marcher les deux derniers mois de ma grossesse, j'ai été cernée par deux cents journalistes qui planquaient jour et nuit dans les escaliers, sur le palier des étages, dans leurs voitures, sur le toit de l'immeuble. Les volets fermés, avec mon gros ventre, j'ai tourné en rond pendant deux mois sous la menace de téléobjectifs » a-t-elle relaté à Christian Brincourt en 2009. Le vigile engagé pour garder le hall se retrouve à son tour dans la presse.

Un jour qu'une perruque brune sur la tête Brigitte tente une sortie par la porte de service, des journalistes lui tendent un guet-apens, la coinçant dans le local des poubelles. Elle s'affole, trébuche dans les détritus, fait demi-tour, remonte chez elle, avale une poignée de somnifères. Pour échapper à sa prison, dit-elle : elle se sent l'otage de son personnage trop connu, de la tutelle de son mari, de son état de femme enceinte, de sa solitude. Encore un suicide manqué.

Brigitte attend un enfant de Jacques Charrier, acteur à la mode qu'elle a imposé comme partenaire dans *Babette s'en va-t-en guerre*. Jeune premier plein d'avenir, il a obtenu le rôle principal dans *Les Tricheurs*, de Marcel Carné, puis dans un film de Jean-Pierre Mocky. René Clément vient de lui offrir un grand rôle dans *Plein Soleil*. Un scénario de Paul Gégauff, Marie Laforêt et Alain Delon comme partenaires. Le voilà pris, lui aussi, dans la tempête médiatique. Lorsque Charrier est rappelé en Algérie, quatre photographes de *Paris Match* l'accompagnent à la caserne du 11ᵉ cuirassier d'Orange. Quatre pages dans le magazine. Pour se faire réformer, Charrier s'ouvre les veines. Une campagne se déchaîne contre le jeune homme, accusé de lâcheté. Il refuse d'aller en Algérie non par anticolonialisme mais parce que Brigitte a de nouveau voulu se tuer en apprenant son départ. « J'étais naïf, j'avais l'âge où l'on croit une femme qui dit : "Si tu pars, je ne m'en remettrai jamais" » dira-t-il plus tard avec amertume.

Lorsque Charrier quitte l'hôpital du Val-de-Grâce en décembre 1959, Brigitte Bardot doit vivre en vase clos avec un mari fragilisé. Un soir qu'elle se chamaille avec lui, elle enfile son manteau et descend prendre l'air. Elle a oublié qu'elle vivait sous surveillance… Elle rebrousse chemin et sanglote sur les marches.

« Ce qu'elle a vécu, personne ne l'a vécu, ni avant, ni après[12] » dit son amie Anne, la femme de Jicky Dussart. Leur mariage à la mairie de Louveciennes a tourné à la farce. Deux cents journalistes en faction devant la mairie, des vitres brisées, la salle des mariages colonisée par les reporters. Le *Paris Match* du 27 juin 1959 consacre dix pages à un événement couvert par une équipe de onze journalistes. Toute l'équipe, Jean Durieux, Daniel Camus, Jacky Garofalo, Georges Ménager et Jean-Claude Sauer, était à la mairie[13]. Le magazine américain *Life* du 29 juin 1959 consacre, lui, deux pages à l'événement. Les photos montrent Pilou tentant d'arracher son appareil à un reporter tandis que Charrier, effondré, se cache dans ses mains. Dans *Paris Presse*, Paul Giannoli fait raconter la cérémonie par Clown, le chien de B.B. La clownerie n'amuse pas la jeune femme. Paul, un copain ? Un traître !

« Brigitte a été fâchée avec moi des années après cette histoire[14]. »

La firme Perrier, qui vient de racheter Charrier, une source à l'eau faiblement minéralisée recommandée pour les nourrissons, lance une campagne nationale d'affichage portant le slogan « Bébé aime Charrier ». Un flop : personne n'a envie de donner une eau aussi sulfureuse à son enfant. Mais qu'importe ! B.B. est blessée par ces blagues.

« Animal traqué », « corrida », « vautours », Brigitte puise dans le lexique animal pour traduire son expérience. En réalité, elle n'est plus qu'un concept, une construction médiatique. Comme le paquebot *France* lancé au même moment, le corps de Brigitte Bardot est un bâtiment public, un emblème national. On le visite de fond en comble.

Le 8 janvier 1960, dans la revue *Noir et Blanc*, sous le titre « B.B. renonce au cinéma », un certain Anon rappelle que Brigitte a construit sa renommée sur une paire de jambes, un tour de taille et des seins qui ont fait d'elle une femme-enfant aussi tentante que la pulpe d'un fruit exotique. Et de conclure : en tant que jeune mère, plus jamais elle ne sera considérée comme un sex-symbol[15].

La grossesse interdit à son personnage de coïncider avec sa personne réelle. Le corps de Bardot disparaît. Elle s'enferme chez elle. C'est pourquoi il n'existe pas, à ma connaissance, de photo de

Brigitte Bardot très enceinte. La gestation n'a pas existé. Pour rester à la disposition du public, une star sexy doit rester vierge de famille.

Baby blues

Magazine *Elle* du 8 janvier 1960. Un collector, un numéro à déposer au musée de la *pop culture*. « Plus éblouissante que jamais, Brigitte est cette jeune maman moderne et organisée et elle vous présente la nursery et la layette de son bébé. » Bardot, une jeune mère organisée ? À l'intérieur, pas de Brigitte éblouissante. Pas la moindre photo d'elle enceinte. Mais un portrait de Moussia, la gouvernante. Et des photos de la chambre avec ses *mignons* accessoires : un lit, des peluches, une cage à oiseaux. Le plus rigolo, c'est l'article qui accompagne les images. Hilarante de précision technico-commerciale, la description du trousseau. « Tout se ferme sans épingles, couches Bébé-Slip fermées par des pressions. Les tenues de sortie sont en molleton de Rhovyl. Pour les couches, B.B. se fera livrer de la ouate de cellulose. » Des couches Bébé-Slip ! De la ouate de cellulose ! Des changes jetables ! La jeune mère promue technicienne prosaïque ! Le rêve, la félicité, la pointe absolue de la modernité. Image de la jeune femme en quête de liberté, Bardot est l'invisible femme-sandwich des nouvelles fibres synthétiques (à défaut de fibre maternelle) lancées sur le marché de la puériculture nouvelle. Mais pourquoi B.B. a-t-elle disparu ? Parce qu'elle est en dépression. Parce que sa grossesse est loin de la remplir de félicité.

Ladite chambre idyllique, installée dans l'appartement mitoyen destiné au bébé et à sa nurse, a été transformée en salle d'obstétrique avec table articulée, instruments et bouteilles d'oxygène. La célébrité assigne la jeune femme à résidence. Si une gestation nécessite calme et sérénité, si le stress dérègle l'équilibre hormonal et complique une naissance, l'enfant et sa mère sont en alerte rouge.

L'enfant naît le 11 janvier 1960 dans un camp retranché. Les femmes accouchent alors sans analgésiques. La douleur d'une naissance peut être insupportable. Dans son autobiographie, Brigitte Bardot la relate comme une bataille. Toutes les dix minutes d'abord, puis toutes les soixante secondes, un coup de poignard lui ouvre le bas-ventre. Affolée par l'intensité de la souffrance, Brigitte se raidit jusqu'à en perdre le souffle. La douleur est si effroyable qu'elle se roule en boule sur le plancher. « Animal blessé à mort, je hurlais sans aucune retenue », écrit-elle. Elle perd la tête au point de songer à se jeter par la fenêtre.

Lorsqu'on pose l'enfant sur son ventre, elle est tellement épuisée qu'elle le repousse. Un animal blessé rejette son petit. La jeune femme n'a qu'un désir, la tranquillité. On lui annonce que c'est un garçon. « Je m'en fous, je ne veux plus le voir » dit-elle. Elle le prénomme Nicolas. Littéralement « le peuple vainqueur », ou « celui qui apporte la victoire ». Quelle victoire ?

L'instinct maternel est une construction, comme le sait Bardot, lectrice du *Deuxième Sexe*, bréviaire de la femme émancipée. Simone de Beauvoir y remet en cause l'existence d'un instinct qu'elle assimile à une fabrication sociale, un destin imposé à la femme par ses éducateurs et par la société. L'endocrinologie explique les troubles du comportement chez la mère confrontée au stress pendant la grossesse par des déséquilibres hormonaux. Bien des femmes anonymes ont vécu, et vivent encore, une expérience semblable à celle de Bardot. Un deuil pendant la gestation, un accouchement douloureux, une naissance non désirée, la dépression ou la mésentente du couple parental, la maladie du nouveau-né fragilisent le lien entre une mère et son enfant. L'actrice cumule presque tous ces facteurs.

Symbole sexuel de la libération des femmes, Brigitte Bardot appartient à l'époque qui précède la contraception. Elle ne désire pas d'enfant. Enceinte de Vadim à l'âge de dix-sept ans sur le tournage du *Trou normand*, elle avait avorté en Suisse en cachette de ses parents. On imagine mal, aujourd'hui, la terreur des femmes privées d'une contraception que la loi de 1920 interdisait. Si la pilule est inventée en 1956, année de *Et Dieu créa la femme*, la loi Neuwirth n'en autorise la commercialisation que neuf ans plus tard. L'avortement, passible des Assises, est devenu crime d'État en 1942. Une avorteuse a été guillotinée en 1943. La Libération n'a pas remis en cause ces dispositions. Il faudra attendre 1975 pour que la loi Veil autorise l'IVG. Une société patriarcale ne laisse pas sans résistance la femme disposer de son corps. En guise de contraception, Bardot pratique la méthode Ogino, tombola consistant à éviter, les jours (supposés) de fécondité, le spermatozoïde en goguette.

Enceinte une seconde fois de Vadim, Brigitte avait subi un nouvel avortement clandestin. Victime d'une hémorragie, elle fut hospitalisée en urgence. Une anesthésie ratée provoqua un arrêt du cœur, qu'un massage fit repartir. La jeune fille avait frôlé la mort. Une cinquantaine de femmes mouraient chaque année des séquelles d'un avortement, et Bardot avait failli en faire partie.

En 1959, enceinte de Jacques Charrier, elle décide encore d'avorter en dépit de la terreur qu'elle éprouve. Accompagnée par sa productrice, elle court médecins et gynécologues, mais aucun n'accepte de prendre en charge la trop célèbre cliente. La mort dans l'âme, la jeune femme se résout à épouser Charrier.

L'année 1960 est une des plus éprouvantes de la vie de Brigitte Bardot. Deux jours à peine après l'accouchement, elle accepte caméras et appareils photo dans sa chambre. Elle n'a pas le choix : son immeuble est pris d'assaut. Dans *Cinq Colonnes à la une*, le grand rendez-vous mensuel d'actualité de l'unique chaîne de télévision, un sujet lui est consacré le 16 janvier 1960. Remplie de fleurs, la chambre offre une vision idyllique. La tête sur un oreiller imprimé de pâquerettes, Brigitte Bardot vêtue d'une romantique chemise de nuit tente de faire bonne figure. Le maquillage dissimule mal la fatigue, le sourire est contraint. De larges racines noires dans la chevelure blonde, nattée comme celle d'une écolière, attestent qu'elle n'a pas vu son coloriste. Le jeune mari, visage épuisé, lui tend un paquet emmailloté qu'elle saisit d'un geste gauche. Le garçon de bonne famille semble se demander ce qu'il fait là.

Une caméra dans la chambre d'une jeune accouchée, une première en France. Si 13 % seulement des Français possèdent alors un poste de télévision, les autres se collent devant les vitrines des magasins d'art ménager, fascinés par les images en noir et blanc de la jeune mère avec son poupon emmailloté.

« Brigitte était écrasée par la célébrité. On ne peut pas imaginer… » dit Brincourt.

Quelques semaines après l'accouchement, Brigitte Bardot prend l'avion pour Lisbonne où se déroule la première de son film *La Femme et le Pantin*. Tirée à quatre épingles, elle étrenne un tailleur de chez Réal en prévision des photographes qui l'attendront à l'échelle de coupée. Mais le vol déclenche le retour de couches, une hémorragie carabinée qui l'oblige à s'étendre à demi évanouie dans le salon des hôtesses. La star débarque à Lisbonne en grande pompe, tenant devant sa jupe un foulard tandis que la veste de son mari dissimule la tache sur les fesses. La chose la plus secrète relève de la vie publique. Brigitte Bardot a cessé de s'appartenir.

C'est pourtant Pierre Lazareff, dit Pierrot les bretelles, magnat de la presse qu'elle choisit comme parrain de son fils (la marraine est Christine Gouze-Rénal). Se plaindre de n'être jamais en paix et choisir le patron du groupe Franpart, propriétaire de la plupart des journaux qui la traquent, soit *France Dimanche* et *Ici Paris*, *Elle* et *France Soir*, a de quoi surprendre. C'est un peu comme si Lady Di avait donné Rupert Murdoch pour parrain à un de ses fils : le symbole des gens qui la persécutent. Lorsque Brigitte avait choisi Dédé Lacaze, rédacteur en chef de *Paris Match*, comme témoin de son second mariage, son jeune mari s'était étonné.

« Dans la vie, mon Jacques, il faut savoir faire des relations de presse. »

Françoise Sagan publie des livres, Brigitte interprète le rôle de Bardot. Sa création, son œuvre, c'est B.B. Un produit composite apparu en même temps que la presse magazine en couleur, le transistor, la télévision et la société d'abondance. Star moderne, elle est adulée non pour ses qualités d'actrice mais pour sa personnalité. Son personnage l'emporte sur ses rôles, sa ligne de conduite est plus inspirante que ses films. Extraordinaire objet d'attention, Brigitte Bardot est la première star médiatique au sens moderne : une femme qui impose son image. Du 2 mai 1949 à 1996, elle fait quarante fois la couverture du magazine *Elle*, dirigé par l'épouse de Pierre Lazareff... Ballerine de l'âge moderne, elle danse avec son temps dont la mutation exige de nouvelles figures féminines. Une pareille célébrité, on n'a jamais revu ça en France.

Brigitte, avec un instinct des médias très sûr, l'a construite. Jacques Charrier l'a vue décrocher son téléphone pour houspiller un rédacteur en chef avant d'être dédommagée par un article plus conforme à ses vœux. « Brigitte a su jouer à merveille de cette ambiguïté : d'un côté, elle utilisait les médias, et de l'autre elle tenait un discours agacé sur une presse qui la vampirisait[16] » note Jacques Charrier.

Les lézardes de l'enfance laissent à Brigitte un besoin éperdu de reconnaissance. Ce qu'Arthur Miller, à propos du phénomène Marilyn, analysait comme « la rencontre d'une pathologie individuelle et de l'appétit insatiable d'une culture de consommation capitaliste », s'applique à Bardot.

« Brigitte Bardot ne serait rien sans la presse, mais la presse ne serait rien sans Brigitte Bardot » a dit Pierre Lazareff. Les médias ont fabriqué B.B. avec sa complicité. À plusieurs reprises, des détails mineurs de sa vie quotidienne connus d'elle seule et de son mari se retrouvent dans la presse. Lazareff avoue à Charrier être le premier informé de leurs faits et gestes. Par la jeune femme. Metteur en scène d'elle-même, Bardot renseigne les journaux en fonction de ses besoins.

« Brigitte a toujours été douée d'un instinct exceptionnel qui lui fait comprendre en un éclair quel est son intérêt et lui dicte le meilleur moyen de le défendre » écrit Charrier. L'époque compte peu de journaux *people* : *Paris Match*, *Elle*, *Jours de France*, *Point de vue - Images du monde*, *Cinémonde*, *France Dimanche*, *Ici Paris*. Avec chacun, elle entretient des rapports privilégiés. Paul Giannoli, jeune reporter à *Paris Presse* qui l'a conquise en lui offrant une poupée, convient de leur complicité : « Je trahissais mon métier de journaliste pour dire les mensonges qui arrangeaient Brigitte, car nous étions devenus amis[17]. » Les journalistes lui servent d'entremetteurs, d'agents immobiliers, de boîte aux lettres. Ainsi, c'est Paul Giannoli qui a présenté à Brigitte le chanteur Gilbert Bécaud, dont elle a fait quelque temps son amant.

Parmi ses intimes, plusieurs journalistes : Vadim, Philippe Letellier et Dédé Lacaze à *Paris Match*, Paul Giannoli à *Paris Presse*, Christian Brincourt à RTL, et plus tard Henry-Jean Servat ou Jean-Louis Remilleux.

L'image de B.B. est travaillée par un commando d'une demi-douzaine de techniciens rebaptisés dans son langage enfantin « ma nouvelle famille » et affublés de surnoms affectueux : Dedette la maquilleuse, Nicole Aubuisson dite Chouquette ou Maguy ses doublures, Mama Olga l'imprésario, Ma Cricri la productrice, qui partagent plus ou moins sa vie. Jicky, son photographe personnel et copain, l'accompagne sur les tournages.

Le cinéma, Bardot s'en bat l'œil (droit). Le jeu du comédien ne l'amuse pas. Bardot n'est pas un caméléon comme Jeanne Moreau, modèle de la comédienne capable de tout jouer. Ce qu'elle veut : être regardée. Par un homme, par un photographe, par un cameraman. Brigitte ne s'est jamais remise de l'image que lui renvoyait le miroir du hall, rue de la Pompe. Elle n'a jamais oublié qu'elle avait été un vilain petit canard bigleux meurtri par le regard d'une mère qui se détournait d'elle. Son image, elle a commencé à la travailler dès l'âge de sept ans dans le grand miroir du cours Bourgat.

Cavale sauvage

Au mois de mai, fuyant le *baby blues*, Brigitte Bardot entame le tournage de *La Vérité*, comédie dramatique d'Henri-Georges Clouzot. « Brigitte Bardot sur le plateau est un fauve qu'il faut domestiquer. Vous êtes perdu si vous laissez cette bête de cinéma, anarchique et possessive, prendre le moindre avantage. Le domptage s'impose[18] » déclare-t-il. On la dit indisciplinée, fantasque, tyrannique, orgueilleuse, solitaire. Il la traite de *cavale sauvage*[19]. De ce cinéaste, quelqu'un dit qu'il fait ses films avec la peau des autres. Et avec la sienne puisqu'il mourra d'une crise cardiaque trois ans plus tard sur le tournage de son film inachevé, *L'Enfer*.

Dans *La Vérité*, Dominique Marceau, une jeune fille provocante (Brigitte Bardot), est accusée du meurtre de son amant Gilbert Tellier (Sami Frey), un jeune chef d'orchestre. Au cours d'un procès, l'histoire de sa relation passionnelle avec la victime est reconstituée.

Pour mettre en condition son actrice, Clouzot l'amène à la limite de ses forces morales et physiques. Le troisième jour du tournage aux studios de Saint-Maurice, il s'écarte avec elle et entreprend de lui laver le cerveau avec des histoires désespérantes afin d'obtenir l'intensité dramatique voulue. Brigitte s'efforce donc de se représenter la mort de ses parents lorsqu'apercevant les machinistes en attente, elle éclate d'un fou rire. L'empoignant par les épaules, Clouzot se met à la secouer.

— Je n'ai pas besoin d'amateurs dans mes films. Je veux une actrice.

Sous le regard abasourdi des techniciens, Bardot le gifle.

— Et moi, j'ai besoin d'un metteur en scène. Pas d'un malade[20].

Elle n'aime pas ce réalisateur qu'elle juge malsain. Clouzot pousse à bout les comédiens, les considérant comme un matériau ductile au point de les droguer s'il le juge bon. Pour une scène de suicide, Bardot doit simuler un semi-coma. Son interprétation ne convainc pas le réalisateur qui la harcèle jusqu'à ce qu'elle demande un verre d'eau et de l'aspirine. On apporte aussitôt des comprimés qu'elle absorbe pour sombrer aussitôt dans un état second. Clouzot, qui ne recule devant rien, a remplacé l'aspirine par un somnifère. Louis Bardot le menacera d'un procès.

Avenue Paul-Doumer, Moussia s'occupe de l'enfant tandis qu'Alain Carré, le secrétaire-cuisinier-nounou-confident, prend en charge la mère. Affectueuse comme une gosse, Brigitte entretient des rapports confiants avec cet ancien acteur dévoué qu'elle a installé au cœur de sa maison depuis quatre ans. Jusqu'à ce qu'elle reçoive un appel de Pierre Lazareff. Le secrétaire a vendu ses mémoires à *France Dimanche* pour cinquante millions de francs. Devenue une marchandise, la vie privée de Bardot fait l'objet de transactions. Il suffit d'y mettre le prix.

Depuis sa nouvelle formule lancée par Pierre Lazareff en 1956, *France Dimanche* affiche une diffusion impressionnante : plus d'un million d'exemplaires chaque semaine et jusqu'à deux millions pour les numéros spéciaux. Destiné aux femmes, le journal a été scientifiquement conceptualisé par Bill Higgins, inspiré par Carl Jung : tout dans la vie se rapporte à des grandes peurs. Chaque article de *France Dimanche* en décline une à travers des histoires mettant en scène têtes couronnées ou vedettes. Le tout rédigé sous pseudo par des plumes de premier plan : des auteurs Gallimard tel Voldemar Lestienne, fiancé de Françoise Sagan et futur prix Interallié, Claude Lanzmann, compagnon de Simone de Beauvoir, ou Gérard de Villiers, auteur de polars. Les journaux émotionnels, on appelle alors cela « presse à sensations » ou « journaux pour concierges ». Les bourgeoises les empruntent en douce à la bonne. Sujet typique du sujet pour *France Dimanche*, l'enfant naturel qui surgit trente ans après. Mieux, le suicide de vedette. « Un type grimpe sur un échafaudage et se tue lors d'un récital du chanteur Enrico Macias. La technique de *France Dimanche* : "ENRICO MACIAS : J'AI TUÉ UN HOMME" » se souvient Paul Giannoli.

L'accident de voiture est très prisé après le triomphe médiatique de celui de Françoise Sagan. « *France Dimanche* avait un garage où l'on aggravait les conséquences des accidents » raconte Paul Giannoli. La rédaction épluche les journaux régionaux et lorsqu'un accident, même mineur, arrive à une célébrité, la voiture est défoncée à coups de masse après négociation avec l'intéressé. Aux petites vedettes en mal de publicité, le journal propose même un mince dédommagement en échange d'une photo avec bras en écharpe. « Invariablement, le garagiste déclarait : "Quand j'ai vu l'état de la voiture, j'ai dit : 'Ils sont tous morts'." » se souvient Paul Giannoli.

Face aux révélations d'Alain Carré, Brigitte Bardot est piégée. Son avocat et celui du groupe de Pierre Lazareff signent un accord : après relecture par Brigitte et son conseil, toute citation fausse sera supprimée. Le reste sera intégralement publié.

À la fin d'une journée de tournage, la pudique jeune femme subit la lecture à haute voix de sa vie intime par Max Corre, le rédacteur en chef du tabloïd, devant Pierre Lazareff et les avocats. Il y a une arme plus terrible que la calomnie, c'est la vérité, a dit Talleyrand. Et cette arme se retourne contre Bardot. Car tout est vrai dans les indiscrétions de Carré. Pas un mensonge. Pas une inexactitude. Ses pensées les plus secrètes, ses chagrins, ses suicides ratés, ses difficultés de jeune mère, l'article de *France Dimanche* dévoile tout. Carré a même photographié des billets laissés sur la table, avenue Paul-Doumer. Brigitte Bardot vit sous surveillance, dans la lumière, vingt-quatre heures sur vingt-quatre.

Puisque tout est vrai, tout sera publié.

« Lazareff était le parrain de mon fils. J'avais avec lui des liens d'amitié. Cela ne l'a pas empêché de très mal se conduire vis-à-vis de moi, en achetant et publiant les "mémoires" de mon secrétaire de l'époque. Et s'il avait pris soin de me prévenir –

au nom de ces prétendus liens qui existaient entre nous –, il a quand même jeté en pâture toute ma vie privée… » dit-elle en mars 2006 au magazine *Médias*. Brigitte Bardot prête son corps au cinéma, pas son âme. Le costume, le maquillage sont des trompe-l'œil. Qui a déjà vu Brigitte Bardot sans khôl ? Son être profond, c'est la même chose. Elle le garde pour elle. Pareille trahison ne renforce pas sa confiance dans le genre humain.

Le 11 juin 1960, au journaliste François Chalais qui vient l'interviewer sur le tournage de *La Vérité*, la jeune femme dépeint sa vie comme une « grande prison agréable ». La célébrité est suffocante. Bardot n'est plus le sujet de sa vie, seulement un objet de curiosité. Elle appartient à tous, on lui fait dire des choses qu'elle n'a pas envie de dire. Elle vit rideaux tirés, à l'abri des téléobjectifs. Comment mettre un frein à cette avidité ? Désarmée, Brigitte tente la gentillesse : « Je ne souhaite qu'une chose, qu'on parle moins de moi. »

B.B. ne sait pas encore se défendre. Pour la seule année 1960, elle fait quatre fois la couverture de *Elle* et de *Cinémonde*, cinq fois celles de *Jours de France*. Un record. Échantillon des unes de *Jours de France*. Janvier, « La naissance du bébé. » Avril, « Un après-midi de rêve chez Dior. » Juin, « Un an de mariage. » Octobre, « Son drame n'est pas fini. » Novembre, « Une grande tragédienne, B.B. » Ça reprend en février 1961 : « Brigitte est heureuse. » Avril : « La vie privée de Brigitte. » Mai : « Deux amoureux célèbres. » (Elle et Delon dans le même film.) Juillet : « Brigitte cherche un toit. » Août :

« Le vrai métier de B.B. » Septembre : « Voici le dernier film de B.B. » (*Vie privée*.)

Bardot tourne toujours aux studios de Saint-Maurice lorsque les mémoires d'Alain Carré sont publiés dans *France Dimanche* à partir du 28 juillet 1960, haute saison de la presse à scandale, sous le titre « Exclusivité mondiale, les mémoires du secrétaire de Brigitte Bardot ». Carré va jusqu'à raconter les difficultés de la jeune femme avec son fils.

Un sentiment d'amour peut, à la longue, naître entre la mère et son enfant si l'entourage s'emploie à les rapprocher mais celui de Brigitte Bardot les sépare. Son mari la culpabilise. Moussia, la nurse, s'approprie l'enfant au point de réprimer les élans de Brigitte, de crainte qu'elle ne le contamine de ses microbes – l'époque préfère l'hygiène à la tendresse. La grand-mère de Brigitte, qui adore Nicolas, l'accapare. La jeune mère n'est jamais seule avec son fils qui finit par la repousser faute de familiarité. Sa défaillance arrange tout le monde. Ma Cri-Cri, marraine de l'enfant, qui est pour Brigitte comme une mère, n'a qu'un intérêt : faire tourner la poule aux œufs d'or. Comme son agent Olga Horstig. Dépitée et coupable, Brigitte évite Nicolas et se détache. Clouzot la décrit comme une petite fille dans un corps de femme. Un enfant n'est pas une maman.

Sa rupture avec Brigitte Bardot a meurtri Jacques Charrier tant son mode est inhabituel. Un soir du mois de septembre 1960, il trouve un message de sa femme lui donnant rendez-vous chez sa doublure, au-dessus de la Rhumerie martiniquaise, boulevard Saint-Germain. En fait, c'est lui qui s'est fait doubler. Brisé par deux séjours dans les services psychiatriques de l'armée, Charrier n'est plus que l'ombre de lui-même. Et puis sa carrière est au point mort. Les choses, pourtant, étaient bien parties avec *Les Tricheurs*. Par crainte d'un suicide de Brigitte si le travail les séparait, il a refusé le rôle offert par René Clément dans *Plein Soleil*. Gentil garçon né dans une famille nombreuse de militaires, Jacques n'est pas équipé pour cette drôle d'aventure aux côtés d'une vedette. *Plein Soleil* sort quelques semaines après la naissance de Nicolas, consacrant Maurice Ronet dans le rôle qu'il devait interpréter.

En juin, lorsque Bardot fait la une du *Jours de France* n° 293 sous le titre « Un an de mariage », leur union bat de l'aile. Le journal compare leurs cachets. Brigitte est une vedette à cent millions de francs par film alors que son mari, qui n'a gagné que six cent mille francs pour son rôle dans *Les Tricheurs* est passé à quinze millions avec *Babette s'en va-t-en guerre*, ce qui reste beaucoup moins que sa femme. En un mot, le pauvre garçon ne fait pas le poids.

Jacques ronge son frein aux studios de Saint-Maurice, dont Clouzot finit par le virer en raison des scènes de jalousie qu'il fait à Brigitte. Charrier supporte mal Sami Frey, le partenaire de son épouse. Une espèce de jeune ténébreux, trois ans de moins que Brigitte, qui se la joue intense, le genre à lire Brecht sur le plateau entre les prises. D'aspect austère, Frey devient de plus en plus sexy au fil du tournage, ce qui n'échappe pas au mari de l'actrice. Comme Jean-Louis Trintignant, son actrice idéale est plutôt Delphine Seyrig, qui deviendra sa compagne, que Bardot. Le contraste entre l'image de Brigitte, belle fille écervelée et la jeune écorchée vive qu'elle est le bouleverse. Frey est très épris.

Devant la Rhumerie, Charrier remarque la présence de l'Océane grise de Brigitte, un cadeau de la Régie Renault reconnaissable à sa plaque rouge B.B. 1934. On la couvre de cadeaux, Brigitte. Des robes, des parfums, des appareils électroménagers, des voyages. Tous les jouets du miracle économique se déversent dans son corbillon. C'est Noël toute l'année. L'auto n'est pas vide. De dos, Jacques reconnaît la nouvelle coiffure étagée pareille à celle de la reine Marie-Antoinette qui se découpe dans la pénombre. Brigitte fume une cigarette. À côté d'elle, un homme. Cheveux noirs à reflets bleus dans la lumière du réverbère. Sami Frey. Brigitte et Jacques ont eu des disputes à son sujet, attisées par la presse qui prête aux deux partenaires une liaison. Charrier s'approche de la portière. Le regard noir de Sami Frey se pose sur lui. Une intériorité douloureuse qui n'a pas dû déplaire à son épouse. Ouvrant la portière, Jacques ordonne à Brigitte de le suivre. Elle regimbe. Il la tire par le bras. De la véranda de la Rhumerie, des badauds les observent. Faisant le tour de la voiture, Sami Frey s'interpose. Pas grand mais plus costaud qu'il n'y paraît. Dans la bousculade, Charrier lui flanque un coup de poing dans le nez. Au même moment, un flash crépite dans la nuit. Un photographe planquait au coin de la rue de l'Échaudé. La presse est au rendez-vous. L'Océane démarre, pourchassée par le photographe.

Un éclair au magnésium signifie à Jacques la fin de la partie. Comme une boule de flipper, cling, le voilà rejeté dans l'ombre. *Game over*. Charrier sort du champ. Incrédule et sonné, il réalise qu'il vient d'être la victime d'une mise en scène. Un rituel de mise à mort médiatique, un jeu amoureux puéril et cruel qui lui montre la sortie. Le vrai talent de Brigitte, il est bien placé pour le savoir, consiste à alimenter le fantasme collectif. Femme de pouvoir, elle tire les ficelles et négocie avec les médias. Leur union elle-même n'a-t-elle pas été placée sous un signe publicitaire ? Lorsqu'on choisit ses témoins dans la rédaction de *Paris Match* ou qu'on fait parrainer son fils par un magnat de la presse, on indique clairement ses ambitions. Même sa modeste robe de mariée en vichy rose et broderie anglaise a été offerte par Louis Féraud pour la griffe Jacques Esterel. Brigitte joue double jeu, dénonçant la presse et l'utilisant. Et à présent, elle lui fait perdre la face en public.

Une lâche. En le mettant devant le fait accompli, elle s'épargne une barbante explication et la paire de baffes réglementaire, tout en alimentant son image de séductrice. Une créature irrésistible pour laquelle les hommes se battent. Et puis elle lui indique que s'il fait des histoires, celles-ci seront aussitôt affichées. Elle l'a utilisé puis répudié. Comme elle utilise maintenant Frey, se dit Charrier pour se consoler. Lui aussi, un jour ou l'autre, sera confronté au flagrant délit. Brigitte a instrumentalisé un photographe en organisant la double rencontre. Jacques, qui en est persuadé, réplique dans le journal *France Dimanche* n° 735 du 22 au 28 septembre 1960. « J'EN AI ASSEZ DE BRIGITTE M'A DIT JACQUES CHARRIER. » L'auteur de l'entretien est Gérard de Villiers, l'inventeur du prince Malko.

Lorsque *France Dimanche* paraît, Brigitte a été exfiltrée avec une amie vers une destination secrète, une maison isolée à Menton. Épuisée nerveusement, elle a besoin de repos. Jacques Charrier l'a quittée, Nicolas reste à la garde de Moussia, avenue Paul-Doumer et Sami Frey est parti à l'armée. La guerre d'Algérie, une fois de plus, l'a privée d'un amant.

La nuit de son anniversaire, le 28 septembre 1960, le corps inanimé de la jeune femme est découvert près d'une bergerie. Après avoir éloigné l'amie qui l'accompagnait à Menton, elle a avalé des somnifères et s'est ouvert les veines. Comme Dominique, son personnage dans *La Vérité*.

Les photographes sont arrivés avant l'ambulance, qui a dû se frayer un chemin entre les flashs et les badauds. Le 2 novembre, la première de *La Vérité* se déroule sans Brigitte Bardot, trop fragile encore. Sa prestation croule sous les hommages. Dominique, l'héroïne de Clouzot, est sans doute son meilleur rôle dramatique : son jeu est juste et naturel. Selon *L'Express*, Vadim pleure pendant la projection. Le critique de la revue *Positif* la qualifie de « bête de cinéma[21] ». Les épreuves lui ont donné une fragilité, une transparence émouvante. *La Vérité* est taillée dans la peau affolée de Brigitte Bardot.

La maman de Nicolas porte le chapeau

En janvier 1961, Vadim est invité à fêter le premier anniversaire de Nicolas. Brigitte, coiffée d'un large chapeau de paille orné de fleurs, s'approche du petit garçon qui se met à pleurer. « Tu vois, il ne m'aime pas » dit-elle à son ex-mari. Vadim lui explique que l'enfant a été effrayé par son chapeau : elle ressemble à un épouvantail. En vain. Elle ne comprend pas.

Le lien entre la mère et l'enfant ne parvient pas à se nouer. Plus tard, affreusement distraite, Brigitte ira jusqu'à oublier l'anniversaire de Nicolas. Autour de la date de sa propre naissance, Brigitte a tenté à plusieurs reprises de s'anéantir, y compris pendant sa grossesse. Piégée par la célébrité, Bardot semble enfermée dans le vide vertigineux de son propre reflet, qui a le visage douloureux d'une solitude très ancienne, bien avant la célébrité.

Une femme qui ne s'aime pas peut-elle aimer un enfant ? Une femme-enfant son bébé ? En divorçant du père, Bardot lui abandonne la garde du petit garçon. Brigitte Bardot n'est pas une mauvaise mère. Elle n'est pas mère. Dotée d'une immense énergie fécondante, elle peut donner naissance à des millions d'imitatrices sans parvenir à reconnaître son petit garçon. Elle-même en est épouvantée.

Je chante donc je suis

En 1962, si Brigitte Bardot est un objet, c'est un transistor Radiola, Clarville ou Telefunken branché sur Europe n° 1 pour écouter le hit-parade de *Salut les Copains*.

Chez Brigitte Bardot, la musique passe jour et nuit. Du cha-cha et des twists. Satie, Vivaldi, Haydn. Des airs simples et beaux que lui font découvrir ses amoureux. Bach, c'est Jean-Louis Trintignant. « Je ne l'ai pas volée à Vadim. Je la lui ai empruntée pour l'améliorer. Je voulais lui faire écouter Bach. Elle était trop Sagan et trop cha-cha-cha » a dit l'acteur[1].

Nouvel amour, nouvelle musique. En 1962, elle aime Sami Frey et l'adagio du concerto pour clarinette de Mozart. À la radio, la révélation de l'année est Françoise Hardy, une grande bringue de seize ans pas maquillée qui chante *Tous les garçons et les filles* d'une voix atone et annonce l'ère de l'adolescence perpétuelle.

Brigitte Bardot ne peut vivre sans une mélodie qui accompagne et enchante la vie. Sans musique, elle s'étiole, elle dépérit. Sans musique, le monde est trop triste. De pièce en pièce, toute la journée, elle déplace un transistor[2]. Et depuis cette année, elle chante. Dans *Vie privée*, qu'elle vient de tourner, elle fredonne *Sidonie* en s'accompagnant à la guitare.

> *Sidonie a plus d'un amant*
> *C'est une chose bien connue*
> *Qu'elle avoue elle fièrement*
> *Sidonie a plus d'un amant*
> *Parce que, pour elle, être nue*
> *Est son plus charmant vêtement.*[3]

Si Bardot n'aime pas le cinéma, elle aime chanter. Le cinéma est une corvée, la chanson un plaisir. Elle s'y exprime. Dans sa famille, elle a trouvé un parolier sur mesure. Jean-Max Rivière, poète et ami de son père, fait ses premiers pas de musicien avec Brigitte. Installé dans la maison de week-end des Bardot, il fait le fils que Louis Bardot n'a pas eu et offre à Brigitte sa première guitare pour lui enseigner deux ou trois accords. C'est lui qui a mis en musique *Sidonie*, la première chanson de Brigitte, sur un poème de Charles Cros choisi par Louis Bardot.

« Je l'ai enregistrée avec Brigitte dans le grand studio Barclay en présence d'Eddie et de Christine Gouze-Rénal, sa productrice » se souvient Jean-Max Rivière. Le succès de la chanson, qui vaut à Jean-Max le démarrage de sa carrière, persuade Brigitte de vaincre sa timidité pour enregistrer un show télévisé destiné au réveillon de fin d'année. Si en 1957, elle a fêté le nouvel an dans une émission de Gilbert Bécaud, elle n'a jamais été la vedette d'un show.

Enthousiaste, elle se met au travail avec Claude Bolling, jazzman rencontré à Saint-Tropez, qui lui fait répéter les chansons du spectacle. « On m'avait demandé de la faire travailler, dit Claude Bolling. Son petit timbre de voix était mignon, juste, en mesure. Plus original que professionnel[4]. »

En dépit d'un entourage qui applaudit tout ce qu'elle fait, Bolling convainc Brigitte de travailler sa voix de façon à la confronter à un grand orchestre. Contre toute attente, l'élève fait preuve d'une assiduité qu'on ne lui connaît pas sur un plateau de cinéma. Tous les jours ou tous les deux jours pendant six mois, elle se rend chez Bolling, boulevard Jean-Jaurès à Boulogne. Il se met au piano et elle répète avec plaisir, retrouvant la discipline de la danse, la souffrance en moins[5].

La jeune femme est si passionnée qu'elle embarque Bolling et sa femme Irène à Méribel où elle a loué un chalet. Irène est accompagnée d'une amie, une très jeune veuve prénommée Francine, que Brigitte adopte aussitôt. Le soir, Jean-Max prend sa guitare, Bolling se met au piano, Brigitte chante. À la fin des vacances, Jean-Max épouse Francine et devient le père de ses deux jeunes enfants. L'été, la formation musicale se transporte à la Madrague : Brigitte et Sami Frey, les Rivière et les Bolling, les parents de Brigitte, Jicky et Anne Dussart.

Un ami tropézien pêche, le poisson est grillé sur la plage, on sort la guitare, on chante encore. « Nous travaillions dans la joie, la bonne humeur, l'allégresse », dit Bolling. Brigitte se donne du mal pour apprendre des mélodies qu'elle finit par interpréter avec un naturel rieur. On retrouve cette atmosphère dans le tonique *Bonne année Brigitte* de 1963. Bardot y danse le charleston sur *Les Amis de la musique*, joue de la guitare sur *Sunny side of the street*, chante en duo avec Jean-Max. Le soir de nouvel an, l'unique chaîne de télévision offre huit minutes à son enfant chérie pour ce premier essai. Un cadeau insouciant, à l'image de ces années optimistes, pour lequel la jeune femme refuse tout salaire. Plaisir d'offrir, joie de recevoir.

Dans la foulée, Brigitte Bardot enregistre chez Barclay un album de douze titres. Jean-Max lui a écrit *La Madrague* qui lui va comme un paréo décoloré par l'été. Quelques arpèges de guitare, le son cristallin du célesta, une caisse claire à peine effleurée qui épouse la nonchalance de Bardot.

> *Sur la plage abandonnée*
> *Coquillage et crustacés*
> *Qui l'eût cru déplorent la perte de l'été*
> *Qui depuis s'en est allé*[6]

La fraîcheur des paroles de Rivière s'accorde au tempérament de Bardot. Solaires, joyeuses ou émouvantes, elles sont à l'image de sa candeur sauvage, de sa mélancolie, de sa lenteur : *À la fin de l'été*, *Rose d'eau*, *Mélanie*, *Le Soleil*, *Je reviendrai toujours vers toi*, *Moi je joue*, *Je danse donc je suïs*. Lorsqu'elle chante *C'est un jour comme un autre* accompagnée par un saxophone au bord des larmes, Bardot est même touchante :

> *C'est un jour comme un autre*
> *Et pourtant tu t'en vas*[7]

« Chanter l'amusait. Sa voix très singulière se situait entre la sirène et la petite fille[8] » a dit Eddy Barclay. La sirène, celle du conte d'Andersen, qui charme le prince et le sauve de la noyade, avant d'avoir la langue coupée ?

La fille d'aujourd'hui

> « Brigitte, Brigitte j'ai envie, de vous copier
> Brigitte, Brigitte, Brigitte, Brigitte vous m'épatez. »
>
> Stereolab

> « Sans l'avoir vraiment cherché, elle devient rapidement la plus grande star néo-hollywoodienne que le cinéma ait connu. »
>
> Louis Malle (fonds BIFI)

Dans un bureau de la taille d'un cockpit, je feuillette des revues si anciennes qu'elles s'effritent sur la moquette. *Elle*, *Paris Match*, *Ciné Revue*, *France Dimanche*. Pareils à une colonne vertébrale, les journaux s'empilent dans un placard collé à la chambre. Une machine à remonter le temps, la collection de magazines de Suzanna. La belle femme blonde a ouvert une porte camouflée dans les boiseries de son sémaphore parisien. Au cœur de la maison, de haut en bas, des livres, des cassettes, des DVD, tous consacrés à B.B. Une stupéfiante accumulation d'images depuis les origines. « Je suis fan » dit Suzanna. Une précision superflue devant pareil symptôme. Sa veste galbée s'ouvre sur un T-shirt à l'effigie… de Bardot. « Je ne l'ai pas fait exprès mais… » Suzanna me regarde avec envie plonger dans ses magazines. « J'aimerais tellement faire cela avec vous. » Des étoiles de paille sont suspendues aux fenêtres. À travers une enfilade de portes, on aperçoit un salon décoré de figurines, de boules, de rubans rouges. C'est Noël, bientôt. Bottée et parfumée, Suzanna a claqué la porte à regret. Le silence retombe.

Confiante, cette femme qui ne sait de moi que le désir d'écrire sur les images de Brigitte Bardot me laisse dans l'appartement dont les fenêtres surplombent l'hôtel Matignon. Je crois qu'elle se parfume à l'Heure Bleue. Comme Bardot.

Dans ce grand domaine silencieux, je remonte aux sources du monde. En tout cas aux origines de la société de consommation ou du mythe de Bardot. Gris, illustrés de dessins, les premiers numéros de *Elle* disent la gêne de l'après-guerre, la frugalité, les restrictions. J'apprends à faire un gâteau avec des croûtes de pain, à coudre mes vêtements. J'apprends que je dois m'intéresser à la politique mais pas au point d'en faire car je dois rester féminine. Dans les publicités qui occupent la moitié du journal, ladite féminité est ménagère, maternelle, casanière. La femme parfaite a une grande fille qui ressemble à Brigitte Bardot, une gamine avec un air malicieux. Oh oh ! Mais c'est Bardot, cette jeune fille sage qui pose avec une (fausse) mère un brin *vieux jeu*. Sa robe *lilas* paraît destinée à une mondanité, à un rallye peut-être.

Les cheveux châtains forment un carré court. C'est le *Elle* du 2 mai 1949, dont elle fait la couverture.

Adieu pain sec et jupes taillées dans les rideaux défraîchis : je suis entrée dans la réalité en couleur avec sa gamme mirobolante d'objets désirables tandis que Brigitte Bardot prend vie. Le monde a changé du tout au tout. Dix fois Brigitte a fait anonymement la couverture de *Elle* depuis 1949 avant de devenir une personne dans le n° 423 du 18 janvier 1954 et de nous raconter sa vie. Pour son premier anniversaire de mariage, Vadim lui a offert des marrons glacés et une peluche Mickey. Une nouvelle fiction voit le jour. Au moment où les liens familiaux se dissolvent au profit du couple, réceptacle de l'accomplissement amoureux et des désirs de consommation au sein du petit appartement moderne, Bardot prête le sien au magazine *Elle* : mariage, décoration du *home*, bilan annuel de la cohabitation.

Après la guerre, la société française est bouleversée de fond en comble avec une rapidité stupéfiante. Elle subit une métamorphose quasi anthropologique dont le corps radioactif de Brigitte Bardot est le minerai. Si l'impact de la jeune femme a été aussi explosif, c'est que le changement qu'elle a symbolisé était considérable. Secoué dans ses racines millénaires, un vieux pays catholique et rural se métamorphose en un pays urbain et industriel du jour au lendemain. L'habitat, le vêtement, les transports, la manière de vivre, de se nourrir, de se reposer, la famille, les principes, les mots eux-mêmes, tout est changé. Le grand sociologue Henri Mendras n'hésite pas à qualifier ce passage de *seconde révolution française*.

Tout ça à cause des Américains, comme dit François, le facteur de *Jour de fête*, auquel un film made in Hollywood projeté dans son village fait littéralement tourner la tête[1].

Les programmes du *Film français* en 1945 montrent que les longs métrages hollywoodiens occupent 71 % des écrans, contre 21 % pour les films hexagonaux[2]. Les accords Blum-Byrnes assujettissent les largesses américaines à l'abolition du protectionnisme hexagonal en matière de cinéma. Objectif des Américains, présenter les films de Hollywood[3]. Deux mille films hollywoodiens n'ont pu être exploités en France durant l'Occupation. En diffusant l'*american way of life*, les États-Unis espèrent faire barrage à l'idéologie communiste.

Machine de propagande semi-officielle[4], ce cinéma optimiste et séduisant inventorie les joies de la profusion : nourritures industrielles inépuisables, loisirs émoustillants, codes vestimentaires vitaminés, objets de la vie quotidienne époustouflants, confort moderne paradisiaque, musiques aphrodisiaques[5]. Désirs et plaisirs sont profilés par le cinéma d'outre-Atlantique, inépuisable catalogue d'objets d'autant plus séduisants que les Français manquent de tout. Devant le mode de vie popularisé par l'industrie cinématographique, la France s'américanise, émerveillée comme une tribu affamée devant l'abondance. Quel est le passeur retors du modèle américain ? Qui répand le virus du shopping ? Quelle est la cellule hôte ? La femme.

Dehors, la neige s'est mise à tomber, ajoutant à l'ambiance cotonneuse de l'appartement de Suzanna. Les vieux *Elle* sont mon cadeau de Noël. Seule manque la musique de Gershwin.

Un agent de propagande

Jusqu'en 1962, Brigitte Bardot domine le *Elle*. Les desseins de l'époque se sont engouffrés en elle comme le vent dans la maison vide. Le magazine a immédiatement compris son potentiel commercial. Qui dit nouveaux comportements dit *business*. En France, Bardot ouvre le bal de la célébrité qui donne du glamour aux produits manufacturés. Chaussée de ballerines ou pieds élégamment nus, elle danse le ballet de la consommation. S'il y a bien un mouvement que la séduisante gamine accompagne, c'est l'irruption dans la société marchande. Agents de duplication, les photos couleur de *Elle* jouent un rôle actif dans l'américanisation des rêves féminins. La lectrice s'approprie des images qu'elle fait siennes, « comme on puise dans une langue toute faite les éléments nécessaires à son besoin d'expression ou de communication[6] ».

Aidée de sa photogénie, B.B. danse en Kodachrome une panoplie d'attitudes et de gestes inédits. Elle est la star dont s'éprend un magazine qui tire à sept cent vingt mille exemplaires[7] et compte près de trois millions de lectrices. Bardot est l'ambassadrice de la Nouveauté auprès des ménagères de la classe moyenne qui composent 85 % du lectorat du magazine[8].

Au cinéma, Bardot s'adresse aux hommes. Son érotisme, les femmes s'en balancent. Ses films ne sont pas assez romantiques pour leur plaire. C'est dans les magazines que Bardot leur parle à travers le roman-photo de son existence. Pour son neuvième anniversaire, c'est d'ailleurs B.B. que le *Elle* choisit de mettre en couverture. Au seuil d'une civilisation aphrodisiaque, Brigitte Bardot est l'incarnation rêvée du stimulus déclencheur.

Petits arrangements avec les sponsors

Dans le nouvel environnement qui oblige les femmes à s'adapter et donc à se transformer, le statut des femmes est pétri de contradictions. L'idéologie nataliste cultive l'image maternelle. En même temps, le projet d'une féminité émancipée, qui accède aux études, à l'autonomie et au plaisir sexuel fait son chemin. La femme doit rester fidèle à la tradition et devenir aussi libre qu'une New-Yorkaise. En 1952, lorsque Françoise Giroud part à New York couvrir l'élection présidentielle pour le *Elle*, elle loge au *Barbizon for women*, établissement réservé aux femmes, mais rapporte un reportage sur une colocation de quatre filles dont elle vante la liberté sexuelle : plusieurs *boy-friends*, pas d'urgence pour le mariage[9].

Dans la presse populaire (*France Dimanche*, *Ici Paris*, *Ciné Revue*), la même ménagère se nourrit d'articles consacrés aux frasques de femmes dessalées, Monroe, princesse Soraya, Bardot. Cette femme achète de plus en plus de pantalons, passe son bac, rêve de trouver un emploi et lit *Le Deuxième Sexe*. Elle a soif de liberté sexuelle et d'indépendance économique.

La figure de Brigitte Bardot reflète ces paradoxes. Comme sa mère, elle aurait dû épouser un homme de son milieu. Le goût de Toty pour la mode combiné à sa grâce de danseuse l'ont entraînée dans les pages des magazines et les bras tentateurs de Vadim. Lequel lui a ouvert les portes d'une bohème sophistiquée et cosmopolite où elle a complété son éducation et élaboré son personnage. Les valeurs familiales et domestiques, ce n'est pas son truc. Brigitte aime le plaisir, déteste la contrainte.

Si le magazine *Elle* est à la pointe de la consommation, il est conservateur en matière de mœurs : il vante la bonne petite ménagère qui, tirée à quatre épingles, attend son mari après avoir couché les enfants et s'être refait une beauté. Le *Elle* croit au modèle d'une femme émancipée par les appareils ménagers, qui assume ses multiples identités[10]. Loin d'être féministe, le magazine pousse la femme à rester à sa place de mère tout en exigeant qu'elle soit sexy pour plaire à son époux (et aux annonceurs du magazine).

Elle s'efforce donc de faire rentrer le comportement de B.B. dans un script rassurant. Ainsi, dans le n° 423, sous le titre « Bilan d'une année de mariage », apprend-on que son mari la traite de bourgeoise et de radine. Économe, elle achète le tissu d'ameublement au marché Saint-Pierre parce que c'est moins cher. Le journal met ainsi en avant ses qualités ménagères, tout en lui autorisant une pointe d'autonomie. « Il faut savoir être moderne : j'ai appris à conduire. » Mais Brigitte est inférieure à son mari qui la traite d'« analphabète ». Dans analphabète, il y a bête. À elle la beauté, à lui l'intelligence. Ouf ! « Je n'aime pas apprendre. J'ai fait des études supérieures jusqu'en première. » Elle se garde bien de révéler qu'elle lit *La Vie de Klim Samguine* de Gorki ou *La Porte étroite* de Gide.

Réinventant Bardot, *Elle* lui taille un costume conforme à l'idéal du jeune couple moderne : une femme organisée mais un peu sotte, admirant un mari brillant qui écrit pour elle un film titré « Sois belle et tais-toi ».

La polygamie de Brigitte malmène le cahier des charges, heureusement Bardot est enceinte de Jacques Charrier, un jeune bourgeois de son milieu, ce qui autorise *Elle* à tricoter ses bluettes. Peu importe que Brigitte ait subi des avortements et ne désire pas follement un enfant. « Nicolas Charrier a neuf jours et Brigitte n'est pas seulement la B.B. enviée, admirée, critiquée, mais aussi une maman comme toutes les autres. Elle ne veut pas quitter Nicolas. Sa vie de tous les jours est maintenant réglée sur les biberons, rythmée sur un horaire précis, celui de tous les bébés du monde. Avec Nicolas est né chez Brigitte quelque chose de plus profond et de plus vrai que la gloire d'une vedette : la tendresse maternelle[11]. »

Pour faire rentrer Bardot dans le référentiel de l'idéologie dominante, les magazines brodent au petit point des tapisseries pastel. Créature née de l'envie des autres, Brigitte Bardot n'est pas aussi docile que ses collègues de Hollywood. Peu coopérative, elle dément les scénarios sécurisants. Trop orgueilleuse pour feindre, elle veut être acceptée telle qu'elle est, qualités et défauts. Quelques mois plus tard, elle abandonne son fils à la garde du père. Son comportement dérange sans entamer la fascination qu'elle exerce sur les femmes. Créature fabriquée par des hommes, elle est en train d'échapper à ses Pygmalions. Elle est à la fois objet de désir et sujet de son désir. Elle devient dangereuse. Une *bad bad blonde*.

S'habiller d'un rien

« En fait, voilà ce qu'elle a de particulier » dit Suzanna qui vient de rentrer et sans ôter sa pelisse feuillette un magazine. « Elle a les jambes plantées haut, comme une Africaine. Vous voyez ? Ça change tout. » Suzanna se lève et mime les proportions du corps de Bardot. « Elle a un port de reine parce que sa nuque est longue » ajoute-t-elle, comme si elle avait passé le squelette de Bardot au scanner. « Elle a appris à marcher avec un prof, le Russe, celui de Leslie Caron. » Boris Kniaseff, probablement. « Et puis elle a des cuisses magnifiques, attachées très haut. On dirait des ailes. » Sans compter les hanches fines et même une vraie taille, minuscule d'ailleurs. Bardot a la noblesse d'une danseuse tout en étant sexy. Au fait, qu'est ce que cela veut dire, sexy ? Attirer le regard sur les zones génitales. Bardot le fait avec innocence. Suzanna et moi plongeons dans les magazines.

En 1960, *Jours de France* fait poser Brigitte dans une dizaine de robes Dior[12]. Imitant les poses sophistiquées de Victoire, le célèbre mannequin de la maison de couture, B.B. ressemble à une pâtisserie crémeuse dans les éblouissantes créations du jeune Yves Mathieu Saint Laurent. La robe *Soir de Venise* n'est plus qu'une indigeste pièce montée, trop de dentelle, trop de mousseline, trop d'apprêt, lesquels cannibalisent son corps somptueux. Le grand apparat ne va pas à Bardot puisqu'il dissimule sa plastique. Quelques pages plus tard, Bardot enfile de simplissimes modèles du *sportswear* Dior : marinière rayée, pantalon cigarette porté pieds nus. Des signes qu'elle fait danser sur son corps, indices d'aventures euphoriques, d'évasions inédites. Les pieds nus de Bardot sont la lettre A de son alphabet. Avant elle, les femmes veulent être élégantes, mystérieuses, attirantes. Après, elles veulent être bandantes.

La jeunesse, l'assurance, la présence de B.B. consacrent l'idée que s'habiller est un jeu, qu'on peut se vêtir d'un rien puisque ce rien est le manifeste d'une expérience plus grande. « C'est une femme de plein air, une femme habillée comme à Prisunic[13] » écrit François Nourissier. Bardot est la plus extraordinaire des femmes ordinaires, disait Cocteau. Elle a fait bien plus que chahuter les tendances : contribué à désenchanter la haute couture au profit d'un prêt-à-porter industriel et accessible qu'elle a rendu romanesque. Mauvaise comédienne, Bardot ? Elle est l'interprète, le porte-parole d'une génération. Elle donne vie à une fiction sociale, celle de la femme moderne libérée. Devant la nécessité de s'adapter au changement, son personnage offre un répertoire d'attitudes inédites prêtes à l'emploi en même temps qu'un catalogue de marchandises et de nouveaux loisirs à consommer. À commencer par des vêtements.

Analysé par les lectrices, son vestiaire facile autorise et encourage les mouvements. Jeans, shorts, jupes en coton, pulls moulants, blouses de ménagère, vareuse des coopératives maritimes,

chemise chipée à son amant, tout ce qu'elle porte est facile à imiter, facile à vivre et séduisant. En décembre 1968, *Elle* consacre un numéro à son style. Le magazine la crédite d'avoir lancé huit modes : les ballerines, le vichy, la broderie anglaise, le duffle-coat, la casquette, le débardeur, la veste Mao, les brandebourgs et le bandeau hippie. Dentelle ou vichy, Bardot s'empare d'étoffes paysannes, de bijoux ethniques, préfigurant le *bohemian chic*. C'est en copiant une de ses robes en coton que Biba, la célèbre marque anglaise, va se lancer et connaître son premier best-seller.

La garde-robe de Bardot est une profession de foi, une éthique instinctive. Une promesse de liberté. Sans paroles, elle proclame le refus des contraintes. Avec un coupon de tissu, Brigitte Bardot se joue des traditions pour imposer de nouveaux codes. Deux mois après sa seconde union en juin 1959, sa robe de mariée taillée dans la toile de tablier à carreaux pour écoliers est commercialisée en patron *Elle-va-bien* : « Corsage ajusté, jupe large, décolleté bateau, manches montées, grandes poches basses. » Si cette robe, qui semble aujourd'hui bien sage, fait grand bruit, c'est que le vichy porte un message : dans la fraîcheur innocente de sa robe nuptiale, Bardot assume sa polygamie.

Bardot en auto

Le symbole de la liberté féminine ? L'automobile. Sous un emballage petit-bourgeois familier, la vie de B.B. est un *story-board* publicitaire dans lequel sont introduits un à un les nouveaux produits à promouvoir : auto, téléviseur, layette high-tech, vêtements, voyages. Impératif nouveau et anxiogène pour les femmes, se créer une identité individuelle. Maîtriser son apparence, son image : une question de survie sociale. La femme est invitée à se construire à travers la consommation d'une gamme précise d'objets. Le magazine *Elle* s'emploie à enseigner à ses lectrices la « bonne sorte de féminité » en achetant le « bon type de produits » note l'universitaire Diana Holmes dans sa riche étude, *Stardom in postwar France*[14].

Formidable agent de prescription, Brigitte Bardot fait vendre des ballerines, des magazines, des crèmes solaires, des bains de mer, des cours de ski, de la musique brésilienne et même des voitures.

Comme on le sait, Brigitte a appris à conduire pour être moderne[15]. Avant de faire la *cover* du magazine au volant d'un coupé décapotable : « BRIGITTE ET SA FLORIDE VOUS EMMÈNENT AU SALON DE L'AUTO[16]. » La Caravelle,

équipée d'un toit amovible, monte à 130 km/h. Naturellement, Brigitte précise qu'elle la conduit elle-même. Passer le permis est un devoir, comme être en permanence belle, bien habillée, bien maquillée. Outre l'Océane grise offerte par la Régie Renault avec sa plaque B.B. 1934, B.B. commandera une Morgan, une Rolls, des Mini Mokes.

Le style joli

Brigitte Bardot aime la décoration et a même songé à y faire carrière comme sa sœur Mijanou, créditée de l'invention de la mezzanine, meuble astucieux qui permet d'agrandir l'espace. La

Madrague est l'objet de multiples reportages. Ses tapis végétaux et ses bouquets de fleurs séchées, ses meubles paillés et ses gros coussins de toile de Jouy, sa table de ferme chinée chez Kadzéfis, brocanteur à Saint-Tropez, sa collection de vieilles clés offerte par les serruriers du coin ou ses tresses d'ails et d'oignons suspendues aux poutres expriment une vision sentimentale et citadine de la vie à la campagne[17].

Le style rustique est en vogue. Les moulins à café, les casseroles en cuivre, les bassinoires, le mobilier de ferme, les meubles et les objets usuels d'une époque révolue deviennent des éléments décoratifs permettant d'affirmer une personnalité originale. Comme la garde-robe quotidienne de Bardot, l'esprit en est facile à imiter. Sans la copier passivement, les autres femmes peuvent suivre. Le style Bardot, c'est le style *joli*. Joli au sens étymologique de joyeux, frais, agréable. En matière d'émotions aussi il existe des modes. L'emblème de B.B., la pâquerette, qu'elle colle à ses oreilles ou dans ses cheveux. Bardot s'habille de *petites* robes de Prisunic (ou de Réal), pose des *petits* rideaux à carreaux dans sa *petite* maison de Saint-Tropez et conduit elle-même sa *petite* auto.

Socialement, elle appartient à la classe moyenne en mutation tout en se démarquant assez pour être intéressante. Elle aime les diminutifs, les murs blanchis à la chaux, les fraîches robes de coton, les objets mignons, les bijoux de jeune fille, le champagne et les peluches. Une créature classe moyenne. La consommation marque l'appartenance à une classe et assoit un statut. Être libre comme Bardot, c'est consommer librement... les mêmes produits qu'elle.

Tourné vers l'art de vivre, le magazine *Jours de France*, propriété de l'industriel Marcel Dassault et offert aux médecins et dentistes pour leur salle d'attente, promeut ses maisons et ses vacances[18]. Bardot en a fait soixante-quatorze fois la couverture. Il est vrai que Marcel Dassault adore les blondes. Révélant les talents de décoratrice de B.B., *Jours de France* propose des reportages sur chacune de ses nouvelles maisons.

« Vous avez souvent vu jouer Brigitte Bardot ? Grâce à nos reporters, aujourd'hui pour la première fois vous allez la voir vivre[19] » écrit Paul Giannoli, le copain de Brigitte. Le décor de l'avenue Paul-Doumer est décrit avec précision. B.B. a rempli des cadres ovales de fleurs séchées. Des opalines, une grosse boîte pleine de faux bijoux sont posés sur la commode ancienne. Depuis *Elle* n° 423[20], le lecteur sait déjà que B.B., traitée de bourgeoise par Vadim, a marchandé une commode aux Puces pour six cents francs. Elle lance un nouveau loisir : chiner chez les antiquaires et les brocanteurs. L'air de ne pas y toucher, Giannoli souligne que Bardot est « passionnée de télévision ». Peu de Français possèdent des récepteurs, mais tous en rêvent. Celui de Brigitte est installé en face de son lit.

Bardot et ma mère

Le mot « opaline », l'image du coffre rempli de faux bijoux posés sur la commode chinée me donnent tout à coup le mal de mer. C'est le mal des transports... dans le passé. La collection d'opalines, le coffre débordant de bijoux fantaisie sur la commode Napoléon III, je connais. Les marrons glacés, tout à l'heure, m'avaient lancé un discret signe de reconnaissance. Ceux que Vadim offrait à Brigitte.

Bardot, c'est ma mère. Sa friandise favorite : les marrons glacés. Ma mère collectionne aussi les opalines aux couleurs laiteuses et sur une commode achetée aux Puces se dresse une imposante boîte à bijoux remplie de faux bijoux qu'elle ne porte jamais. Au pied du lit, comme Bardot, un téléviseur, qu'elle regarde allongée. Elle demande un cocker à mon père, qui lui donne un berger allemand. Et puis un cabriolet 404 griffé Pininfarina blanc Courchevel. Ou bleu glacier. Lorsque la voiture est décapotée (c'est long à déplier et replier, une capote), elle noue autour de sa tête un foulard en mousseline assortie à la carrosserie. Les jours où sa mise en plis se défait, ma mère adopte le bandeau comme Bardot lorsque ses racines sont trop noires. Aux sports d'hiver, ma mère ne skie pas, l'été, elle veut des vacances dans le Midi. Comme Bardot, elle a plus d'un amant.

Contrairement au style de vie des divines d'Hollywood, celui de Brigitte Bardot n'offre rien de luxueux et ses goûts sont très ordinaires. Ce sont ceux de tout le monde. Une photo de ma mère, à Karachi, en 1957. Femme-enfant moulée dans un fourreau de satin bleu profond, elle tient un verre à la main. Le chignon banane souligne la délicatesse des traits. La robe est exactement celle que Bardot a arborée le 29 octobre 1956 pour le shooting au

Savoy à l'époque de la Royal performance. Ma mère danse le cha-cha sur des musiques exotiques. César avait pour modèle Alexandre le Grand qui imitait Achille, Brigitte Bardot est inspirée par Marilyn et Carmen, ma mère imite Bardot.

C'est que ma mère, fille de la ville, ne peut imiter sa propre mère Maria, née à Guéméné-Penfao, en Loire-Inférieure. Une longue et belle Bretonne qui se coiffe comme Marlène Dietrich mais dont le modèle d'émulation est la Vierge. Chaque année, aux Rameaux, Maria se procure une branche de buis bénite mais je la soupçonne d'être plus animiste que chrétienne. Le curé n'a jamais eu prise sur la maison, isolée dans un hameau, de ses parents un peu païens. Mon arrière-grand-mère, cul-de-jatte, grimpe aux arbres avec sa jambe de bois.

À Paris, Maria continue à vivre au rythme des saisons. Sur le rebord de la fenêtre pousse un bulbe de jacinthe dont elle surveille la croissance. Elle se nourrit de soupes de légumes, de compote de fruits, de lait. Le soir, elle ouvre la fenêtre. Inspirant l'air, elle boit le ciel, la lune, les étoiles jusqu'à ce qu'un bien-être doux l'envahisse. La campagne lui manque, les saisons qui passent sur la campagne, le ciel et les nuages lui manquent, les champs compartimentés par des haies échevelées lui manquent, le son mat de la cloche lui manque. À l'intérieur de ma grand-mère, une autre vie recueillie se déroule, liée au ciel, à Dieu, au cosmos.

Quel est son style vestimentaire ? Des vêtements simples et faciles. Des jupes à pli, des lainages, des souliers plats. L'été, des robes de coton. Elle n'essaie pas d'épater par des effets esthétiques, au contraire. La coquetterie est un péché, comme la gourmandise. Jamais je ne l'ai vue en pantalon. Sa stature lui donne une élégance racée et ses choix simples, de la dignité. L'antique dignité humaine qui bouleversait Pasolini lorsqu'il se promenait dans les faubourgs populaires. Maria appartient à une civilisation millénaire. Ça se voit. Ma grand-mère a les étoiles. Au firmament de ma mère scintillent les stars.

Ma mère est moderne. Elle veut le bonheur. Elle ne le cherche pas, elle l'attend. La recette, elle la trouve dans les magazines qui forment son goût. Vingt fois, je repasse la scène où, dans *Et Dieu créa la femme*, Bardot enfile ses ballerines avant de fermer la librairie où elle est vendeuse. Le mouvement onctueux, son rythme merveilleusement tranquille m'hypnotisent. Voguant vers la porte, Bardot glisse chaque pied dans l'empeigne et d'un sec claquement de talon, enfile la chaussure sans quitter la verticalité. Elle va de l'avant. Pourquoi cette nonchalance me bouleverse-t-elle autant ? Je vois ma mère dans notre maison de Karachi. Une photo d'elle en 1958. Dans un canapé de rotin, couchée sur le ventre, jambes repliées, elle contemple le blond bébé posé devant elle d'un air incrédule. Sa pose sur la photo, c'est celle de B.B. dans les premières images de *Et Dieu créa la femme*, sauf que ma mère est habillée. Pieds nus, comme Bardot dont elle imite la désinvolture. Le bébé, sur la photo, c'est ma sœur. Ma sœur blonde s'appelle Brigitte comme Bardot. Dieu a créé ma grand-mère, mais Bardot a créé ma mère.

Le Mépris

« On veut sculpter une personne vivante, mais ce qui la rend vivante, c'est en fait son regard... Tout le reste n'est que l'encadrement du regard. »

Alberto Giacometti

« Le génie n'est que l'enfance nettement formulée. »

Baudelaire

Ébahie, elle a regardé le cinéaste se jeter les mains en avant, faire un poirier sur quelques mètres puis rebondir sur ses pieds. Pareil à un ouistiti en caoutchouc, Godard ressemble à Darry Cowl, le comique qui a été son partenaire dans *En effeuillant la marguerite*[1]. Complètement piqué, ce gars-là. « Ça fait quinze centimètres, votre truc, au-dessus du front. À chaque mètre que je parcours sur les mains, acceptez-vous de baisser ça d'un centimètre ? » Godard désigne l'édifice qui s'élève au sommet de la personne de Bardot.

Meule tenue à la laque Elnett, la *choucroute* est un attribut de la féminité *naturelle* de Bardot. Plus le temps passe et plus elle en accentue le côté sauvage. Un truc de Marilyn, dormir sur une mise en plis et coiffer avec les doigts au réveil. La chevelure de Bardot : un manifeste. Démodant les permanentes apprêtées de la fabrique d'Hollywood, la choucroute faussement dépeignée dont B.B. revendique le copyright s'est propagée sur la planète. Dans le viseur de la Mitchell, un casse-tête impossible à cadrer. Hors champ, la choucroute. Médusée par l'attitude de Godard, Bardot accepte la transaction et rabaisse le volume de sa coiffure, donc sa personnalité. Le cinéaste vient de se payer sa tête[2]. D'ailleurs il va la cacher sous un bandeau sombre, la tignasse de Bardot, puis sous une perruque noire. Ce n'est pas le sex-appeal de Bardot qu'il veut filmer, ni son charisme. « Les deux seuls vrais problèmes que j'ai eus avec elle, c'était arriver à lui faire allonger sa jupe en dessous du genou, d'ailleurs j'y suis absolument pas arrivé, alors la majeure partie du temps, je l'ai mise en peignoir ou alors je l'ai cadrée à mi-poitrine car elle tenait à ses petites jupes, et lui faire baisser sa choucroute[3]. »

Tout, chez Godard, déroute Brigitte. Lunettes teintées, petit chapeau à la Dean Martin, fumée de cigare, répliques absconses ou burlesques. « Un triste type à lunettes noires » avait déclaré Belmondo avant de tourner *À bout de souffle*. Pareil à un acteur, Godard porte un masque qui le dérobe aux regards. Comment Brigitte pourrait-elle deviner qu'il dissimule peut-être son hypersensibilité et que ses verres fumés masquent un beau regard bleu ? Elle ne perçoit qu'une désinvolture qui la heurte.

Son statut de star la place sur un piédestal. La moitié du budget du film – un million de dollars – est destinée à son cachet[4]. Au minimum, on devait la courtiser, comme d'habitude. Or du metteur en scène aux techniciens, tous ne sont subjugués que par Fritz Lang. On dirait que Molière ou Beethoven en personne viennent de se matérialiser. La présence du réalisateur de films aussi admirables que *Metropolis* ou *M. le Maudit* éblouit une équipe d'amoureux du cinéma. « Jean-Luc était très admiratif de Fritz Lang donc très attentionné » dit Raoul Coutard. *Le Mépris* n'est pas un film sur Brigitte Bardot, c'est un film d'amour. D'amour du cinéma, d'amour de la lumière. Placé sous le patronage d'Hölderlin et d'Homère, *Le Mépris* est un faux documentaire sur la fabrication d'un film tiré de l'*Odyssée* que dirige Fritz Lang jouant son propre rôle. Un scénariste (Michel Piccoli) se voit proposer par le producteur (Jack Palance) de réécrire le scénario. Le producteur séduit la femme du scénariste (Brigitte Bardot) sous le regard d'un mari passif.

« Brigitte est une grande comédienne mais dans la vie, c'est une môme » dit Michel Piccoli avec tendresse. Une gosse peu cinéphile qui boude lorsqu'on la délaisse. Elle tourne avec Godard, le cinéaste le plus inventif du moment, et ça ne lui fait ni chaud ni froid. Sami Frey, parti tourner en Espagne, lui manque. Elle n'est pas la seule à faire l'enfant. Godard, en pleine crise conjugale avec sa femme, Anna Karina, ne songe qu'à rentrer à Paris voir ce qu'elle fabrique. C'est ça, *Le Mépris*. Un film expérimental inventif, un chef-d'œuvre du cinéma européen réalisé par des gosses boudeurs qui font l'école buissonnière.

Brigitte Bardot, Godard n'y tenait pas plus que cela. En tout cas c'est ce qu'il raconte. Il aurait préféré Kim Novak dont la placidité s'accordait avec celle de Camille, le personnage féminin du *Mépris*. À la demande de Ponti, il a rencontré Monica Vitti, mais elle est arrivée avec dix minutes de retard, ce qui l'a agacé. À l'époque d'*Une femme est une femme*, oui, il rêvait de Brigitte. Elle incarnait un type vivifiant de fille moderne. Son physique tranchait sur celui des actrices d'alors, tout comme son tempérament, sa gestuelle et sa diction. Lorsque *Les Cahiers du cinéma* publièrent le scénario d'*Une femme est une femme*, Godard l'illustra lui-même d'une photo de Bardot[5]. Finalement Anna Karina a eu le rôle. B.B. n'a rien perdu, le *home-movie* n'est pas fameux.

Le Mépris, c'est le meilleur de Godard. Une vraie histoire. De l'argent. Un mythe. Le plus beau des paysages. Une actrice splendide. « J'avais eu envie de tourner avec Bardot depuis longtemps, mais l'envie m'était passée, étant donné que Bardot est devenue ce qu'elle est[6]. »

Devenue ce qu'elle est… Quel mufle ! Que veut-il dire ? Une actrice du cinéma français que déteste la Nouvelle Vague, ce cinéma de studio un peu rance né sous l'Occupation ? En créant en 1940 la Continental, Joseph Goebbels, ministre de la Propagande du parti nazi, avait donné des instructions : produire des films anodins, des divertissements anesthésiants. « J'ai donné des directives très claires pour que les Français ne produisent que des films légers, vides, et si possible stupides » écrit-il dans son journal. Dotée de moyens importants, la Continental avait financé un vivier de cinéastes français. Peu de films de propagande et même quelques beaux films, comme le très sombre *Corbeau* de Clouzot – Goebbels, d'ailleurs, avait été mécontent. Mais de la guerre, de la réalité du pays, ces films ne montraient rien.

« Nous ne pouvons pas vous pardonner de n'avoir jamais filmé les filles comme nous les aimons, des garçons comme nous les croisons tous les jours, des parents comme nous les méprisons ou les admirons, des enfants comme ils nous étonnent ou nous laissent indifférents. Bref, les choses telles qu'elles sont[7] » avait écrit Godard.

La Nouvelle Vague est une réaction au silence cinématographique de l'Occupation autant qu'à ses conventions usées. Avec *Et Dieu créa la femme*, Vadim a apporté de l'oxygène. Sa muse a été l'égérie des jeunes critiques et cinéastes, amoureux de son personnage, de sa liberté de jeu. Avec un corps qui incarnait la jeunesse, elle parlait, elle agissait, elle s'habillait comme les filles de son âge. « Toute mutation au cinéma passe par l'invention de nouveaux corps » écrit le critique Alain Bergala. Après Vadim, la plastique souple de Bardot était retournée au vieux cinéma de Henri-Georges Clouzot, Claude Autant-Lara, Christian-Jaque, Georges Lacombe, Jean Devaivre, tous issus du vivier de la Continental. Les réalisateurs de la Nouvelle Vague en avaient été dépités. Réinventant le cinéma avec de petits budgets, ils ne pouvaient s'offrir le talent de leur égérie. Sami, qui avait tourné avec Agnès Varda, conseillait à Brigitte de faire *Le Mépris*.

C'est Bardot qui prend l'initiative de la rencontre. Qui lui a parlé du projet ? L'acteur Patrick

Bauchau, le mari de sa sœur Mijanou, comme elle le dit ? Ou bien le metteur en scène de théâtre Antoine Bourseiller, proche de Sami Frey ? Elle invite Godard avenue Paul-Doumer, déclare adorer le roman de Moravia et être prête à tourner avec lui. « Elle se souvenait qu'à la sortie d'*Et Dieu créa la femme*, la Nouvelle Vague avait dit du bien d'elle alors que le reste de la critique l'éreintait[8] » relate Godard. Comme Jean Seberg avant elle, Brigitte rencontre un bigleux incroyablement introverti, d'apparence négligée, qui ne la regarde pas en face[9]. Pas du tout son genre, elle n'aime que les très beaux mecs, si possible plus jeunes. Le cinéaste lui donne des conseils de carrière. « Pour moi, je lui ai dit, elle doit faire maintenant des rôles qu'on donne à Jeanne Moreau, les jeunes femmes de vingt-neuf ou trente ans. C'est ainsi que j'ai considéré son personnage dans *Le Mépris*. Et même *Jules et Jim*, aussi bien que ce soit avec Jeanne Moreau, cela aurait été extraordinaire avec Bardot. »

Ils se séparent enchantés l'un de l'autre. « Quelle vie ! Une merveilleuse femme » confie Godard à son assistant Charles Bitsch[10].

La proposition de Bardot, superstar du film européen, est d'autant plus séduisante que le projet bloque sur le casting. Godard, soutenu par son producteur Georges de Beauregard, rêve d'un ticket américain, Kim Novak-Frank Sinatra. Le producteur italien Carlo Ponti, qui détient les droits du roman de Moravia, propose, lui, un duo Sophia Loren-Marcello Mastroianni. La star italienne est sa compagne. Cependant avec Bardot, il est sûr de tenir une bonne affaire, d'autant que Jo Levine, le producteur américain, avance la plus grande partie des fonds. Dans l'esprit de Ponti, l'équation *star du cinéma commercial plus surdoué du cinéma intellectuel et indépendant* est prometteuse. Le petit génie de la Nouvelle Vague et la plus racée des pépées, une belle affiche.

Pour Philippe Dussart, qui dirige l'équipe de production, le tournage présente deux difficultés. L'une est Jean-Luc Godard, l'autre Brigitte Bardot. Godard déstabilise tout le monde, pas seulement son actrice. Il ne fait rien comme les autres, Dussart le sait d'expérience. Même si pour une fois le cinéaste a un scénario, il improvise le script au jour le jour. Tourner avec lui est aussi excitant que fatigant. Godard, lui, s'appuie sur Philippe Dussart, homme loyal un peu Vieille France qui travaille avec Michel Deville et Jacques Demy. Anna Karina l'a rencontré sur le tournage de *Ce soir ou jamais*[11]. Godard n'a pas d'amis, mais il respecte ses collaborateurs. Le directeur de production ne redoute pas ses bizarreries, il s'y adapte avec un sang-froid admirable. Descendant d'une lignée de soldats, il est aussi articulé que Godard est imprévisible. Tourner avec un réalisateur qui improvise est une aventure. Lors de leur première collaboration sur *Une femme est une femme*, Dussart en était réduit à faire la poubelle. Derrière un bureau, chaque soir, Godard griffonnait et froissait les feuilles de papier que Dussart, après son départ, récupérait dans la corbeille pour anticiper le programme du lendemain.

Bardot, c'est autre chose. Dussart doit faire en sorte qu'elle soit *professionnelle*. C'est le problème avec elle. Elle est une merveilleuse figure mais bon, pas une comédienne disciplinée. Alors qu'on l'attendait à Rome pour commencer le tournage, elle a téléphoné pour différer de trois jours son arrivée sous prétexte qu'elle venait de trouver une magnifique maison à Sperlonga. « On va lui foutre les huissiers au cul » s'est exclamé Godard. Son équipe l'en a dissuadé. « Bardot nous pourrira la vie » a fait remarquer Raoul Coutard, le directeur de la photo. « Ce côté embrouille avec les vedettes alourdissait le climat » dit-il.

Et puis il y a les terroristes. À Paris, Philippe Dussart a rencontré Louis Bardot, le père de Brigitte, accompagné d'un policier. En pleine guerre d'Algérie, la jeune femme est l'objet d'un chantage de l'O.A.S. Le groupe paramilitaire d'extrême-droite terrorise les Algériens et les partisans de l'indépendance algérienne. Le 12 novembre 1961, Bardot a reçu une lettre de menace de l'armée secrète lui ordonnant de verser cinquante mille francs à l'organisation sous peine de « voir entrer en action les sections spéciales de l'O.A.S. ». La bombe Bardot s'est énervée. Gaulliste de cœur, elle a aussitôt songé à *L'Express*, journal engagé dans la lutte anticolonialiste dont la rédactrice en chef, Françoise Giroud, a été plastiquée. « Monsieur le Rédacteur en chef, vous trouverez ci-jointe la lettre que je viens de recevoir de l'O.A.S. Je vous la donne pour que vous communiquiez de la manière la plus efficace dans le cadre de votre combat contre cette organisation. » Elle a refusé de céder au chantage, n'ayant pas « envie de vivre dans un pays nazi ». Le mot n'est pas employé à la légère. D'origine juive polonaise, les parents de Sami Frey, l'homme qu'elle aime, sont morts en déportation. Lui-même est un rescapé de la rafle du Vel d'Hiv. Sa mère a juste eu le temps de le cacher sous un meuble avant d'être arrêtée.

Bardot fait preuve de détermination et de courage car la menace physique est réelle. Une bombe, qui a explosé au domicile d'André Malraux à Boulogne le 7 février 1962, a défiguré une fillette, Delphine Renard, qui y a perdu un œil.

Le courage de l'actrice a suscité une si vive admiration que l'opinion publique s'est retournée en sa faveur. Soudain, le public a découvert que Brigitte Bardot était une femme de caractère.

En France, elle vit sous protection policière. Mais la perspective d'un séjour en Italie où la police sera moins vigilante inquiète son père. Le tournage démarre comme prévu à Rome au début du mois d'avril à la villa Vassarotti pour les scènes chez le producteur américain, puis à Cinecittà. Fidèle à ses habitudes, Godard procrastine, ce qui arrange Brigitte à qui il donne des (vrais) boutons. Le cinéaste la traite avec une réserve respectueuse, comme toutes les vedettes de ses films, troublant la jeune femme.

La production a loué à Brigitte le palazzo Vecchiarelli, petit palais Renaissance à deux pas de la piazza Navona. Elle y vit en cercle clos avec sa cour. Outre son gang habituel – sa maquilleuse Odette, sa doublure Maguy, sa coiffeuse – elle a fait engager une costumière, Tanine Autré, une habilleuse, Laurence Clairval ainsi que William R. Sivel, dit Sissi, l'ingénieur du son. Jicky Dussart, venu avec sa compagne

Anne, a obtenu un petit rôle. En outre, Ma Cri-Cri fait des allées et venues pour compenser l'absence de Sami Frey. Quant à Roland Tolmatchoff, le vieux complice genevois de Godard, il sert de *body-guard* à Brigitte.

La maison de la jeune femme ouvre sur une belle terrasse cernée par les paparazzis. Pas d'O.A.S. en Italie, seulement des photographes qui mitraillent. Pour en faire la démonstration à sa mère venue lui rendre visite, Brigitte suspend une de ses perruques au bout d'un manche à balai et le soulève lentement devant une fenêtre. Le crépitement des flashs est instantané.

Où qu'elle se déplace, l'équipe de tournage est suivie par une nuée de Vespa. Pour calmer le jeu, le producteur Carlo Ponti organise une conférence de presse dans un salon de l'hôtel Excelsior le 22 avril 1963. Alberto Moravia, Jean-Luc Godard et Carlo Ponti entourent Bardot mais c'est elle qui emporte la mise. Philippe Dussart[12] se souvient de l'admiration éprouvée en l'écoutant, alerte et malicieuse, répondre aux questions de sa diction engourdie. Son esprit et ses phrases tracées comme un jardin à la française sont dignes de Sacha Guitry. En petite robe noire dessinée par Réal, elle a répondu du tac au tac avec un esprit aussi pétillant que le champagne.

— Quel fut votre premier cachet ?
— Un cachet d'aspirine.
— Quel fut le plus beau jour de votre vie ?
— Une nuit.
— Quel est l'être le plus stupide que vous ayez rencontré ?
— Vous, de me poser une question aussi bête.

— Quel est votre film préféré ?
— Le prochain.
— Qu'aimez-vous faire dans la vie ?
— Ne rien faire.
— Que pensez-vous de l'amour libre ?
— Je ne pense jamais quand je fais l'amour.
— Qu'est ce qui vous séduit le plus, chez un homme ?
— Sa femme.
— À quoi attribuez-vous votre célébrité ?
— Regardez.
Elle se lève et s'en va[13].

Admiratif, Alberto Moravia fait d'elle un portrait élogieux. « Brigitte Bardot, c'est la réussite de l'instinct parfaitement accordé à toutes les circonstances. Sous les apparences d'un fauve sensible et capricieux, qui ne sait ni taire une pensée ni juguler un élan, elle cache une élégance de sentiments, une jeunesse d'esprit, une largesse de raison qui sont d'une grande dame[14]. » Une grande dame, ce n'est pas rien dans la bouche d'un écrivain peu magnanime. Elle a la cote avec les écrivains.

Un bouquet dans les bras, Brigitte Bardot arrive sur le port de Marina Grande à Capri, le 17 mai 1963 à cinq heures du soir. À l'arrivée, une petite foule de curieux l'engloutit comme un essaim de fourmis enlevant la reine des abeilles au point qu'on ne voit plus d'elle que la tête des fleurs qui progresse avec lenteur. Michel Piccoli ferme la marche, fumant une cigarette avec flegme.

Les paparazzis débarquent le lendemain. Traîne-lattes reconvertis à la photo, Claudio Valente, Luciano Paterno et Paolo A. circulent en scooter ou à bord d'une Topolino cabriolet dont ils actionnent volontiers le klaxon. Située à la pointe sud-est de l'île sur une falaise rocheuse, la villa Malaparte a été choisie pour protéger le tournage et Bardot des regards. On ne peut y accéder que par la mer ou observer de loin, à la jumelle. Un photographe affamé renverse les montagnes. Même avec un bras en écharpe, comme Paolo A. après un accident provoqué par une peau de banane (dit-il). Un cliché de Bardot en bikini, ou mieux, en bikini avec petit chien rembourse des heures de planque. Entre les rochers, la bande de pieds nickelés braque des téléobjectifs de 300 millimètres sur la terrasse de la villa. En sueur, mouchoirs noués sur la tête pour se protéger du soleil, ils insultent leur collègue Jicky Dussart qui travaille en slip de bain et les prive de leur gagne-pain. Ils suivent Bardot comme leur ombre, la suppliant de se montrer même lorsqu'un détachement de carabiniers ou Godard en personne tentent de les déloger. Comme le dit Carlo Ponti, amusé : « Les paparazzis, s'il n'y en avait pas, vous seriez bien ennuyés. »

Faute d'images affriolantes, les lascars font feu de tout bois. Sous le titre « B.B. STAR TRAQUÉE », *Cinémonde*[15] relate comment une simple photo de Brigitte descendant le grand escalier de la villa en regardant ses pieds pour ne pas tomber est devenue dans la presse italienne un cliché légendé *B.B. baisse la tête pour fuir les photographes*. Un soir, les photographes coincent la voiture de l'actrice dans une ruelle pour l'obliger à sortir. Jicky Dussart et Sami Frey en viennent aux mains avec eux. À la une des journaux italiens le lendemain, l'accrochage prend des proportions épiques, d'autant que Paolo A., avec son bras en écharpe, se prétend victime de la rixe.

Rétif aux contraintes, Godard les transforme en opportunités. À son ami Jacques Rozier, le réalisateur d'*Adieu Philippine*, est confié un reportage sur le tournage financé par le ministère des Affaires étrangères : ce sera *Paparazzi* (dix-huit minutes) et *Le Parti des choses* (neuf minutes), qui entretiennent la légende du film. Dans un paysage splendide, Rozier montre les photographes et leur proie mais aussi les regards amusés, incrédules ou émerveillés des curieux qui tentent d'apercevoir la star, collant leur visage sur la vitre d'une voiture où elle a cherché refuge ou surgissant en barque de la pointe Massullo[16].

Contrairement à la légende ou à l'impression que peut laisser le document de Jacques Rozier, les paparazzis ne restent que quelques jours avant de rentrer à Rome. Charles Bitsch, l'assistant de Godard, prétend qu'il fallut les rappeler lorsque Bardot s'inquiéta de la baisse de sa cote. C'est presque vrai. Certes, ces types sont des casse-pieds mais ils rendent Bardot importante, y compris à ses yeux puisqu'ils sont les attributs de son prestige. Elle-même se fait suivre d'un Jicky Dussart qui la photographie sans relâche, au point qu'il finit par jouer son propre rôle dans le film.

Christine Gouze-Rénal s'interroge elle aussi. « Il m'est souvent arrivé de penser que si elle se coiffait autrement, si par exemple elle relevait ses cheveux, on la remarquerait beaucoup moins. Mais elle tient à laisser ses cheveux flottants[17]. » D'ailleurs à Rome où les paparazzis ne la laissaient guère en paix, elle s'est fondue dans la foule. Alors qu'elle se lamentait de ne pouvoir visiter le Vatican, Jicky a parié de l'y conduire incognito. Lui, sa femme et Brigitte se sont vêtus comme des touristes français en Italie. Pas d'accessoires luxueux, de vêtements de couture, rien qui puisse trahir la star de cinéma. Renonçant à la limousine, ils sont allés à Saint-Pierre en taxi. Brigitte est entrée dans la basilique entre Anne et Jicky et le trio a visité le Vatican mêlé à un groupe. « Personne ne l'a reconnue, dit Anne Dussart. Aucun photographe ne l'a remarquée. C'est une des rares fois de sa vie où elle s'est sentie libre et en sécurité[18]. » Mais cela ne marche pas à tous les coups.

Et puis Brigitte tient à être Bardot. Quelle jeune femme ne désire pas être le centre de l'attention ? Une renommée durable n'est pas accidentelle. La célébrité répare de profondes entailles narcissiques. Refluerait-elle, la jeune femme s'en alarmerait comme d'une disgrâce, même si elle en a probablement sous-estimé les dommages. Avec la presse, elle continue à faire double jeu.

Pour la rassurer, Carlo Ponti convie dans les coulisses Tazio Secchiaroli, le modèle du paparazzo de Fellini. Excellent reporter, Secchiaroli a été un des premiers à violer l'intimité des stars. Il a trouvé un job plus rémunérateur en fabriquant pour les producteurs des reportages faussement spontanés sur les coulisses des films, dont il donne une image insouciante.

Volée ou pas, une photo est menteuse. Elle dissimule l'essentiel. La vie est une succession d'instantanés, pas un arrêt sur image. C'est plus vrai encore des images de stars, archi-triées. Il existe des centaines, des milliers de photos de Bardot.

B.B. salue le Président, la Reine, le Pape, B.B. danse, B.B. rit, B.B. marche, B.B. s'enfuit, B.B. caresse un chien, un chat, un félin, B.B. bronze, B.B. monte à cheval, B.B. joue aux cartes, B.B. boit du champagne, B.B. va au marché, B.B. prend l'avion, le bateau, le train, une bicyclette, B.B. conduit, B.B. enregistre une chanson, B.B. enlace un garçon, B.B. nage, B.B. fume et même B.B. tricote. Oui, une écharpe rouge pour son fiancé. Dans cette inépuisable photothèque, une image manquante : Brigitte avec un livre. Elle en consomme une grande quantité, pourtant. L'amblyopie fatigue. Plus que les humains à vision binoculaire, Brigitte a besoin de calme, de repos, d'harmonie. Pour s'isoler et se détendre, elle recourt à deux filtres magiques : la musique, car elle a une ouïe fine. Et la lecture.

Quelqu'un d'attentif s'étonnerait de ses prédilections. Sur le tournage, elle dévore *Le Livre de San Michele*, allègres mémoires du Suédois Axel Munthe, l'architecte de la maison qu'elle a visité à Anacapri. Le best-seller sans cesse réédité de l'année 1929 lui semble écrit pour elle. C'est comme ça, la littérature. Le bon livre tombe entre les mains au bon moment pour consoler, conseiller, faire bouger. Munthe, borgne comme Brigitte, écrit avec humour qu'il utilise l'œil muet pour regarder les défauts de ses amis. Il conseille à ses semblables de s'étendre dans l'herbe et d'examiner leur passé de cet œil-là, ou mieux, de rester tranquille, de ne penser à rien, de se contenter d'écouter. Et très vite, dit-il, l'œil invalide entend le chant des oiseaux, puis des bêtes amicales se rapprochent pour raconter leurs joies et leurs peines dans un langage intelligible, et lorsqu'à leur tour elles se taisent, le moindre objet inanimé respire dans son sommeil. Ces choses invisibles révélées grâce à l'œil paresseux, Munthe les raconte dans *Le livre de San Michele* où l'on croise un babouin alcoolique et quantité de chiens sagaces. Sur le chemin de Petit Poucet qui mène Brigitte de la potiche brisée rue de la Pompe à la naissance de sa fondation, le rocher de Capri est comme un verrou glaciaire. Car les « animaux non humains », pour reprendre l'expression de Martha Nussbaum, elle sait depuis toujours les écouter. Après tout, le « quel cornichon ce lapin ! » destiné au lapin Socrate – un autre animal dépourvu de vision binoculaire – le prouve assez.

Chaque matin, Piccoli rejoint la villa Malaparte à pied en compagnie de Fritz Lang. Dans l'air embaumé de résine fraîche, ils serpentent le long du sentier muletier festonné de lentisques, de romarins et de myrtes. Un vert tout neuf court sur le flanc de la montagne. Au détour d'une volée de marches, une transparence d'estampe japonaise : un pin frêle découpé dans le vide, roches striées de blanc, ciel de lavis. En contrebas, une eau limpide couleur d'Obao, le nouveau bain moussant[19], si claire qu'on distingue le dessin des roches sous l'eau. Piccoli prend plaisir à cette balade de quatre ou cinq kilomètres dans le parfum des essences végétales. C'est le mois de mai, l'extraordinaire beauté de Capri leur appartient[20]. Fritz Lang, heureux d'être associé au projet stimulant d'un jeune cinéaste dont les méthodes sont si exotiques, disserte sur Homère et la poésie des Anciens.

L'apparition énigmatique de la maison de Malaparte les surprend toujours. Mufle minéral mordant la falaise, la villa *Come Me* domine la mer Tyrrhénienne. « Nul lieu, en Italie, n'offre une telle ampleur d'horizon, une telle profondeur de sentiment. » écrit Malaparte pour justifier le choix du site.

En descendant les marches vers la villa, Lang raconte à Piccoli la visite au cap Massulo du maréchal Rommel, peu avant la bataille d'Alamein. Rommel demande à Malaparte s'il a acheté la maison déjà bâtie. « Oui » ment l'écrivain. Et montrant la paroi à pic de Matromania, les trois récifs des Faraglioni, la péninsule de Sorrente, les îles des Sirènes, les contours lumineux de la côte amalfitaine, il ajoute : « Moi, je n'ai dessiné que le paysage[21]. »

Une voile blanche vole vers le large, légère et gracieuse comme Brigitte. Par jeu, Piccoli l'a soulevée de terre, la veille. Elle ne pèse rien. La villa, elle la trouve moche. Un bunker. La plastique carcérale de la construction la rebute. Brigitte n'a pas complètement tort. Abandonnée depuis plusieurs années, la construction est mal entretenue. Dépouillée, pas très grande, pavée d'un dallage en grès gris qui accentue sa nudité, elle est un peu étouffante. D'ailleurs Malaparte lui-même n'était pas loin de penser comme Brigitte : « Aujourd'hui, je vis dans une île, dans une maison triste, dure, sévère, que je me suis construite moi-même solitaire au-dessus d'un rocher à pic sur la mer : une maison qui est le spectre, l'image secrète de ma prison. » Brigitte sait-elle que l'écrivain italien a enterré son chien Febo au creux d'un rocher ? Il fut l'unique compagnon de Malaparte durant ses années de misère. Un tel geste ne pourrait qu'attendrir la jeune femme.

La villa est le Q.G. de l'équipe française et le décor des scènes se déroulant chez le producteur joué par Palance. Lorsque Piccoli et Fritz Lang arrivent, les techniciens sont déjà au travail. Piccoli se prépare sans hâte : chaque jour, il se métamorphose en Jean-Luc Godard, costume clair et petit chapeau. Brigitte, elle, n'apparaît jamais avant dix heures, désinvolture qui froisse son partenaire américain formé à la discipline d'Hollywood.

Sur ce tournage où chacun vit dans une bulle, Michel Piccoli fait le lien entre Godard, dont il est l'alter ego à l'écran et ses partenaires. Il épaule une Brigitte un peu perdue. « Muette et docile, elle écoutait beaucoup, fascinée sans doute par la personnalité de Jean-Luc, dit-il. Je l'aidais à être à l'aise devant ce personnage intimidant. »

Brigitte elle-même est si préservée par son entourage que communiquer avec elle relève du parcours d'obstacles pour les techniciens du film. « Une dame charmante mais difficile à approcher[22] » note Raoul Coutard, le directeur de la photo. La garde rapprochée fait barrage. « Lorsqu'on voulait parler à la princesse, la coiffeuse, l'habilleuse, la maquilleuse s'interposaient. "Qu'est-ce que tu veux lui dire ? On va le lui dire"... »

Ronde de visage, Brigitte Bardot est plutôt facile à filmer. « Elle est assez photogénique. Elle a la nonchalance, la sérénité de celui qui se sait beau. »

Coutard n'emploie pour elle aucun éclairage particulier. Dans un film de Godard, l'acteur, le décor, la météo étant des données optiques, la lumière éclaire une scène entière, pas un personnage ou un détail du décor. La maison de Malaparte n'est pas davantage mise en valeur, avec ses fenêtres nettes cadrant la vue exceptionnelle.

Les choses se tendent un jour où Godard demande sans relâche à la jeune femme de recommencer une prise. C'est simple pourtant, elle doit s'éloigner en tournant le dos à la caméra. Le résultat ne satisfait jamais Godard parce que la démarche de Bardot ne ressemble pas à celle de Karina. « Le cinéma est fait pour filmer votre bonne amie et voir ce qu'elle ne voit pas d'elle[23] » dit-il. Bardot se raidit. Ce réalisateur glacial attend trop d'elle. Parfois, avant de tourner, elle a des palpitations. Affamée d'attention, elle supporte d'autant plus mal la situation que *Le Mépris* est documenté par la vie amoureuse du cinéaste avec Karina. S'il conserve la trame du roman de Moravia, Godard y importe ses déboires conjugaux dans des dialogues improvisés au fur et à mesure... de ses voyages à Paris. *Le Mépris* est la lettre raffinée qu'adresse un homme à sa compagne pour lui montrer ce qui se passe dans un couple lorsque l'homme accepte les compromis encouragés par la femme pour financer ses désirs de consommation (l'achat d'un appartement moderne). Désormais Brigitte assiste aux rushs sans un mot. Elle s'est fermée. Muette, elle regarde Godard badigeonner les statues du décor avec des pots de peinture murale. Elle ne compte pas davantage aux yeux du réalisateur que ces accessoires. Quant au film, elle n'y comprend rien. Entre eux, le malaise grandit.

« Elle s'embêtait un peu. Elle devait être surprise que personne ne lui fasse la cour, moi compris[24] » a dit le cinéaste. Bardot attend le regard qui la valide. Godard, inexplicablement furibond, lui refuse cette confirmation. Très vite il la décrète « insupportable », « exaspérante »[25]. Sarcastique, il l'appelle Bri-Bri – surnom que lui donnent ses proches – pour se moquer de ses manies infantiles. « Jean-Luc était mal vissé parce que chaque jour il devait rendre compte aux Américains du nombre de plans tournés » explique Raoul Coutard. Pas seulement. Sur tous ses tournages, Godard est odieux. Cela empirera même avec le temps. « On ne s'entendait pas très bien, ce qui est fréquent avec lui » dira plus tard Jane Fonda, qui tournera *Tout va bien* avec lui en mai 1968. Godard n'est pas sympathique[26].

« Le tournage à Capri s'achevait et le film ne dépassait pas une heure dix... Et là, il s'est passé une chose stupéfiante » relate Philippe Dussart. À Rome, il déniche un appartement témoin dans un programme immobilier flambant neuf. Godard y enferme son couple d'acteurs. « Nous sommes revenus à Rome où Godard a tourné vingt-cinq minutes de film en cinq jours dans un seul lieu ! Pour un film de la classe du *Mépris*, c'est exceptionnel. » Un tiers du film tourné en moins d'une semaine !

Entre les murs aussi blancs que du papier à musique rythmé çà et là d'un aplat de couleur primaire, Bardot virevolte d'une pièce à une autre, chorégraphiant une scène de ménage avec Piccoli dont les mouvements pathétiques trahissent la panique intérieure. Utilisant toutes les possibilités de cet espace vierge, Raoul Coutard filme sur un *dolly*, chariot de travelling. Le couple se délite VISIBLEMENT dans une scène architecturée et virtuose. La caméra souligne l'isolement de chaque personnage, le lien qui se défait, le détachement inéluctable, l'occasion manquée. Avec une grande beauté plastique, mouvements et déplacements rendent apparent le désaccord. Godard n'explique pas, il montre dans le cruel langage des corps, plus explicite que des mots.

Chapeau sur la tête et cigare, Piccoli se godardise avec gourmandise. « Je m'attache plus aux œuvres qu'aux rôles. Je jouais un antihéros. Et puis tourner le mari de Brigitte Bardot, c'est le rêve de tous les comédiens… » Demander à Bardot de se karina-iser, c'est une autre affaire, même avec une perruque sur la tête. Vadim excepté et encore, elle ne s'est jamais abandonnée entre les mains d'un cinéaste auquel elle n'offre que sa solaire anatomie. « Je me suis toujours sentie un peu étrangère à ce film. Je n'ai rien donné de profond ». Insensible aux audaces formelles, elle reste extérieure à l'équipée godardienne. C'est exactement ce que lui demande Godard : une interprétation détachée, comme dans le théâtre de Brecht cher à Sami Frey, qui vient de jouer *Dans la jungle des villes*, au théâtre des Champs-Élysées. « Bardot, ce n'est pas la peine d'essayer de la faire jouer comme Natalie Wood ou Simone Signoret. Il faut la prendre comme elle est et essayer de garder d'elle ce qu'elle a de bien, de le rendre vrai et plausible. » Godard y parvient mieux qu'aucun autre avant lui. *Le Mépris* magnifie sa beauté sans entamer son mystère. Godard va dans le sens indéchiffrable de Bardot dont il épouse l'élocution indolente, la torpeur, la passivité. Elle est un mystère, une énigme nonchalante, un bloc de lumière boudeuse.

Le paradoxe d'un tournage pendant lequel l'actrice et le réalisateur se font la gueule, c'est qu'ils fabriquent un bel objet de cinéma. L'invention est une alchimie mystérieuse. Selon l'écrivain Raymond Guérin, un des rares hôtes de la casa *Come Me* du temps de Malaparte, Capri est l'endroit au monde où la radioactivité est la plus forte[27]. Cette substance imprègne le film.

Tous les acteurs du *Mépris* excellent, à commencer par un Michel Piccoli dans un rôle d'antihéros, mais aussi Fritz Lang, Giorgia Mole, Jack Palance et même les silhouettes, Godard en assistant de Fritz Lang, Jicky Dussart ou Raoul Coutard. Bardot, elle, est inoubliable. À son corps défendant, elle fait alliance avec ce Godard qui garde ses distances. Ils marchent en dehors des sentiers battus, mais pas sur le même sentier. On ne sait si ces deux êtres hors norme, ces deux monades égocentriques se sont accordés, mais le résultat est là. Peut-être leur part d'enfance s'est-elle rencontrée. Lui, toujours en veille, pareil à une lampe tempête. Elle, inquiète d'elle-même, alarmée par son inquiétude à lui. On lui attribue l'invention de la beauté naturelle et à Godard, celle de la lumière naturelle. Peut-être le site naturel, des plus beaux, les a-t-il réunis.

À l'époque, elle le traite d'intello cradingue, il prétend qu'elle a des seins atroces. Aujourd'hui, il reconnaît « qu'elle était une très jolie gosse ». Godard est sensible à son charme sauvage, les images amoureuses en témoignent. Un plan d'une beauté sidérante dans *Le Mépris* : Bardot assise devant un fond de feuillage qu'un rai de soleil illumine. Un bandeau marine presque noir dégage le visage qu'elle garde baissé tandis que l'encolure d'un cardigan souligne la fière ligne du cou. Un reflet suave rayonne sur le visage blessé, comme éclairé de l'intérieur. Elle lève la tête, la nuque suit le regard, elle jette à son mari un bref coup d'œil de reproche, fait pivoter un cou inquiet d'écureuil blond, regarde au loin sans un mot. Un instant, sa crinière ensoleillée voltige et l'auréole, pareille à un rideau de lumière. Ces fragiles images de grâce sont inoubliables. Leur douceur évoque *La Femme au jardin* de Monnet, au musée de l'Ermitage. « Il faut capter la lumière et la jeter directement sur la toile » déclarait le peintre. Comme le très virtuose Raoul Coutard. « Faudrait être un con pour rater cette splendide lumière d'Italie » s'amuse-t-il, modeste. Pourtant dans *Vie privée*, tourné quelques mois auparavant, sans doute un autre soleil éclairait-il l'Italie puisque Bardot n'y a pas le même éclat sauvage. Les plans d'une lumière mélancolique et délicate foisonnent dans *Le Mépris*. Le cinéma, a dit Godard, c'est filmer la beauté des femmes splendides. Le film sculpte le corps de Bardot dans la lumière.

L'élégie délicate et raffinée de Godard donne à Bardot ses lettres de noblesse. Il achève le poème entrepris par Vadim sept ans plus tôt. Jamais Bardot n'a été aussi belle. Vadim avait écrit *Et Dieu créa la femme* dans le vieux langage du cinéma commercial. Il filmait la plastique somptueuse de Bardot au plus près, sa sexualité sans apprêt, la déshabillait et la faisait danser sur les tables mais n'inventait pas un langage neuf. Plus ambitieux, Godard filme autre chose. Pas le corps, mais le visage opaque de Bardot, son regard baissé. Au désir, il substitue l'émotion. Bardot n'est pas seulement aphrodisiaque, elle est touchante.

« Fabriquer des poèmes à partir des cellules vivantes d'une émotion », projet sensible de Nabokov, Godard le réalise en exprimant « le coup d'admiration » de Vadim avec des images inoubliables.

« Merveilleux, le cinéma ! On voit des femmes, elles ont des robes. Elles font du cinéma, crac, on voit leur cul » dit Piccoli dans le film. Sous cet angle, les producteurs sont déçus. Après avoir visionné le premier montage, Carlo Ponti et Jo Levine ont fait pression sur Godard pour que soient rajoutés des plans de cul. « Les gens regardent les films avec leur ventre[28] » explique Ponti. Le bas-ventre, sans doute. Sur la page de garde du scénario, Godard a écrit : « Le cinéma substitue à notre regard un monde qui s'accorde à nos désirs ». La phrase célèbre attribuée par Godard à André Bazin, en réalité écrite par le critique Michel Mourlet dans *Les Cahiers du cinéma*, dit ceci : « Le cinéma est un regard qui se substitue au nôtre pour nous donner un monde accordé à nos désirs[29]. » Godard et ses producteurs n'ont pas la même optique. Ni les mêmes rêves. Comment montrer la nudité ? Jusque-là, si Godard s'est posé la question, il l'a lâchement esquivée. B.B. (sa doublure) nage nue dans la mer. Ou elle bronze à poil sur « ce grand solarium à figure d'épure dont l'audace mérita les éloges de Le Corbusier[30] », un polar de la série noire posé sur le derrière. Rien de plus.

Les producteurs ont engagé à prix d'or une créature aphrodisiaque, ça doit se voir sur l'écran. Ils exercent leur droit de... regard : si Godard refuse, le film ne sortira pas. Ils tentent même d'imposer leur propre montage, ce qu'interdit Godard dans un télégramme adressé à « King Kong Levine » et « Mussolini Ponti ».

Durant le bras de fer, Bardot soutient le réalisateur avec loyauté. Godard accepte d'ajouter trois scènes « où la personnalité de Bardot sera mise en valeur surtout d'un point de vue "sexy" ou érotique, aussi bien que faire se peut[31] ». Brigitte revient tourner et Godard engage une doublure-corps âgée de dix-huit ans pour certains plans.

Sans se soumettre ni s'entêter, le réalisateur filme les images exigées tout en gardant la main. En une journée aux studios de Boulogne est tournée l'élégante et subtile trouvaille qui deviendra la scène d'ouverture du *Mépris*. Dans la pénombre, Camille-Bardot donne à réfléchir les parties de son corps. « Tu vois mes pieds, dans la glace ? Tu les trouves jolis ? » Chevilles, pieds, fesses, genoux, seins, épaules, visage, Miss Jolie détaille ses armoiries. L'interrogatoire s'adresse-t-il à son mari, à Ponti-Levine ou au spectateur ?

Le cinéma est histoire de regards. Il y a les films qu'on regarde, les films qui nous regardent. Godard n'offre pas une scène de cul, mais une cinglante parodie filmée à distance qui renvoie public et producteurs à leur position de voyeurs. C'est lui qui fixe les règles du jeu et exerce, en dernier ressort, son *droit de regard*.

Le Mépris magnifie Brigitte Bardot en objet de désir impersonnel, pas en stimulant sexuel. Il ne filme pas son cul (ou celui de sa doublure) mais s'attarde sur son regard énigmatique. Cette expression grave exprime le désarroi de la femme inquiète du regard porté sur sa féminité, inquiète de son pouvoir de séduction. L'espoir abominable de plaire, Bardot le fait passer mieux que quiconque avec sa beauté affolée. Les hommes regardent les femmes. Les femmes se regardent être regardées.

Mauvaise actrice, Bardot ? Mauvaise mère, mauvaise femme... Elle illumine un film des plus beaux, mais c'est comme ça, jusqu'à la fin, un gros malin au milieu d'un dîner proclamera qu'elle n'a jamais été une comédienne. « *I will be a serious actress when I will be old* » déclarait Brigitte à la télévision américaine en 1957. Bardot est plus qu'une actrice. Elle est une présence.

Viva Maria

> « C'est une bossa nova
> Que j'ai dansée avec toi
> Je ne me souviens plus très bien où ça [...]
> C'est une bossa nova
> Je ne me souviens plus de toi
> Mais je me souviens de cet air-là[1] »

Le 17 janvier 1965, au coucher du soleil, B.B. en bikini prend un drink au bord d'une piscine en forme de conque à Cuernavaca, Mexique. Sa tignasse est relevée, une mèche serpente sur son dos hâlé. À côté d'elle, Bob Zagury en étroit slip de bain sert des cocktails à des copains vêtus de chemises hawaïennes. Bob et Brigitte semblent n'avoir pas changé de costumes depuis leurs vacances de Noël à Manguinhos, Brésil, édénique village de pêcheurs où ils logeaient chez le consul d'Argentine, un fan de plongée sous-marine qui possède la seule maison confortable du coin[2]. Grand gaillard très doux, Zagury, un promoteur brésilo-marocain, succède à Sami Frey dans le cœur d'artichaut de Brigitte. Dans la grande villa mi-forteresse, mi-bungalow de vacances où le réalisateur Louis Malle donne un cocktail de bienvenue pour son équipe, un maillot humide sèche sur une statue de saint Sébastien. Vêtue d'une stricte robe de lin citron, ses beaux cheveux couleur miel impeccablement coiffés, Jeanne Moreau discute avec Luis Buñuel dont le fils a rejoint l'équipe.

Avant même le début du tournage, le casting de *Viva Maria* focalise l'attention internationale. Les deux stars du cinéma français sont réunies sur l'affiche d'un film à deux millions de dollars coproduit par la United Artists. Qui l'emportera des deux tigresses ? Brigitte Bardot avec son tempérament ou Jeanne Moreau grâce à son talent ? Le sex-symbol ou la séductrice ? Mi-western, mi-comédie, le film raconte l'amitié de deux femmes amoureuses du même homme, interprété par George Hamilton, un acteur américain toujours si hâlé qu'il finira par franchiser une chaîne de cabines de bronzage.

Actrice élitiste, Jeanne a hésité jusqu'à ce que Brigitte la décide au téléphone (et que Louis Malle augmente son cachet). « Nous ne nous sommes jamais rencontrées, mais je vous admire depuis toujours. » Avec panache, Brigitte, elle, n'a pas hésité à relever le défi. Aimable avec les femmes, elle ne les traite pas en rivales. Pourtant elle n'ignore pas que Jeanne Moreau est une étoile montante à la filmographie éblouissante, une aristocrate du métier ayant reçu l'ordination de la Comédie-Française alors qu'elle-même n'a jamais rien prémédité. Peu de réalisateurs ont su mettre en valeur sa singularité.

Jeanne, qui a tourné avec Godard, Losey, Antonioni, Truffaut, Orson Welles, Buñuel et Ophuls, est dotée d'une solide ambition. Brigitte en est dépourvue. Elle fait du cinéma par accident, parce qu'un cinéaste est tombé amoureux d'elle. L'une aime le travail, l'autre le plaisir. Jeanne a reçu le prix d'interprétation féminine à Cannes alors que Brigitte n'a jamais remporté la moindre récompense de prestige. L'une est traitée avec respect, l'autre avec condescendance. Moreau calcule, Bardot paresse.

Le défi amuse Brigitte, qui en profite pour passer des rôles de bombe fatale à celui de femme courageuse et indépendante. La perspective d'un duel féminin émoustille les esprits. Si c'est le cas, Brigitte va en baver car Jeanne Moreau est habile. Les deux femmes ont les hommes à leur pied, mais pas le même armement. Celui de Bardot est primitif, élémentaire, naïf, visible à l'œil nu alors que l'arsenal vénéneux de Moreau tient du charme, de la sorcellerie.

Photo de la conférence de presse à Mexico le lendemain du cocktail à Cuernavaca. Une centaine de journalistes et de photographes remplissent la salle de réception de l'hôtel Presidente. Les flashes achèvent de crépiter lorsque Brigitte attrape la main de Jeanne et la brandit en hurlant : « – Viva Mexico ! » Elles restent le bras en l'air jusqu'à ce que s'éteignent les flashs. Dans une exubérante robe à pois, Bardot semble en grande forme tandis que Jeanne, tenue sobrissime, prend un air timide, effarouché. Louis Malle, pareil à un petit garçon gêné, a pris place entre les deux actrices.

Lorsque les questions fusent, Bardot répond du tac au tac avec son style impulsif. Elle rit et récolte des rires tandis que de ses grands yeux cernés, Jeanne Moreau dévisage les journalistes avec gravité. « Par de courtes pauses, elle montre qu'elle est rompue à exercer sa pensée, son regard révèle les blessures de son âme » relate avec ironie le grand écrivain Gregor von Rezzori, désopilant chroniqueur d'un tournage auquel il participe comme acteur pour renflouer ses caisses[3]. Lui sait que Jeanne Moreau est une grande actrice, pas seulement devant une caméra.

Le lendemain, Brigitte découvre les journaux avec stupéfaction. Pour la presse qui aime les classements élémentaires, Jeanne Moreau entre dans la case de l'interprète prestigieuse alors qu'elle, Brigitte, n'est qu'un sex-symbol défraîchi. Sa beauté est comparée aux traits certes précocement vieillis de Jeanne Moreau, mais si touchants d'humanité, eux. Brigitte n'est pas douée pour la publicité. « Quoi qu'elle fasse, elle a toujours davantage scandalisé qu'elle n'a gagné la sympathie » note Gregor von Rezzori. Sur Brigitte, les critiques acerbes ont un effet dévastateur. Sex-symbol défraîchi ! Les mots réveillent le « heureusement que j'ai Mijanou car Brigitte est ingrate dans son physique comme dans ses actions » de sa mère, bien des années auparavant. Elle en pleure toute la matinée puis tombe malade.

Simulatrice hors pair, Jeanne l'a emporté à la chinoise, en retournant contre elle la force de son adversaire. Pour la Sarah Bernhardt de sa génération, jouer n'est pas un métier mais une manière d'être. Devant la presse traitée comme un public, elle a interprété le rôle de la grande comédienne. Bien imité, le faux est plus vrai que nature.

Brigitte découvre vite que le jeune type autour duquel Jeanne s'était entortillée comme un lierre durant les essais lumière n'est pas son nouveau fiancé mais Barry Farrell, envoyé spécial du *Time Magazine*. Jeanne l'a installé dans sa villa avec une consœur. Bien joué ! « Un enchantement. » C'est par cette louange que débute le dithyrambe de cinq pages du *Time*, le 5 mars 1965. Une seule consolation pour Brigitte, l'affreux dessin de couverture, où Jeanne ressemble à un œuf coiffé d'une serpillière.

Sur le tournage, Moreau débarque en limousine et robes griffées, Bardot déambule en mini-short et bottes mexicaines. Menant un train de diva, Jeanne est arrivée au Mexique avec sa cuisinière. Non seulement le couturier Pierre Cardin lui a donné une garde-robe, mais en plus il a retouché ses costumes de *Viva Maria* qui lui vont à ravir. En outre, Jeanne a choisi pour photographe personnelle Marina Cigogna, surnommée la Contessa Paparazzi, une aristocrate italienne dont les nombreuses relations ouvrent les portes des magazines. Rien à voir avec un sauvageon comme Jicky qui vit torse nu.

Heureusement, Louis Malle pose sur Bardot un regard bienveillant, cela se voit dans le film. « Brigitte est une actrice exceptionnelle qui fait tout avec son instinct, avec une justesse de ton, comme un musicien qui aurait une oreille extraordinaire » dit le cinéaste, admirateur de sa démarche où s'exprime une détermination insolente. Malle filme son maintien : après une nuit d'orgie en compagnie de trois vauriens ramassés sur un champ de foire,

Brigitte-Marie rentre au campement du cirque qu'elle accompagne. Vêtements en lambeaux, couverte de bleus, elle traverse l'écran en diagonale d'un pas naturellement souverain. Elle semble dribbler un ballon invisible. « La regarder marcher, c'est comme écouter de la grande musique » dit Jeanne Moreau, gagnée par l'admiration. Sa désinvolture est inimitable, même par une très bonne comédienne comme Moreau.

Bardot se déhanche tout en rebondissant comme un ressort tandis que sa chevelure accompagne le mouvement. Dans un essai sur elle, Catherine Rihoit remarque avec justesse que la démarche est, avec la bouche, caractéristique des stars du désir. Elvis, surnommé *Elvis the Pelvis* et Marilyn se déhanchent, Lana Turner est surnommée *The walk*. Bardot, on a envie de la suivre au bout du monde. À la fois lascif et à la parade, son pas sensuel produit une impression unique. Il y entre un entrain rare, une grâce acquise à la danse. Mais aussi une note poétique et gauche propre à la gestuelle d'une femme qui se déplace sans voir la moitié du paysage. Bardot danse joyeusement sa vie. Depuis qu'elle a rencontré Bob, Jorge Ben et Antonio Carlos Jobim ont chassé Mozart de l'électrophone. Elle a même enregistré en brésilien *Maria Ninguem*, dont Jackie Kennedy a dit qu'elle était sa chanson favorite, et *C'est une bossa nova*.

À New York, lors de la présentation de *Viva Maria*, B.B. donne une conférence de presse mémorable au Manhattan Plaza Hotel :

— N'êtes-vous pas fatiguée d'être appelée « la fille sexy » ?

— J'adore.
— Vous remarierez-vous un jour ?
— Je pense mieux sans maris.
— Croyez-vous indispensable d'être mère pour vous sentir épanouie ?
— Il faut tout essayer, dans la vie. Et vous ?
— Que pensez-vous de l'amour libre ?
— Avez-vous essayé depuis hier soir ?
— Oui. Qu'est ce que je fais, maintenant ?
— Recommencez.

À New York, elle évite de peu une tragédie. « Un cordon de police était censé assurer ma sécurité. En vain d'ailleurs. La foule était trop importante. Je me souviens de Louis Malle, Pierre Salinger et quelques autres qui m'aidaient à sortir de la voiture. Les policiers, au coude à coude, n'arrivaient pas à endiguer le flot hurlant de la foule. Soudain, nous fûmes littéralement portés, soulevés de terre, ballottés par une marée humaine extraordinaire[4] ! » Dans ces moments-là, une star n'est plus qu'un objet aux mains de la foule. Le manteau imprimé zèbre à col de fourrure, le sac à bandoulière Hermès, les hautes bottes en chevreau, la robe en jersey avec des fleurs brodées sous la poitrine la scient à chaque pétrissage. Soudain, une ampoule au magnésium explose, projetant dans son visage une grêle d'éclats métalliques. « J'ai reçu à ce moment un coup en pleine figure ! Un flash a éclaté à trois centimètres de mon œil droit. Cela m'a provoqué un décollement de rétine. À moitié aveugle et assommée, j'ai quand même pu gagner le hall agrippée à Louis Malle. Il y eut ce soir-là de nombreux blessés. J'en garde un souvenir épouvantable, et une lésion irréversible de mon seul œil valide. »

La foule a failli la rendre aveugle. L'amblyopie de l'œil gauche ne lui aurait laissé aucune chance. Elle a ce jour-là risqué la cécité, hantise des amblyopes. On croit tout savoir de Brigitte Bardot, mais de cette angoisse intime, elle ne parle pas.

Le 31 décembre, les jeux sont faits. Le *Time Magazine* écrit : « *Viva Maria* a donné à Brigitte Bardot un des meilleurs rôles de sa carrière et à Jeanne Moreau, un des pires. » Non seulement Bardot rayonne d'une force puissante mais elle est gentille. Louis Malle, les techniciens, Gregor Von Rezzori, tous ont pour elle de la sympathie. Sa prestation vaut par sa *présence*, qui est une manière d'être. Qu'elle épluche des haricots verts ou qu'elle s'effeuille, tout ce qu'elle fait est charmant. En comparaison, Jeanne Moreau, dont la puissance expressive est supérieure, paraît précieuse et affectée. Leur duel évoque celui de Marilyn Monroe et Laurence Olivier dans *Le Prince et la Danseuse* : la théâtralité shakespearienne d'Olivier semblait discordante à côté de la sincérité de Marilyn.

Brigitte a gagné à la loyale.

Saxy Gunter

> « Bardot vient de se marier avec un play-boy milliardaire que je n'ai jamais pu piffer. »
>
> Bernard Frank, revue *Adam*, 1966

La photo sent l'ambre solaire, le sel et le sable chaud. Sur le pont d'un bateau, en Méditerranée, Brigitte Bardot effleure de sa joue la peau de Gunter Sachs, étendu sous la grand-voile. Le cerne bistre de l'homme suggère la fatigue heureuse, les délicats bracelets de la femme une servitude légère. C'est le corps à corps intime de deux beaux animaux tannés. Sur le dos de la jeune femme, l'attache mal ficelée du bikini pimente l'image d'un érotisme troublant, trivial, moderne. Au pied du mât, un autre homme au torse nu augmente les possibilités narratives de la situation. La photo de Pat Morin a probablement été prise l'été 1967 sur le *Vadura*, splendide ketch en teck appartenant à Gérard Lecléry, un ami de Gunter Sachs. Les Kate Moss peuvent aller se déshabiller, jamais plus elles n'atteindront ce sommet d'évocation. Quant à Brigitte, c'est le dernier été qu'elle passe avec Gunter.

Baby you can drive my car

Elle est royale. Elizabeth II en possède une, le King Elvis aussi, et puis l'émir du Koweit, Sabah III Al-Salim Al-Sabah, le roi du pétrole. Le même modèle exactement que Queen Brigitte Bardot. *Baby you can drive my car* résonne en stéréo dans l'habitacle insonorisé. Philippe d'Exea dit Phiphi, vieux copain de *Match* dont Brigitte apprécie la bonne humeur, conduit la Silver Cloud III coupé gris métal. De la distraction, voilà ce dont Brigitte a besoin en ce moment.

Baby you can drive my car

Pour ce voyage inaugural de l'été 1966, ils ont choisi l'option grand tourisme, descente en pente douce vers la mer avec étapes le long de la nationale 7. Pistes d'Orly, Dordives, puis les grands plats de la Bourgogne.

Beep beep'm beep beep yeah

Une calandre un peu lourdingue mais une classe folle, ce Nuage d'Argent dans lequel Brigitte vogue vers la Méditerranée. Elle venait à peine de recevoir la Morgan deux portes vert wagon qu'elle convoitait, sièges en cuir et tableau de bord en loupe, lorsque Jeanne Moreau, majestueuse propriétaire d'une Rolls, lui a donné l'envie du carrosse. Être glamour, posséder des objets que les autres n'ont pas et qu'ils vous envient. Un pur cliché. Jeanne est capable de faire des trucs qui conviennent autant à sa publicité qu'à ses goûts. Et ça lui réussit. Elle est moins jolie et plus âgée que Brigitte, seulement elle se débrouille bien. La secrétaire a déniché une première main à un prix imbattable, chez Franco Britannic Autos ltd,

l'importateur Rolls Royce, 25, rue Paul-Vaillant-Couturier à Levallois-Perret.

Yes I'm gonna be a star.

Le jour où la Silver Cloud a été livrée, le premier réflexe de Brigitte a été d'inviter ses parents et sa grand-mère et oups, grand tour du quartier. Remontée de l'avenue Paul-Doumer, la favorite de Louis Bardot qui en apprécie les vendeuses charmantes, Trocadéro pour zyeuter la tour Eiffel, place Victor-Hugo, descente de l'avenue Foch et retour par la rue Spontini où le jeune Yves Saint Laurent a sa maison de couture. Les sièges spacieux embaumant le cuir et les aménagements rigolos ont drôlement épaté les parents Bardot. À soixante-dix ans, Pilou, cheveux entièrement blancs, a conservé toute sa prestance. Il continue à faire le joli cœur dans le quartier, où il distribue ses poèmes. Son recueil *Vers en vrac*, publié sous le nom de Pilou, a même été couronné par l'Académie française. L'année précédente, il a rejoint Brigitte au Mexique. Anne-Marie, elle, est très occupée par le bridge et les sorties avec sa bande d'amis et de soupirants. Les Bardot élèvent leur petite-fille Camille Bauchau, fille de Mijanou et de l'acteur Patrick Bauchau. Dans la Rolls, ils ont joué avec la vitre coulissante qui permet de s'isoler et les tablettes en acajou fixées au dos des sièges arrière, inauguré les cendriers et la collection de fiasques en argent du minibar. Ils n'ont peut-être pas eu de fils, mais leur fille en vaut deux ou trois, quand on y pense.

Pour le voyage à Saint-Tropez, Brigitte a emporté un stock de bonne musique, Donovan, Percy Sledge, Tchaïkovsky.

Beep beep'm beep beep yeah

Circulant en Morgan ou en Rolls, sans projet depuis *Viva Maria*, Brigitte traverse un désert. Elle a fait une apparition dans *Masculin, Féminin*, de Godard : une simple scène où Antoine Bourseiller lui fait répéter un rôle dans un café. Pendant ce temps, Jeanne a terminé trois films dont un avec Orson Welles, et en prépare un quatrième avec Truffaut... Le cinéma, c'est comme les paparazzis, Brigitte ne l'aime pas, pourtant lorsqu'il fait relâche, elle se sent en disgrâce. Tourner la barbe, ne pas tourner la déprime. Elle se sent rejetée. C'est comme l'amour. Dès que l'attention faiblit, Brigitte se pose des questions. Depuis quelque temps, Bob, l'Oriental placide, se laisse un peu moins tyranniser par son accaparante fiancée. Profitant de la pause cinématographique, il veut produire avec Brigitte un divertissement pour la télévision en prévision des fêtes de fin d'année, projet qu'elle a fini par accepter. Il est resté à Paris pour le monter. Brigitte n'est pas mécontente : Bob ne peut pas vivre sans ses copains, et les copains de Bob, elle en a marre.

En arrivant sur la Côte, Brigitte et Phiphi filent à l'auberge de la Bonne Fontaine, à Gassin, tenue par Picolette, une copine. Champagne bien frais. Et là, et là...

Beep beep'm beep beep yeah

Au milieu d'une bande de filles et de garçons superbes qui chipotent des avocats au crabe, il est là. Pantalon blanc, chemise ouverte, pieds nus dans des mocassins blancs. Diablement sexy, il ne la quitte pas des yeux.

Something in your eyes
Was so inviting

À sa table, Brigitte reconnaît cette vieille crapule de Serge Marquand qui fait les présentations. Le type est très grand, belle bouche de débauché et des yeux bleus de loup, cheveux un peu longs sur un visage hâlé avec, piquant supplémentaire, des tempes poivre et sel.

Beep beep'm beep beep yeah

Pourquoi le remarque-t-elle soudain ? Ce beau gosse allemand, Brigitte le connaît vaguement mais jusque-là, il ne l'a pas frappée. Une année, il a loué la maison de ses parents, rue de la Miséricorde, l'abandonnant dans un état lamentable. Riche, semble-t-il. Un copain de Vadim et des frères Marquand, ces glandeurs qui lui rendent tous les services possibles : l'amuser, rabattre des filles, découvrir les nouvelles boîtes, l'aider à dépenser son argent. « C'est à l'Esquinade que je rencontrais un jeune touriste allemand, sentimental, timide, ébloui par notre bande et prêt à vendre son âme pour être accepté en pair[1] » se remémore Vadim.

Lorsqu'ils ont fait connaissance en 1956, Vadim venait d'être plaqué par Brigitte et Gunter, d'épouser une jeune Française, Anne-Marie Faure, qui lui a donné un fils. Les deux hommes sont devenus camarades de jeux. Un club Mickey de sales mômes désabusés. Bataille navale entre Riva armés d'extincteurs, ski nautique sur sable mouillé, concours de tartes à la crème à l'Épi-Plage.

Un jour, ils se défient à la roulette russe près de Tahiti-Plage, là où la route fait un coude. Gunter au volant d'une 300 SL Papillon, Vadim d'une

250 GT California. Départ à cent cinquante mètres du pin parasol. Chaque conducteur, seul dans son véhicule, doit deviner à l'aveugle le choix de l'autre. Dans le tournant, l'adversaire s'engagera-t-il à droite ou à gauche de l'arbre ? Se croiser est impossible à cet endroit. C'est la collision de face, à moins que l'un des deux ne se jette dans le fossé. Arbitres : Françoise Sagan et son frère Jacques, Maurice Ronet, les frères Marquand et Brando. Tournoi en trois manches. Dès la seconde, la voiture de Gunter vole dans le fossé sur un lit d'aiguilles de pin et de cigales. Un camion-grue sort la Mercedes pendant que le jeune milliardaire offre un grand dîner sur la plage. Au son d'un orchestre hawaïen, quatre vahinés servent Serge Marquand à poil sur un grand plat décoré de mayonnaise et de cornichons[2].

En 1958, Gunter perd brutalement sa jeune femme dans un accident d'anesthésie[3] et son père se suicide. L'année précédente, ses deux témoins de mariage, le pilote de Ferrari Alfonso de Portago et son copilote Edmund Nelson se sont tués sur le circuit de Mille Miglia, en Italie, fauchant avec la Ferrari 315 S neuf spectateurs. Veuf et orphelin, Gunter Sachs a rejoint à plein temps le petit club de fanfarons internationaux du brésilien Baby Pignatari, de Porfirio Rubirosa ou de Giovanni Agnelli qui se partagent entre Gstaad et Saint-Tropez. Milliardaires ou play-boys de profession, les Don Juan à gros budgets draguent les filles avec une logistique bluffante. La technique de Baby Pignatari, un beau brun toujours bronzé, pour compléter sa collection de conquêtes prestigieuses : le cadeau à grand spectacle. En 1950, il fait pleuvoir sur l'actrice Dolores del Rio (une ex de Rubirosa), une cargaison de fleurs. À peine quelques heures après une rencontre avec l'actrice Linda Christian, ex-femme de Tyrone Power, Baby l'entraîne dans un tour du monde avec escales à Hong Kong, Honolulu, Le Caire, Tokyo, Mexico. Il drague Anita Ekberg, épouse puis divorce d'Ira von Fürstenberg à Las Vegas, a une liaison avec Soraya, ex-impératrice d'Iran.

Gunter est parrainé par Porfirio Rubirosa dont le palmarès est plus prestigieux encore : Dolores del Rio, Eartha Kitt, Ava Gardner, Joan Crawford, Marilyn Monroe, Soraya, Veronica Lake, Rita Hayworth, Eva Peron, Judy Garland, les milliardaires américaines Doris Duke et Barbara Hutton, Danielle Darrieux, Zsa Zsa Gabor. « Porfirio vous donnait l'impression que pour vous conquérir, il pouvait renverser les frontières, faire tomber des montagnes et mettre le monde à feu et à sang. Il était sauvage, impatient, impétueux. Mais pour exaucer vos désirs, il se jetait à vos pieds » a déclaré Zsa Zsa.

Porfirio possède aussi un attribut d'exception, un engin aux proportions si prodigieuses qu'on surnomme Rubirosa le long poivrier des restaurants. Les témoignages de première main sont nombreux, forcément. Selon son biographe Shawn Levy, Doris Duke décrit la chose comme une batte de base-ball avec la consistance caoutchouteuse d'un ballon de volley un poil dégonflé... « Yul Brynner avec un col roulé noir » déclare pour sa part un photographe homo après avoir espionné Rubi dans les latrines. Ses couilles sont si sensationnelles qu'il ne sort jamais sans *jockstrap*, prétend son biographe.

Gunter est allé à bonne école. Lorsqu'il fait la conquête de Brigitte (à moins que ce ne soit l'inverse), un platane du bois de Boulogne a interrompu la trajectoire de son père spirituel, mort les armes à la main en smoking et Berlinetta Ferrari après une soirée au New Jimmy's. Quatre mois auparavant, Gunter l'avait accompagné en URSS. Une photo les réunit devant la basilique Basile le Bienheureux sur la place Rouge, le 25 avril 1965. L'instantané a été cadré devant un de ces bulbes ouvragés qui ressemblent à de longs… poivriers. Très sexy déjà, Gunter a glissé une main dans la poche de sa veste, donnant un style nonchalant à son costume alors que Rubirosa, engoncé dans un pardessus et portant un parapluie, s'est embourgeoisé. Rangé des voitures, il coulait des jours paisibles auprès d'une ultime épouse, la jeune actrice Odile Rodin, plus délurée encore que lui : l'ex-conquête de Brigitte aurait même été une des maîtresses de John F. Kennedy[4]. Après avoir organisé les funérailles de Rubi auxquelles assistent deux sœurs Kennedy, le jeune veuf Gunter console la veuve, qui lui préfère Alexandre Onassis, seize ans. Après Odile, Gunter a eu une liaison avec la princesse Soraya. Une autre, plus sérieuse, avec un mannequin suédois, Birgitta Laaf. Et d'autres encore. La ligne de conduite de Rubirosa, vie facile, belles femmes, belles voitures et sports à sensations, convient à Gunter. Brigitte Bardot est à la fois une personne bien carrossée et un sport de haut niveau. Un parfait véhicule pour la célébrité. La classe pour un play-boy.

Enchantés l'un de l'autre, Brigitte et Gunter quittent le restaurant de Picolette entourés de leur cour, chacun au volant de son automobile après s'être donné rendez-vous au Papagayo. Narcisse et Narcissette conduisent la même Rolls Nuage d'Argent gris métallisé. Chacun dans sa bulle, prêt à rivaliser. À armes égales. Enfin pas tout à fait. Les aménagements intérieurs de la Silver Cloud de Gunter, achetée neuve, ont été réalisés sur mesure.

> *Baby you can drive my car*
> *Yes I'm gonna be a star*
> *Baby you can drive my car*
> *And maybe I'll love you*[5]

Pour la seconde manche – le mariage d'un couple d'amis sur la plage de Pampelonne –, chacun magnifie son plumage. Gunter arrive en monoski tracté par son *Dracula*, un Riva Super Ariston en acajou du Gabon et de la Côte d'Ivoire pour la coque, acajou du Honduras pour la cabine. Moteur huit cylindres Chrysler. Corne pareille à une sirène de la police américaine. Allume-cigare, glacière et tout le confort moderne. La pureté du design italien, la précision d'une montre suisse, un moteur incomparable, le tout à la main, la perfection faite bateau. Idéal engin de drague, le Riva a été créé pour séduire. Comment conquérir une fille qui possède les mêmes attributs ? Avec un Riva deux fois plus grand que le sien. « Brigitte elle-même était impressionnée par ses entrées spectaculaires[6] » dit Francine Rivière, qui assiste à la parade, transportée par le sex-appeal du nouveau prétendant de son amie. Grand et enveloppant, amical et chaleureux, Gunter Sachs a des atouts. Brigitte, venue à bord de son Florida, a posé sur le sundeck un piano mécanique : la love story vire à la joute nautique. Séduit, Gunter ne peut détacher d'elle un regard clair, merveilleusement tendre. Il a le bon goût de ne pas cacher son admiration.

À un moment ou un autre, ils se retrouvent accoudés au Barda, le muret face à la mer à La Ponche, dans le cœur historique de la ville où a été tourné *Et Dieu créa la femme*. Ils regardent la lune qui agite sur l'eau noire un tremblant ruban d'aluminium. Dans l'obscurité la chemise immaculée de Gunter ouverte jusqu'au nombril semble phosphorescente. Ses belles mains hâlées, larges et fortes, des mains aux ongles rose pâle faites pour prendre, jouent avec le bracelet de Brigitte. Elle peut sentir son parfum légèrement citronné, *Eau Sauvage* de Christian Dior. Elle n'a pas envie de rentrer à la Madrague, il n'a pas envie de rentrer à la Capilla, la villa qu'il loue. D'autres les attendent qu'ils n'ont pas envie de retrouver.

D'un commun accord, leurs pas se dirigent vers l'hôtel de La Ponche où les accueille Marguerite, l'exquise patronne[7], qui les observait depuis la terrasse de l'hôtel. Elle a connu Brigitte enfant, quant à Gunter, c'est un client. Il réserve chaque année huit chambres pour son personnel : secrétaire, femme de chambre, majordome... Elle leur donne les clés de ce qui est aujourd'hui la suite n° 1, une chambre mansardée toute blanche au dernier étage, avec un dessus-de-lit en piqué de coton immaculé et une fraîche terrasse d'où l'on aperçoit le campanile de l'église et la lune sur la mer. Une vieille maison comme Brigitte les aime, qui sent l'encaustique et le feu de bois. Marguerite ne les reverra pas le lendemain matin : dès l'aube, le jeune couple a quitté l'hôtel pour éviter les curieux. Plus tard, Gunter deviendra un habitué d'une autre chambre, la 18, située dans l'annexe de l'hôtel, juste au-dessus de celle de Françoise Sagan. Jusqu'à sa mort en 2011, cet homme préférera aux palaces la chambre au parfum d'encaustique juste au-dessus du muret de La Ponche.

Le 12 juin 1966, Bardot et Sachs dînent en compagnie de Serge Marquand, de Jean-Max et Francine Rivière au Pirate, à Roquebrune-Cap Martin, un restaurant de coquillages sur la plage. « Gunter était irrésistible, dit Francine. Une voix, un timbre magnifique et l'œil si bleu. Brigitte était heureuse avec Bob Zagury mais comment résister au charme fou[8] ? »

Le patron prévient un photographe local, Roger Judlin, qui à la sortie du restaurant demande à Gunter d'enlacer Brigitte. Pareille à une vahiné, elle porte sur sa mini-robe un collier de fleurs et lui, une chemise à rayures bayadères déboutonnée. C'est leur première photo ensemble. Puis Gunter propose de se rendre à Monte-Carlo pour jouer à la roulette. « Nous étions beaux et bronzés, pieds nus, avec nos colliers de fleurs autour du cou. Le casino nous a acceptés dans cette tenue » dit Jean-Max. Gunter étant un habitué, on les introduit par l'arrière du casino dans une petite salle privée. Il mise dix mille francs sur le 14, son chiffre fétiche, qu'il joue de toutes les façons possibles, en plein, à cheval, en carré. Il recommence quatorze fois. « Boum ! Il gagne quatorze fois de suite. Soixante-dix millions de francs ! » raconte Jean-Max. Des anciens francs. Deux cent cinquante fois la mise maximale[9].

Beep beep'm beep beep yeah

Les amis terminent la nuit à l'hôtel de Paris. « Il neigeait de la plume ! Nous avions fait une bataille de polochons » se souvient Francine.

Le lendemain, Gunter offre à Brigitte un bijou chez Cartier. C'est la première fois qu'un homme lui donne des joyaux. Elle a trouvé le prince charmant.

Judlin vendra l'exclusivité des images du *Pirate* à un magazine pour s'apercevoir que Gunter a fait la même chose avec un concurrent[10]. Sachs est-il un jeune milliardaire en quête de notoriété ? En 1962, il avait proposé à Soraya, diva des médias, de l'épouser. Si l'union n'eut pas de suite, elle le fit connaître. « Gunter en quête de publicité ? Je ne peux pas le croire, dit Francine avec fermeté. Il n'en avait pas besoin. Il était au-dessus de tout ça. » C'est Serge Marquand, fauché comme tout, qui a revendu les photos et Gunter l'a laissé faire.

La version romantique affirme que Gunter Sachs fit pleuvoir une averse de roses rouges (ou de pétales, selon une variante) sur la Madrague depuis un hélicoptère. Au journaliste allemand Wilfried Rott enquêtant sur les play-boys mythiques, Gunter Sachs a précisé qu'il ne jeta en réalité qu'une rose dont l'impact fut démultiplié par le largage de deux valises étanches, puis de lui-même tout habillé rejoignant la Madrague à la nage. Dans tous les cas, il se prenait pour James

Bond. « Le coup des valises a bluffé Brigitte bien plus que la rose » s'amusait-il. Une autre fois, il a raconté que certes, il avait déversé les roses sur la Madrague mais qu'il n'avait aucun mérite parce qu'elles ne coûtaient rien sur le marché de Nice. Et qu'il n'avait pas longtemps été le héros de Brigitte. La surprise passée, elle lui avait reproché d'avoir sali son jardin[11]…

Une rose, mille et une roses, qu'importe. Ce qui est marrant c'est que l'un et l'autre ont repris la version james-bondesque dans leurs mémoires[12]. Il est tentant d'en rajouter et tout aussi tentant de ne pas décevoir le public amoureux d'une image : la célébrité est un jeu de rôles.

Le magazine allemand *Mare*[13] apporte un correctif à un autre conte. Un soir, Gunter serait venu chercher Brigitte sur le ponton de la Madrague vêtu d'un smoking et d'une cape noire doublée de satin rouge. Allongés sur le pont de l'*Ariston*, ils auraient suivi le sillage de la lune toute la nuit. Comme Gunter le signale avec amusement, organiser un rendez-vous amoureux sur un hors-bord n'est pas recommandé car même par temps calme dans une baie abritée, le bateau est drossé vers les rochers. D'ailleurs le roulis donnerait le mal de mer au marin le plus aguerri.

Quoi qu'il en soit, Gunter Sachs ne lésine pas sur le romantisme. « Brigitte aime être ensorcelée et je pratiquais volontiers la magie » reconnaît-il. Leurs amis confirment ses talents d'*entertainer*. « Gunter créait une effervescence permanente » dit Francine Rivière. Sachs est charmé par la femme qu'il découvre, si éloignée de son image. Il goûte particulièrement son humour, sa douceur et remarque sa fragilité, ses brusques accès de mélancolie qu'une caresse ou un baiser dissipent. Elle se ferme en présence d'inconnus, les gens plus âgés l'intimident : une sauvageonne. Lorsqu'il dort, elle le réveille en lui caressant la plante des pieds.

Brigitte est si heureuse qu'elle est de plus en plus belle. « Je la revois, le soir, quand elle sortait de sa chambre. Nous avions pris des douches et enfilé des robes pour le dîner. Elle rayonnait, comme auréolée de lumière » relate Francine.

Un soir, dans sa villa de la Capilla, Gunter fait illuminer le jardin avec des centaines de bougies. À la fin du dîner, il tend une Winchester à Brigitte : « Éteins-les ». « Non, Monsieur, la nuit, seuls les hommes chassent » répond-elle. Pieds nus dans des mocassins Gucci, portant une de ses belles chemises déboutonnées jusqu'au plexus solaire, il tire. Il en éteint vingt-cinq, une à une. À chaque fois, elle bat des mains de plaisir et d'admiration.

Beep beep'm beep beep yeah

« J'étais son héros. Pour une nuit. » Et comme Gregory Peck et Jennifer Jones dans *Duel au soleil*, ils s'embrassent.

Le 7 juillet 1966, chez Picolette, Gunter Sachs demande Brigitte en mariage et lui donne trois scintillants bracelets tricolores de chez Cartier. Rouge rubis, bleu saphir, blanc diamant. Ceux qu'elle porte sur la photo du *Vadura*. Gunter souhaite que la cérémonie se déroule le 14 juillet à Las Vegas. Pourquoi la capitale mondiale du jeu ? Une idée de Gunter empruntée à Vadim, le héros de son adolescence ? L'année précédente, ce dernier y a épousé Jane Fonda en présence de Christian Marquand accompagné de sa jeune femme Tina

Aumont et de Propidon. Si Brigitte aime se marier, elle souhaite la discrétion. Las Vegas permet une union loin des regards curieux. Le 13 juillet 1966, Brigitte s'envole pour Los Angeles sur un avion Air France avec une escorte de six play-boys. Les réservations ont été faites sous de faux noms. Outre l'homme qu'elle épouse et ne connaît que depuis quatre semaines, Serge Marquand, Gérard Leclery, héritier du groupe André, Peter Notz, un autre milliardaire, Philippe d'Exea et un jeune cameraman l'accompagnent. Chacun a un rôle : Serge doit filmer, Phiphi photographier, Notz sponsoriser, Leclery orchestrer, Gunter convoler. Plus tard, Brigitte raillera le climat si peu intime de ce mariage. « À l'époque, personne n'aurait réussi à faire le tour du monde en tête à tête avec elle » rétorquera Gunter Sachs dans le magazine *Stern*.

À Los Angeles, la petite équipe emprunte deux Learjet qui les mènent à Las Vegas. Propriétés de Ted Kennedy, relation de Gunter, les avions privés leur permettent de semer la presse, luxe que Brigitte s'offre pour la première fois. Avant la cérémonie chez le juge attorney, le symbole français enfile une mini-robe trapèze couleur lilas toute simple, portée avec de petits escarpins à talons carrés de Roger Vivier. Jamais ses tenues ne seront aussi courtes qu'en 1966 : sur toutes les photos, elle ressemble à une gamine. Le play-boy, lui, a gardé le pantalon blanc coupé aux chevilles qu'il portait dans l'avion mais changé de chemise et noué une cravate sous un blazer. Un détail retiendra l'attention au point qu'à l'automne *Time Magazine* lui consacrera un sujet : le marié ne porte pas de chaussettes[14]. La cérémonie se déroule le 14 juillet à minuit, dure huit minutes et coûte sept dollars. Devant une Brigitte un peu interloquée, Gunter demande à la recommencer afin que Serge Marquand filme la scène. Les copains sont là pour signer le contrat de mariage en tant que témoins mais aussi pour prendre les photos en exclusivité. Le « mariage le plus secret du monde » est appelé à connaître un vaste public.

Main dans la main avec Gunter, Brigitte traverse la grande nuit abstraite de Las Vegas Boulevard comme le plateau d'un show télé. Sonnée par le décalage horaire et le chaos violemment éclairé, elle est propulsée hors du temps et de sa propre histoire. Le ciel semble lui-même recouvert d'une poussière diffuse.

« J'avais un tel sentiment d'irréalité que je me sentais dédoublée[15] » dit-elle. Égarée dans un rêve éveillé, comme dans *Daydream*, la chanson de Lovin' Spoonful, Brigitte essaie de faire le lien entre ce qu'elle est en train de vivre et la journée de la veille. Posés dans l'immensité du désert, le Pink Flamingo, le Sahara, le Riviera, le Tropicana, le Stardust, le New Frontier ou le Caesars Palace en chantier sont si impitoyablement réels qu'ils paraissent inventés. Brigitte n'a jamais très bien su où commençait la réalité. Les faux-semblants font partie de son métier. Dans l'obscurité électrique de Las Vegas, enivrée par le *jetlag* et la passion amoureuse, elle vit une parodie d'elle-même mise en scène par Gunter et filmée par leurs amis. Dans son exaltation artificielle et vide de la célébrité, son mariage pourrait avoir été conceptualisé par Andy Warhol, que collectionne son mari.

Rétrospectivement, Gunter Sachs paraît avoir organisé un happening qui préfigure les noces de la Cicciolina et de Jeff Koons. Le mariage d'un milliardaire allemand et d'une star de la culture populaire dans un parc d'attractions géant situé au milieu du Nevada semble une métaphore du monde ludique et consumériste qui se met en place.

« Nous étions à la fois acteur et public » reconnaît Gunter. Étreindre Brigitte Bardot, c'est embrasser un rêve. D'ailleurs, si Sachs voyage avec appareils photo et caméras, c'est qu'il entend conserver une trace de son équipée. Sans doute est-il amoureux, mais tout aussi amoureux de l'image que lui renvoient les magazines. Lorsque, durant leur lune de miel à Tahiti, paradis de l'imaginaire populaire des années soixante, sa caméra tombe à l'eau, Gunter pique une crise de nerfs. C'est la nouvelle Bolex 150 présentée cette année-là à la Photokina de Cologne, une des toutes premières caméras super-8 alimentée par des piles crayons. Chaque épisode de leur odyssée transcontinentale est destiné à être publié dans la presse magazine ou à la télévision. Le 16 juillet, le couple est en une de *Paris Match* sous le titre : « La nouvelle Brigitte ». Brigitte et Gunter marchent côte à côte sur le sentier des douaniers à Saint-Tropez. Dans son uniforme de play-boy, pantalon blanc et chemise en lin Sulka échancrée, pieds nus, Gunter tient en laisse un léopard. L'image suggère-t-elle qu'il a dompté le fauve Bardot ? *Match* les met de nouveau en une la semaine suivante. « Églantine a épousé Siegfried » titre pour sa part *Jours de France*[16]. Le mariage de l'incarnation du libertinage féminin et de l'héritier de Rubirosa a de quoi alimenter les fantasmes.

Quant aux Allemands, cette union les transporte autant qu'une victoire au championnat d'Europe de football. « Un Allemand l'a emporté à Las Vegas » se réjouit le *Spiegel* le 18 juillet 1966. Vingt ans après la fin de la guerre, la virilité germanique n'est pas au mieux de sa forme. 1966, c'est l'année où Albert Speer, l'architecte et peut-être seul ami de Hitler condamné pour crime contre l'humanité, sort de la prison de Spandau. L'Allemagne regarde son passé dans les yeux. Semaine après semaine, le *Spiegel* consacre ses numéros à l'histoire du Reich. L'heure n'est pas à la complaisance.

La conquête de Gunter Sachs apporte de l'air frais. Par son père Willy, Gunter descend d'Ernst Sachs, inventeur du moyeu pour bicyclette et créateur de la firme Fichtel et Sachs. Willy a entretenu de cordiales relations avec les hommes les plus puissants du troisième Reich comme Heinrich Himmler ou Hermann Göring qui appréciaient sa chasse en Bavière. Des photos montrent Willy Sachs en discussion amicale avec Hitler, à la chasse avec Himmler, ou en compagnie de Goering. Willy Sachs s'est suicidé en 1958 après avoir été arrêté à la fin de la guerre par les Américains, jugé, emprisonné dans un camp puis considéré comme « simple compagnon de route » du nazisme. Il avait soixante-deux ans. Depuis son internement, il souffrait chaque automne de dépression[17].

Gunter a peu connu son père. Par sa mère Elinor, sœur de Wilhelm von Opel, il descend du créateur de la firme automobile. Gunter avait trois ans lorsque ses parents ont divorcé en 1935. Après avoir perdu la garde de ses deux fils, Elinor les a enlevés avant de s'enfuir en Suisse. À son tour, Willy a tenté de faire kidnapper l'aîné avec la complicité d'amis politiques. À la suite d'une plainte du Reich, Elinor a été emprisonnée par les autorités helvétiques et ses enfants placés dans un orphelinat suisse durant quelques jours. Élevé au collège du Rosey, Gunter n'a revu son père qu'à l'âge de vingt ans. Tout en étant l'héritier d'un grand industriel compromis, il n'est pas blâmable. C'est peut-être ce qui lui vaut d'être un chouchou des médias d'outre-Rhin. Il n'a pas à faire acte de contrition.

Bien avant son mariage avec B.B., ses exploits donjuanesques ont fait les délices des magazines. Gunter, c'est du Viagra pour les Allemands. Dans de longs articles jubilatoires, le *Spiegel* énumère la liste éclectique de ses conquêtes féminines, ex-impératrice d'Iran Soraya, actrice Mara Lane, championne de ski nautique Marina Doria ou mannequins Anka Ahn et Paule Rizzo. Son parc automobile enviable (Mercedes, Chevrolet, Rolls) ou le décor de ses résidences dans les meilleures artères de Lausanne, Munich, Paris font l'objet d'inventaires précis.

« Pour une fois, la virilité allemande triomphe » se réjouit le *Spiegel* le 18 juillet 1966. Les Français ont Bardot, les Allemands ont Sexy Sachs, l'homme aimé des femmes dont le palmarès redore leur virilité et les aide à tourner la page. « Le joyau français (Bardot) a quitté Las Vegas épouse d'un Allemand » écrit encore le *Spiegel*. À travers ces deux figures, l'Europe se réconcilie :

Bardot et Sachs, c'est la version sexy du couple Konrad Adenauer-Charles de Gaulle.

Lorsque les images tournées par Serge Marquand le 14 juillet 1966 sont diffusées dans *Cinq Colonnes à la une* le 5 août 1966, Brigitte dort seule à la Madrague. Ou plutôt en compagnie de Francine Rivière. « Est-ce que tu te rends compte que tu dors dans mon propre lit avec le sex-symbol mondial ? » demande Brigitte à son amie. Le sex-symbol munichois a disparu et ne donne guère de nouvelles : il travaille, soi-disant.

À leur retour de Las Vegas, la presse rapporte que Gunter avait parié avec Serge Marquand d'épouser Bardot avant la fin de l'année. Le mariage apparaît moins comme une œuvre pop que comme un geste publicitaire. Après tout, du jour au lendemain, Gunter Sachs accède à la reconnaissance médiatique. Lui et Serge Marquand démentent. Si Gunter souhaitait conquérir Brigitte, il n'était pas du tout certain d'y parvenir, d'autant qu'elle vivait avec Bob Zagury, explique Marquand[18]. En fait, des querelles de territoire divisent les cours des deux héros. On se dispute les miettes de la pièce montée : Phiphi d'Exea refuse de partager les droits photo de l'escapade avec Marquand, son ex-assistant.

À l'automne, Francine et Jean-Max Rivière reçoivent une invitation de Gunter. Rendez-vous à Orly pour une destination inconnue. L'avion atterrit à Munich où une BMW noire les conduit à la Rechenau, la chasse de la famille Sachs en Bavière. « Gunter avait un sens grandiloquent de la mise en scène » note Francine, amusée. La surprise est complète pour Brigitte, qui ne cache pas sa joie de retrouver ses amis d'autant que son père est du voyage : prévenant, Gunter a reconstitué son cocon. Une couturière prend les mesures des femmes. Corselet blanc brodé, jupe à bretelles et jupons de dentelle, bottes à la russe, voilà Brigitte et Francine transformées en Bavaroises tandis que Gunter pavoise en culotte de peau et chapeau à plume. Jean-Max a décliné l'offre d'une panoplie. Ainsi Gunter compte-t-il leur faire découvrir son royaume enchanté. « Il organisait des pique-niques somptueux, des promenades... J'ai mangé du caviar pour la première fois, le bol était grand comme ça... » Dans les décors d'un film de Walt Disney, les filles jouent à la crapette ou au scrabble pour passer le temps. Entre deux promenades, on organise des parties d'ambassadeur. Louis Bardot, qui parle allemand, fait la connaissance d'Elinor von Opel, la mère de Gunter qui élève son fils Rolf. Si Gunter a peu connu son père, il adore sa mère, qu'il surnomme « la reine des fées ». Un homme adulte qui croit sa mère dotée de superpouvoirs, ça sent son enfant gâté mais sans doute Brigitte trouve-t-elle cela *mignon*. Elinor l'intimide.

— Vous n'avez rien sur les joues ? demande la mère de Gunter, frappée par sa bonne mine.

— Rien que du soleil, répond Brigitte[19].

Gunter Sachs est un homme d'affaires fortuné. Dans l'usine de Haute-Bavière, son frère aîné Ernst a succédé à leur père. Fichtel et Sachs, avec huit mille cinq cents employés, est la plus grande usine de moteurs deux temps au monde. Gunter

Sachs gère sa fortune, pas l'usine. Il revendra ses parts au début des années soixante-dix.

En attendant, le magicien, c'est lui. Un soir, Brigitte s'inquiète d'apercevoir des mouvements de paparazzis à l'orée de la forêt qui ceinture le pavillon de chasse. « Après le dîner, nous sommes sortis dans le parc, vêtus de capes en loden. Gunter a tiré un coup de pistolet en l'air » se souvient Jean-Max. « Dans l'après-midi, des artificiers avaient pris place en lisière des bois. Et pour nous seuls a été donné un feu d'artifice digne du concours international de Monaco » dit Francine, le regard encore illuminé.

Gunter Sachs fait de la vie de Brigitte une pyrotechnie. « Nous avons vécu ces jours comme des enfants au paradis » dit-il rétrospectivement. Des enfants qui à chaque instant craignent d'en être chassés. Car leur situation a quelque chose d'évanescent. Certes, les moyens de Sachs lui permettent d'abolir la frontière entre le rêve et la réalité, offrant à Brigitte de vivre comme au cinéma. « Tant qu'elle a été avec Gunter, elle a été mieux protégée qu'avant. Ils prenaient des avions privés dans le seul but d'éviter les foules qui rendaient Brigitte folle[20] » raconte Serge Marquand.

Pourtant, si Gunter apprécie l'intelligence de sa femme, son humour et sa gentillesse, il a eu le temps d'en apercevoir les failles : des sautes d'humeur atmosphériques. « Lorsque Porfirio Rubirosa entrait dans un restaurant, le soleil apparaissait à chacun comme par magie. Lorsque Bardot entrait dans un restaurant de mauvaise humeur, la salle se gelait[21] » a-t-il déclaré.

La comparaison de Gunter Sachs est savoureuse : il place Bardot et Rubirosa, le gourou des play-boys, sur un pied d'égalité. Il parle en connaissance de cause.

Le scénario, il est vrai, comporte deux Don Juan. En matière de séduction, Bardot est une experte. C'est toujours elle qui drague et plaque. « Chez elle, l'amour dure trois ans » précise son amie Francine. « Nous nous aimions à armes égales » ajoute Brigitte. Elle possède le pouvoir d'une star internationale et la beauté. Gunter, la fortune. « Il était un des rares hommes à être aussi fort que moi dans ma spécialité. Et ma spécialité, c'est l'argent. Nous nous valons. Et puis il est beau et séduisant et toutes les femmes en ont envie. Mais cela signifie aussi qu'il y a une sorte de lutte entre nous. Il n'a pas envie de changer son genre de vie pour moi et je n'ai pas envie d'en changer pour lui » déclare-t-elle en février 1968 à *Ciné Revue*. L'argent, la spécialité de Brigitte Bardot ? Quelle curieuse déclaration ! Avec un sens pratique de paysanne, Brigitte qui depuis l'âge de quatorze ans n'a jamais idéalisé sa profession, se perçoit comme une femme d'affaires. Son activité, vendre l'image de B.B. au cinéma, à la télévision, à la radio. Dès la fin des années cinquante, elle a déposé son nom à l'Institut national de la propriété industrielle. Lessive, calendriers, cartes postales, chaussures, mobilier, vêtements, tissus, chaussures, joaillerie, électroménager, denrées agricoles et forestières non préparées (crustacés, plantes, animaux vivants), la liste des produits et services où sa marque est protégée montre que Mlle Bardot a pensé à tout. Sa petite entreprise fait vivre directement une douzaine de personnes : gouvernante, photographe personnel, coiffeuse et maquilleuse, doublure... Cependant, Bardot se leurre. Son mari est beaucoup, beaucoup plus fortuné qu'elle[22].

Gunter Sachs tente d'abord de transformer Brigitte en maîtresse de maison accomplie. Au grand étonnement d'un hôte comme Andy Warhol qui fait sa connaissance à l'occasion du festival de Cannes. Le 5 mai 1967, Bardot s'y rend pour la dernière fois à la demande insistante de son mari qui a produit un film documentaire, *Batouk*. Brigitte a résisté, dépeignant à Gunter le délire qui les attendait et dont elle a gardé un souvenir organique depuis qu'à New York elle a failli perdre la vue. Mais rien n'y a fait. Celui qui n'a jamais vécu ces situations ne peut comprendre.

L'arrivée de B.B. déclenche une émeute si mémorable qu'elle fait l'ouverture des journaux télévisés. Les images sont spectaculaires. Durant de folles minutes, la caméra ne parvient à montrer que la foule qui emplit le hall de l'ancien Palais des festivals comme des grains un silo. Une présence plus dense de gardes républicains dépassés par l'emprise des photographes et des curieux indique l'endroit où doit se trouver la star. Puis surgit le blond visage coiffé à l'apache. Curieusement impassible. Avec une apparence de calme, Brigitte avance en parlant avec son entourage, sans céder à la panique. Seule de tous, elle garde le sourire, ce sourire qui se retrouvera sur les photos. Elle fait son métier. Le visage de son mari donne une météo plus fiable. Dépassé, Gunter se tient à la droite de son imperturbable

Pocahontas, tâchant de la protéger. Mâchoires serrées, il tente d'organiser les forces de police. Il réalise un peu tard le danger de la situation. La volonté impitoyable qui les comprime est capable d'engloutir Brigitte Bardot. Et lui-même. Jean-Claude Sauer, le photographe de *Match*, est d'ailleurs blessé.

C'est à ce moment que Warhol et Brigitte Bardot se rencontrent. Warhol est l'invité de la Semaine internationale de la critique pour *Chelsea Girls*, finalement retiré de la sélection par crainte du scandale. Il cherche un soutien parmi les célébrités présentes et contacte Gunter. Les deux hommes se sont rencontrés l'année précédente à Hambourg lors de l'exposition Warhol. Comme nombre de financiers, Sachs investit dans l'art contemporain. À Munich, il préside le Musée d'art moderne qu'il vient de créer. À Paris, son appartement art déco, au n° 32 de l'avenue Foch, sur la rive ensoleillée de cette autoroute du Gotha, meublé de trésors de Ruhlmann et de Majorelle, de Chanaux, de Giacometti, de Tiffany ou de Brandt, abrite une partie de sa collection de tableaux : Roy Lichtenstein, Magritte, Yves Klein, Fautrier, Tanguy, Tom Wesselmann, Arman, Erté, Chirico, Allen Jones, Warhol. À Hambourg, les amateurs qui se pressaient à la galerie Hans pour découvrir le travail de Warhol repartaient les mains vides. Gêné, Sachs avait racheté discrètement un tiers des œuvres. « On a pas mal vendu » s'était vanté Warhol auprès de lui avant de rentrer à New York.

Après le festival, Gunter l'invite à Saint-Tropez. « Gunter Sachs, l'héritier allemand d'une entreprise de roulements à billes nous emmena chez lui pour rencontrer sa femme, Brigitte Bardot. Elle descendit au rez-de-chaussée et s'occupa de nous comme une bonne hôtesse européenne. Je n'en revenais pas de sa gentillesse : être Brigitte Bardot et se donner la peine de mettre ses invités à l'aise[23] ! » raconte Warhol.

Bien avant de rencontrer Brigitte Bardot, Warhol avait eu envie de la filmer durant son sommeil comme dans son film *Sleep*. Lorsque Bardot annoncera la fin de sa carrière cinématographique, Gunter Sachs commandera son portrait à Warhol qui en réalisera huit à partir d'un cliché de Richard Avedon. Trois ont été revendus ces dernières années, respectivement pour trois, cinq et dix millions d'euros. Gunter Sachs en possédait plusieurs.

Warhol a peint le portrait de Marilyn peu de temps après son suicide, en 1964. Il réalise celui de Bardot au moment où elle quitte la scène cinématographique. Comme avec Monroe et Taylor, il la peint de face. Ses attributs symboliques sont coloriés : les lèvres boudeuses, le regard maquillé d'eye-liner, la blondeur. Si le visage est passé au rose électrique, il n'est pas très fardé. C'est l'image d'une vraie femme, pas celle d'une icône dématérialisée comme Monroe ou Taylor. Avec finesse, Warhol exprime l'essence du personnage de Bardot. Non pas une créature de rêve comme les hollywoodiennes, une femme vraie qui fait du rêve une réalité.

Bardot tutorial

> « Je suis fan des lèvres lumineuses et des yeux ombrés de noir, un look dont je me départis rarement. Si c'était bon pour Brigitte Bardot, c'est bon pour moi. »
>
> Paris Hilton[1]

Aujourd'hui, comme promis, elle va se transformer en Brigitte Bardot.

Samantha Chapman est une fille inexpressive au visage encadré de cheveux bruns dépourvus de vitalité. Dans un décor quelconque, elle fixe la caméra de ses petits yeux rapprochés et propose une leçon de bardoïtude, une séance de travaux pratiqués sur elle-même. « La chevelure ébouriffée, emblème du lexique sans effort de Brigitte Bardot, facile ! » annonce Chapman. Tant mieux. Technicienne de pointe, elle divise la chevelure en parcelles à ébouriffer à l'aide d'un peigne à queue. Dressant à la perpendiculaire une mèche au sommet du crâne, elle la frotte fiévreusement à rebrousse-poil afin de la transformer en une étoupe foutraque qu'elle domestique ensuite à l'aide d'une autre brosse. La démonstration de crêpage précise le type d'outil à employer pour

Brigitte Bardot Hair & Make-up Tutorial Pt.1

340 vidéos S'abonner

J'aime + Ajouter à ▼ Partager

110 626

Ajoutée par pixiwoo le 11 nov. 2008

Pt.1 Samantha Chapman shows how to achieve the simple but effortlessly

410 aiment, 10 n'aiment pas

Plus ⌄

Brigitte Bardot Make-up Tutorial Pt.2

340 vidéos S'abonner

J'aime + Ajouter à ▼ Partager

130 312

Ajoutée par pixiwoo le 11 nov. 2008

Pt.2 Samantha Chapman shows how to achieve the simple but effortlessly glamourous look of Brigitte Bardot.
Music - Untangle by Four tet on Domino records.

476 aiment, 14 n'aiment pas

- Artiste : Four Tet
- Concert à Unknown venue, Paris le 28 oct. 2011
- Acheter "Untangle" sur : iTunes

Plus ⌄

donner au cheveu du volume (brosse *ronde*), puis pour discipliner ce volume (brosse *plate*). Samantha semble tenir la caméra et s'excuse d'une interruption due à la nécessité d'exécuter des deux mains le geste qu'elle décrit : maintenir les mèches avec des épingles à cheveux de modèle *pinces guiches*. « Débrouillez-vous pour que cela paraisse négligé. » Négligé, le maître mot du langage « naturel » de Bardot. Du hautement technique négligé... En quatre minutes cinquante-sept secondes, Samantha a transformé une coupe informe en choucroute structurée, distinguant même d'un coup de peigne à queue l'édifice capillaire de B.B. de celui de la chanteuse anglaise Amy Winehouse (une choucroute Bardot surdimensionnée). Les cheveux de Samantha lustrés par le coiffage ne manquent pas d'allure.

Puis la jeune femme s'attaque au maquillage de Bardot, qu'elle déclare encore facile à réussir. Facile, peut-être, à condition d'être drôlement outillé et de disposer d'une abracadabrante variété de fards. On ne fabrique pas une bombe sans un minimum de matériel. Tout tient à des détails, explique Samantha avec sérieux. Ainsi, Pamela Anderson n'est qu'un grossier copié-collé de Bardot alors que Kate Moss s'inspire avec subtilité de son sex-appeal désinvolte. L'Américaine duplique l'image, la British adopte le style.

Samantha commence par le regard. Le blason de Brigitte Bardot, son détonateur. Elle a enrichi le regard noir et aguicheur des sex-symbols du cinéma muet comme Theda Bara, Pola Negri, Clara Bow ou Louise Brooks d'un apport personnel : l'étirage du regard vers les tempes. D'où vient cette idée ? Avant Bardot, une des premières femmes à avoir adopté l'arme fatale est Victoire Doutreleau, le mannequin vedette de Dior. « Mes yeux étaient petits, il fallait les étirer, raconte Victoire. En 1953, lorsque je suis entrée chez Dior, j'ai utilisé un trait de crayon noir, puis du gris. Mal posé, mais j'ai perfectionné. L'année suivante, en 1954, le magazine *Elle* lançait l'œil de biche et Nicole de Lamargé, le premier mannequin junior, l'a adopté[2]. »

Douze minutes de travail expert pour Samantha Chapman. Crayon cendre travaillé aux doigts, ombre à paupière charbon posée et estompée au pinceau biseauté, puis allongée avec un cotontige, eye-liner au ras des cils, mascara épais, faux cils, re-mascara, Samantha accomplit avec dextérité une série d'opérations complexes. Les exégètes, qui rangent B.B. dans la catégorie du « classic sexy », admirent sa grammaire indolente.

« Bien sûr, je ne vais pas me transformer en Brigitte Bardot, je ne lui ressemble pas et peu d'entre nous lui ressemblent, marmonne Chapman en estompant le khôl des doigts. Mais je recrée un état d'esprit. » La brunette ne s'est pas transformée en Bardot, seulement en s'appropriant les attributs de Bardot, elle devient diablement séduisante. Le regard noir a une connotation aguicheuse. Le maquillage de B.B. dévoile et camoufle en même temps.

Une seule chose reste inimitable. Le regard singulier de Brigitte Bardot. Tout le monde n'a pas la chance d'être amblyope. Son œil gauche est fixe, comme en proie à la fascination. C'est irrésistible.

Ovale du visage sculpté au fond de teint mat, Samantha Chapman passe à la dernière étape en remodelant et affinant ses traits de manière spectaculaire. Les pommettes sont coloriées au blush pêche, la teinte de B.B. Samantha ne se ressemble plus. Chevelure et regard, il manque aux armoiries de Bardot la moue boudeuse. Un détail naturel chez Brigitte Bardot, qui a les dents en avant pour cause de suçage de pouce et arrondit d'un trait de crayon l'arc de Cupidon. Même geste que Marilyn Monroe employant, elle, trois rouges brillants de nuances distinctes. La bouche Bardot requiert un fard mat et chair, la bouche agrandie est arrondie par le trait de crayon. Samantha a terminé. Le résultat est bluffant. La fille au visage carré s'est transformée en prédatrice pleine de mystère. Les yeux agrandis, elle fixe la caméra qui semble troublée par le regard insistant. La nuit sera sexuelle.

Des vidéos comme celle-là, il en existe des dizaines sur le Web. Aux quatre coins du globe, des filles entre quinze et trente ans se filment dans une chambrette, une cuisine ou un salon et reproduisent le dispositif de séduction initié par Brigitte Bardot. Dans les décors les plus triviaux, les traits d'Asiatiques, d'Indiennes, d'Anglaises, d'Italo-Américaines, de Russes se métamorphosent petit à petit en personnalités dramatiques. Si B.B. avait déposé à l'INPI son maquillage, elle figurerait au classement Forbes des grandes fortunes.

La figure de Brigitte Bardot appartient à une banque de données internationale, une encyclopédie du déjà-vu dans laquelle des femmes en quête de modèles, en particulier les femmes d'affaires du mannequinat, les chanteuses, les directeurs artistiques, les publicitaires puisent sans vergogne. La plupart n'ont jamais vu un film de Bardot, certaines ignorent l'orthographe de son nom (Bridget Bardot pour Mademoiselle Todossomosprincesa, Brigette Bardot pour Mademoiselle Bjonessstyle) et manquent même de photos authentiques au point que pour réaliser un maquillage Bardot, Mademoiselle Glitterdollz7 utilise une publicité montrant… Kate Moss arrachée dans un journal : elle duplique la copie. Comme ses copines ayant appris à se bardoïser en imitant la blogueuse Anna Saccone qui décortique avec méthode la panoplie B.B. vestiaire compris, elle la réinterprète à son tour avant d'offrir son enseignement. Amy Winehouse est une ultra-Bardot : toute sa panoplie lui est empruntée. Le trait d'eye-liner, la choucroute, le rouge à lèvres, les mini-shorts, les robes new look étranglant la taille, les corsaires, les bandeaux dans les cheveux, les scènes avec le fiancé, les penchants suicidaires, le trash : tout est référencé dans le catalogue B.B. Winehouse (ou sa styliste) n'a eu qu'à passer commande et à surdimensionner jusqu'à la caricature tout en inversant un ou deux codes. La peau très blanche remplace le hâle, le blond devient brun. Le marketing mainstream exige l'efficacité instantanée, le retour sur investissement immédiat : ce qui a marché pour Bardot marchera pour d'autres.

La fabrique postmoderne de stéréotypes dénaturés débouche toujours sur des préconisations cosmétiques (Bourjois, Chanel en particulier) ou vestimentaires proposées à des filles qui n'ont pas connu le modèle original. Du projet d'émancipation qui semblait accompagner les premières heures du règne de B.B. ne reste que l'hyperconsommation. La société marchande recycle jusqu'à l'usure les vieilles recettes.

L'impact de Bardot a été considérable en Grande-Bretagne, où se sont recrutés les premiers bardolâtres. Sans le portfolio de Brigitte Bardot, une Kate Moss n'existerait pas. Redisons-le, c'est pour Brigitte que l'expression « sex kitten » a été forgée. Elle a été le rêve n° 1 d'une génération d'Anglais et le modèle des Anglaises dès les années soixante. Son influence ne s'est pas démentie jusqu'à aujourd'hui. Brigitte, avant même d'accéder à la notoriété, suscita l'engouement d'un peuple charmé par son sex-appeal *so frenchy*. Lorsqu'il vit la jeune femme à Cannes le 21 avril 1953 sur le porte-avions *USS Midway*, le journaliste Mosley, du *Sunday Times*, comprit qu'elle était plus qu'une starlette venue tenter sa chance, et il fit son éloge. Bardot accompagnait son mari et le photographe Michou Simon envoyés par *Paris Match* pour rencontrer Leslie Caron. Mêlée aux stars telles que Gary Cooper, Lana Turner ou Kirk Douglas, la jeune Française en imperméable clair passa inaperçue jusqu'à ce que les photographes la poussent sur le podium. Trois mille cinq cents marins la regardaient. « Elle laissa tomber son imperméable, apparut dans une robe de petite fille très ajustée et, d'un mouvement vif, fit voler sa queue-de-cheval. Il y eut une seconde de silence, le temps du déclic entre la foule des mâles et la silhouette illuminée. Puis un éclair et un tonnerre jaillirent du *Midway* : des milliers de flashs et un cri d'enthousiasme surpassant en volume vocal les acclamations qui venaient d'être dédiées à toutes les gloires de l'écran réunies » raconta le très sérieux Raymond Cartier dans *Paris Match*[3]. L'hebdomadaire diffusa la photo mais aussi la presse britannique, charmée par l'aplomb et la jeunesse de Brigitte.

À cœur joie

En 1963, le *New Musical Express* demande aux Beatles de remplir leur fiche biographique. À la rubrique « actrice favorite » Paul McCartney inscrit « Brigitte Bardot ». Ringo Starr écrit « Brigitte Bardot ». George Harrison choisit « Brigitte Bardot ». Seul John Lennon indique « Juliette Gréco ». Quel cachottier ! Des quatre, il fut le plus ardent fan de B.B. Adolescent, dans *Reveille*, un tabloïd très populaire, il découpait chaque semaine la page centrale qui livrait un morceau du corps de Bardot. Reconstitué, le puzzle la représentait grandeur nature dans une pose de pin-up que John contemplait chaque soir au plafond de sa chambre. Son addiction dura bien une quinzaine d'années selon son meilleur ami Pete Shotton[4]. L'énergie androgyne de Bardot l'électrisait : l'aplomb d'un homme avec les courbes d'une femme. Étudiant aux Beaux-Arts, il l'idolâtrait au point que, selon son biographe Ray Coleman, durant les six premiers mois de ses études, il ne cessa de dessiner un night-club avec une fille au bar qui ressemblait à B.B. Toutes les filles étaient jugées à l'aune de Bardot, son idéal féminin. Pour lui ressembler, Cynthia Powell, première épouse de Lennon, laissa pousser ses cheveux et les colora en blond avec un produit de la marque Hiltone dont le slogan est « Les hommes préfèrent les blondes ». « Son image de la femme idéale était Brigitte Bardot. Je me suis très vite retrouvée moulée dans le même genre de vêtements et de coiffure qu'elle. Je venais juste de troquer mon look de secrétaire contre un genre plus bohème lorsque j'ai rencontré John mais sous son influence une autre métamorphose s'est produite. Cette fois, le point fort était une longue chevelure blonde, des pulls noirs étroits, des jupes plus courtes, des talons aiguilles et touche finale, un porte-jarretelles avec des bas résilles noirs » a raconté Cynthia.

Toutes les petites amies des Beatles ont dupliqué la sémiologie de Bardot. George Harrison compara sa femme Pattie Boyd à B.B. tandis que McCartney poussa son amie Dot Rhone à se laisser pousser les cheveux. Comme Marianne Faithfull, quantité de jeunes Anglaises clonèrent B.B. Juste retour des choses, la blonde décolorée, archétype de la petite Anglaise des années soixante, sera très recherchée ensuite par les collégiens français qui traverseront la Manche pour perfectionner leur langue.

En 1967, dessinant la maquette de la pochette de *Sergent Pepper's Lonely Hearts Club Band*, McCartney imagina les quatre Beatles devant un mur couvert de portraits de leurs héros parmi lesquels un poster géant de Brigitte Bardot. Bien qu'elle fût dessinée dix fois plus grande que n'importe quel autre des personnages, elle ne figure pas sur la pochette définitive, finalement réalisée avec Diana Dors, une autre bombe blonde n'ayant jamais été une héroïne des Beatles.

Curieusement, toutes les tentatives de rapprochement Bardot-Beatles ont été piteuses. Lors de leur premier voyage à Paris, les quatre musiciens demandent à la rencontrer. Leur maison de disque française la remplace par une grande boîte de chocolats accompagnée d'une carte. « Hélas, Mlle Bardot est retenue au Brésil. Nous espérons que ces douceurs vous consoleront. » En 1966, Brigitte Bardot est à Londres pour tourner *À cœur joie*. Comme d'habitude, elle a fait engager ses copines, Monique Faye, Sveeva Vigeveno, Carole Lebel. Un soir, elle leur propose de dîner avec les quatre Beatles. Seul Lennon est libre. Impressionné, il avale un acide et la rejoint dans le restaurant branché où elle a réservé. Ses trois copines l'accompagnent. Aucune ne parle convenablement anglais, tandis que John ne parle pas du tout français. Toute la soirée, incapable d'articuler, il répète stupidement « hello », tandis que Brigitte bavarde avec ses amies. La rencontre lui laisse si peu de souvenirs qu'elle ne la mentionne pas dans ses mémoires.

Bardot & sœurs

Annette Stroyberg ~ Carole White ~ **M**ylène **D**emongeot ~ **C**atherine **D**eneuve ~ **Jane Fonda** ~ Ann-Margret ~ **C**ynthia Lennon ~ Pattie Boyd

~ **Mick Jagger** ~ Marianne Faithfull ~ Farah Fawcett ~ **Kim Basinger** ~ **Claudia Schiffer** ~ *Muriel Moreno*, chanteuse de Niagara ~ Melanie Griffith ~ Samantha Fox ~ **Arielle Dombasle** ~ **Kylie Minogue** ~ Pamela Anderson ~ Kate Moss ~ **Gisele Bündchen** ~ Loana ~ **A**my **W**inehouse ~ Lara Stone

Initials B.B.

> « Qui s'avise de devenir amoureux d'une reine, à moins qu'elle ne fasse des avances ? »

À Saint-Tropez, l'atmosphère n'est plus la même. Un soir, Francine accompagne Brigitte à une fête donnée à l'Épi-Plage, sur la plage de Pampelonne. Sur un parking sablonneux à la végétation grillée, Francine dénombre une demi-douzaine de Rolls. On se croirait chez le concessionnaire de Levallois-Perret ! Saint-Tropez ne se ressemble plus. Dans les petites épiceries, fromage de brebis et olives cèdent la place au champagne et au saumon fumé. À deux pas de la place des Lices, un milliardaire libanais vient d'ouvrir un hôtel de luxe, le Byblos, dont Brigitte est la marraine. La légende raconte que la construction du palace est un prétexte pour la rencontrer. « L'élite internationale qui l'assiégera trouvera chez nous le confort et le luxe auxquels elle aspire » a déclaré le maire de Saint-Tropez le soir de l'inauguration... La beauté du site n'est-elle plus assez rare ?

Assis sur le gazon, un garçon au visage pâle peine à garder les yeux ouverts. Complètement rétamé. La propriété d'Albert Debarge, patron d'un laboratoire pharmaceutique, déborde d'une faune si étrange que l'arrivée de Brigitte, qui suspend toujours un instant les conversations, passe presque inaperçue. Sur la piste, des filles vêtues de jupes gitanes en liberty ou d'anciennes robes de dentelle paraissent à peine capables de tenir debout.

> *Picture yourself in a boat on a river,*
> *With tangerine trees and marmalade skies.*
> *Somebody calls you, you answer quite slowly,*
> *A girl with kaleidoscope eyes.*

La musique contribue à brouiller les repères de Francine. Des harmonies psychédéliques comme sur le *Sergent Pepper* des Beatles. La plupart des albums sortis cette année, Kinks, Doors, Mammas and papas, Pink Floyd, Beach Boys, Bowie, Canned Heat, Grateful dead, Jimi Hendrix, Jefferson Airplane proposent des ambiances planantes qui communiquent à Francine une angoisse indéfinissable. Habituée de la nuit, elle a ouvert deux night clubs avec son premier mari, à Royan et Courchevel. Ce qu'elle ressent ce soir, elle ne l'a jamais éprouvé.

La guerre des Six Jours semble marquer la fin d'une période allègre. La star du moment, c'est le général Moshe Dayan, un bandeau sur l'œil gauche à la une de *Match*. Entre le 5 et le 10 juin 1967, l'état hébreu a triplé sa superficie : l'Égypte a perdu la bande de Gaza et la péninsule du Sinaï, la Syrie le plateau du Golan et la Jordanie, la Cisjordanie et Jérusalem-Est. « Ces derniers jours, l'Europe s'est débarrassée, en un sens, de la culpabilité contractée dans le drame de la Seconde Guerre mondiale et, avant cela, dans celui des persécutions qui ont accompagné la naissance du sionisme » écrit *Le Monde*. La guerre éclair au Moyen-Orient a jeté une ombre sur l'euphorie ambiante. À Saint-Tropez, le milliardaire libanais a précipitamment revendu le Byblos à un autre milliardaire, français celui-là. Le 26 juin, l'actrice Françoise Dorléac s'est tuée entre Saint-Tropez et l'aéroport de Nice. Après avoir percuté un poteau électrique, la sœur de Catherine Deneuve est morte brûlée vive dans une R8 Gordini. Une belle fille moderne, douce et abrupte à la fois.

Plus que la guerre au Proche-Orient, plus que l'insécurité routière, la drogue effraie Francine. Tout le monde en parle, pas seulement les Beatles dans leurs chansons. Lors de l'arrestation à Londres de Keith Richards, Mick Jagger et Marianne Faithfull, la police a trouvé dans leur maison de l'héroïne, de la marijuana et dans la poche de Jagger deux pilules d'amphétamines. De nouvelles substances se répandent. Le sud de la France, par lequel transite la marchandise de la French Connection avant d'être expédiée aux États-Unis, ne manque ni d'héroïne ni de LSD. On raconte que dans les soirées, des filles sont droguées à leur insu. À Gassin, Rita Renoir, la plus célèbre des strip-teaseuses du Crazy Horse, joue une pièce d'avant-garde de Picasso, *Le Désir attrapé par la queue*. Bikini de cuir et cuissardes noires, elle provoque un public fumeur de pétards.

L'époque où un feu de bois sur la plage, une guitare et des langoustes pêchées par un copain transportaient Francine semble loin. Pour dissoudre sa mélancolie, elle avale une gorgée amère de planteur au pamplemousse dans lequel le barman a oublié le sirop. Sa voisine, une Anglaise en djellaba de soie rabat une frange sur un front moite d'une main mécanique chargée de bagues compliquées. Dans une mini-robe architecturée, l'amie de Brigitte se sent mal à l'aise. Son vestiaire appartient au passé, lui aussi.

Où est Bribri ? S'il y a bien une femme que Francine aime plus que tout, c'est elle. Jamais elle n'oubliera leur première rencontre à Méribel. Son empreinte est inscrite dans ses cellules. Francine venait de perdre son mari. Sur le seuil du chalet, Brigitte l'avait enveloppée dans une étreinte aussi douce et légère qu'un édredon. Non seulement le corps à corps tendre la réconfortait comme si Brigitte absorbait une part de sa détresse, mais il lui communiquait une énergie tonique renvoyant du côté de la vie.

Où est passée Brigitte ? Elle a le chic pour se cacher. À cette heure, les garçons de plage ont fermé les parasols et rentré matelas et chaises longues. Près de la piscine d'eau de mer, Francine aperçoit Françoise Sagan remontant de la plage, escarpins à la main, en compagnie d'une jeune femme blonde qui n'est pas Brigitte. Devant la piscine d'eau douce, le frère de Françoise caresse la joue d'une fille aux yeux cernés qui n'est pas Brigitte. Proche de Madame Claude, la gestionnaire d'un réseau de call-girls, le frère de Sagan approvisionne Debarge dont il est le factotum. L'air embaume encore le parfum fumé d'eucalyptus dont les jardiniers brûlent les feuilles après la saison. Francine, sentant de nouveau l'angoisse l'étreindre, cherche du regard la tache argentée de la mini-robe de Brigitte. Lorsqu'elle est sortie de sa chambre, un peu plus tôt, Francine a eu un coup au cœur. Dans la lumière chaude de fin d'été, son amie rayonnait, plus belle que jamais. Brigitte est là-bas, au bout du ponton. Elle parle avec Josiane, la jeune amie d'Albert Debarge[1] et Philippe, un des fils d'Albert, qu'elle décoiffe en riant. Tandis qu'ils remontent tous quatre vers la maison en chahutant, Francine propose à Brigitte de rentrer. Les deux femmes détestent la drogue qui semble en libre circulation. « Reste près de moi, ordonne Brigitte avec une fermeté affectueuse. Tant que tu seras à mes côtés, il ne t'arrivera rien. » Un demi-siècle plus tard, Francine se remémore l'effet magnétique de la transfusion de bien-être qu'elle a ressenti lorsque Brigitte lui a pris la main avec gentillesse.

Brigitte Bardot possède une vitalité vibrante. Certaines femmes ont exercé sur leur temps une influence peu ordinaire grâce à leurs capacités intellectuelles : Marie Curie, Simone Weil, Simone de Beauvoir, d'autres avec leur talent ont embelli la vie comme Maria Callas. Brigitte Bardot, elle, est dotée d'une énergie solaire de qualité extra-fine, d'une présence vivifiante et contagieuse qui a enchanté les années soixante.

Micmac Saint-Tropez

C'est à l'Épi-Plage, en septembre, que commence l'enregistrement du show Bardot, ultime et charmante carte postale du gaullisme finissant, un des plus jolis cadeaux offerts par Brigitte aux Français. Avec une Cameflex 35 millimètres, Eddy Matalon a déjà filmé trois séquences, l'une à Port-Grimaud, une autre à la Madrague, la troisième sur le vieux port dans la boutique Micmac inaugurée au printemps, bâche bleue avec de grosses lettres blanches. Gunter en est actionnaire avec Michel Faure, frère de sa première femme. On y commande des T-shirts de toutes les couleurs avec son prénom en lettres thermo-collées. Une excellente affaire, aussi populaire que les glaces Popoff de M. Cotos, qui sur le port hèle les clients à l'aide d'une cloche. Gunter, lui, les hèle avec des *fashion models*, réalisant les photos publicitaires de la marque. Un bon prétexte pour rencontrer des mannequins, pense sa femme.

Pour célébrer le trente-troisième anniversaire de Brigitte, une fête est organisée chez Albert Debarge. François Reichenbach a invité Manitas de Plata pour animer la soirée. Reporter vedette du voyage new yorkais de B.B. pour la promo de *Viva Maria*, Bob a demandé d'être le réalisateur du show avec Eddy Matalon[2]. Lorsque Brigitte l'a vu débarquer avec la Cameflex aussi bruyante qu'un sèche-cheveux, elle a soupçonné Bob d'avoir recruté des amateurs d'autant que Reichenbach n'utilise qu'une caméra 16 millimètres[3]. Une régression aux temps préhistoriques où son père la filmait avec une Pathé Baby.

Gunter est absent. S'il boude, c'est que Brigitte, qui se sait ou se croit trompée, se venge. Non seulement elle refuse la cohabitation avec son mari avenue Foch mais sur le tournage d'*À cœur joie* en

Écosse, elle a fait affaire avec son partenaire Michael Sarne. À Rome, elle a quitté le tournage des *Histoires extraordinaires* au bras d'un certain Pierre, assistant de Louis Malle. « L'amour est la plus grande illusion. Au moment où l'on croit partager le monde entier avec quelqu'un, on est en fait complètement seul. C'est l'expression suprême de l'égoïsme. Comme le dit Graham Greene, lorsqu'on est follement amoureux, on ne voit dans les yeux de l'autre que son propre reflet » déclare-t-elle au *Sunday Times*.

Né dans la grande bourgeoisie allemande, élevé au collège du Rosey avec les rejetons du Gotha, héritiers des trônes industriels ou des antiques monarchies, Gunter Sachs est mieux éduqué et plus cultivé que sa femme. Sa vie mondaine de financier international exige qu'il côtoie la *cafe society*, de Marie-Hélène de Rothschild à Georges Pompidou en passant par Salvador Dalí ou les Grimaldi. Grace Kelly, que Brigitte surnomme « Son Altesse Frigidaire », est sa voisine, avenue Foch, comme l'ambassadeur de Grèce. Ce n'est pas du goût de Brigitte, trop sauvage pour se plier aux lois mondaines.

« Je n'ai vécu que des passions » déclare-t-elle tristement dans le *Sunday Times* en 1967. « Le coup de foudre est à la fois extatique, douloureux et désespéré. »

À Bazoches où elle passe les week-ends, Bob Zagury vient lui tenir compagnie. Elle est irrésistible. « Bardot était belle comme tout dans sa robe-tablier en daim gris. Plus belle que sur les photos, ou plus belle que dans les mots, et en ce sens, je n'étais pas du tout d'accord avec Antonio, notre valet de chambre espagnol, qui avait mis sa veste blanche et devait se déclarer déçu[4] » rapporte Bernard Frank qui la rencontre chez Françoise Sagan.

Le projet de show produit par Bob avance. Pour compléter les textes de Jean-Max, la maison de disques en commande à Serge Gainsbourg qui signe le tube de l'été, *Les Sucettes*, chanté par France Gall. Si les albums de Gainsbourg n'ont guère de succès, il écrit pour les autres avec talent. Il a déjà travaillé pour Bardot. En 1962, il a composé deux twists pour elle, *Je me donne à qui me plaît* et *L'Appareil à sous* avec un texte à double sens :

> *Tu n'es qu'un appareil à sou-pir*
> *Un appareil à sou-rires*
> *À ce jeu je ne joue pas [...]*
> *On ne gagne que des gros soupirs*
> *À vouloir t'assouvir*[5].

« B.B., c'est bon pour ma cote » déclare-t-il cyniquement dans le journal *Combat*.

Pour son show télévisé *Bonne année Brigitte* de l'année 1965, Brigitte enregistre deux nouveaux titres de Gainsbourg, *L'Omnibus* et *Bubble-gum*, qui semblent résumer son éthique amoureuse.

> *Aimer toujours le même homme*
> *C'est des histoires à la gomme [...]*
> *Tu as perdu ta saveur*
> *Comme mon bubble bubble-gum*[6].

Brigitte Bardot fait partie des fantasmes affichés par Gainsbourg. Depuis qu'il a tourné avec elle en 1959 dans *Voulez-vous danser avec moi ?* de

Michel Boisrond, il exhibe sur son piano une photo d'elle alors qu'ils se sont à peine croisés. Les journalistes en visite remarquent l'intrigante photo qu'ils mentionnent dans leurs articles. Avenue Paul-Doumer, le 6 octobre 1967, Gainsbourg apporte la première des nouvelles compositions destinées à Brigitte. Il se met au piano et chante *Harley Davidson*, puis propose à la jeune femme de chanter à son tour. Depuis Brando dans *L'Équipée sauvage*, film d'une incomparable aura pour les gens de cette génération, les sex-symbols indexent leur image sur celle de la moto : Elvis Presley, James Dean, Marilyn Monroe, Mick Jagger... Symbole de puissante énergie sexuelle, la moto permet le déferlement fétichiste des fringues en cuir, du sexe et de la pop music. Les films de *bikers* ont le vent en poupe. Aux studios de Shepperton, Alain Delon tourne *La Motocyclette* avec Marianne Faithfull. Les films mettant en scène des motards vêtus de cuir se multiplient : *Scorpio Rising* de Kenneth Anger, *The Leather Boys*, un film underground anglais de Sidney J. Furie, *Motorpsycho* de Russ Meyer ou quantité de films de série Z inspirés par les *hell's angels* qui commencent à déferler sur la Californie.

La moto, ce n'est pas du tout son truc, à Bardot, surtout à jeun. Et puis Gainsbourg est intimidant comme tous les timides. Elle tente de chanter mais elle est mal à l'aise. Pour la décoincer, Gainsbourg propose une pause champagne. C'est un truc que les gens font toujours avec elle : à seize ans déjà, pour désinhiber la gamine réservée, on la faisait boire. Une coupette et Brigitte pétille. Ses parades irrésistibles devant les objectifs doivent beaucoup au piquant des bulles. Bardot et Gainsbourg n'arrêteront plus de vider des bouteilles. Après avoir envoyé à Brigitte une caisse de Dom Pérignon qu'ils écoulent soir après soir, Gainsbourg vient lui faire répéter ses chansons. Comment parvient-il à séduire une femme qui préfère les hommes jeunes et beaux ? « Le charme de Serge a opéré au cours des répétitions d'une chanson pour le show Bardot. Dans le monde du spectacle ce n'est plus un secret pour personne. Voilà les méfaits (ou bienfaits, c'est un point de vue) du charme slave[7] », écrit le père du séducteur, Joseph Ginzburg, le 31 octobre 1967, à une de ses filles. Le charme slave, vraiment ? Peut-être. Ou bien le désir, pour Brigitte, de reprendre le dessus sur un mari qu'elle ne parvient pas à dominer et qui la trompe. Sa relation avec Gunter tourne au duel. Si Gainsbourg joue d'un œil implorant dans un visage railleur, mêlant timidité et arrogance, c'est Bardot, femme d'initiatives, qui mène les opérations. Lors d'un dîner avec un couple d'amis, elle lui fait des avances sous la table en lui prenant la main.

Le chanteur vient de se séparer de sa seconde épouse Françoise dont il a eu deux enfants, Natasha et Paul[8]. Depuis son divorce, il mène une vie de célibataire à carnet d'adresses dans un studio à la Cité des Arts : une fille chaque soir. Installé avenue Paul-Doumer, Gainsbourg compose au fur et à mesure : après *Harley Davidson*, *Contact* et *Bonnie and Clyde*.

Serge et Brigitte apparaissent ensemble une première fois dans le *Sacha Show* du 1er novembre 1967, interprétant une chanson qu'il a signée : *La Bise aux hippies*. On les croise au King Club, au

Keur Samba, à La Calavados, chez Régine. Elle porte un manteau en panthère de Somalie, lui un costume mao griffé Cardin. 1967 est l'année du *Petit Livre Rouge* publié par les éditions Maspero, de *La Chinoise* de Jean-Luc Godard et des premiers comités Vietnam dans les lycées. Serge sort le grand jeu slave, soupers chez Maxim's ou au cabaret Raspoutine où il distribue aux Tziganes des billets. Ils boivent beaucoup, beaucoup de champagne. De plus en plus appuyé, le maquillage de Brigitte cache les cernes.

Lettre de Joseph : « Lucien exulte... "La plus belle fille du monde, on m'envie de tous les côtés !" Il y a de quoi ! Mais il a ajouté : "Il ne faut pas que je tombe dans le panneau", sous-entendu : "Si je tombe amoureux, je vais souffrir." »

À la mi-novembre, le chanteur téléphone à Jacques Chancel, chroniqueur vedette au quotidien *Paris-Jour*. Le procédé est roublard : Serge Gainsbourg affecte de s'indigner d'un écho. Le journaliste a rapporté que Brigitte Bardot et Serge Gainsbourg passaient leurs soirées ensemble au King Club. « Tout le monde va me prendre pour un dragueur », se plaint hypocritement Gainsbourg. Le stratagème est couronné de succès : Chancel rapporte l'intégral de leur conversation dans l'édition suivante de *Paris-Jour*. En soufflant sur les braises, Gainsbourg donne un éclat plus grand à sa prestigieuse idylle. Comme toutes les vedettes, Brigitte et Gainsbourg manipulent leur environnement à travers les médias. Le chanteur n'a pas encore l'aura de la star, mais il y travaille.

Le tournage du show se déroule aux studios de Boulogne où Brigitte arrive habillée, maquillée, coiffée ou perruquée... par elle-même au volant d'une Morgan, accessoires rangés dans une vieille sacoche de médecin. Gainsbourg l'aide à choisir des tenues commandées chez Paco Rabanne, Mohanjeet, Biba ou Jean Bouquin. Faute d'habilleuse, elle puise dans sa garde-robe et sa collection d'accessoires. S'improvisant styliste, Gainsbourg érotise le personnage de B.B., lâchant la bride à son fétichisme

Pour commencer, Bardot recycle les cuissardes de Rita Renoir. Dans *Harley Davidson*, un clip érotique de série Z, elle est habillée en Vince Taylor de cabaret, cuir noir et moto, vêtue seulement d'un gilet de cuir ceinturé sur une blouse en crêpe. Les cuissardes sur mesure de Roger Vivier deviennent sa marque de fabrique. Étrennées en Écosse sur le tournage d'*À Cœur joie* sous la forme caoutchoutée de bottes de pêche[9], les cuissardes sont un instrument de prédateur paradoxal. Armure de conquête étanche, elles allument le désir cependant qu'elles y font obstacle. « Dispositif spectaculaire de la séduction qui, comme toujours, cache ce qu'elle prétend dévoiler, elles autorisent aux femmes un jeu délicieusement pervers : à la fois appel et retrait, elles invitent et interdisent en même temps, armures de cuir constituant un rempart au désir même qu'elles provoquent, bottes de sept lieues qui renient les hommes coureurs, certes, mais toujours battus d'avance[10] » écrit le philosophe Dominique Quessada.

Outil de conquête et de domination, la cuissarde promet plus qu'elle ne tient, cache plus qu'elle ne dévoile, à l'image de Bardot qui semble ne rien cacher et dissimule tout. Experte en science halieutique, elle pratique l'art d'attirer les regards dans les collets du désir et en use parfois avec cruauté, comme Gainsbourg va l'apprendre à ses dépens. Elle prend, elle ne se donne pas.

Chaque chanson exige deux jours de tournage. Eddy Matalon a remplacé Reichenbach, parti réaliser un portrait d'Orson Welles. Bardot s'amuse à fabriquer une émission qu'elle a en partie écrite, suggérant les cadrages à un Matalon inexpérimenté. « Il y avait parfois des tensions sur le plateau. Travailler avec une star n'est jamais facile. Elle voulait savoir où se plaçait la caméra. Je négociais[11] » raconte Matalon qui débute. Il tourne les plans deux fois, la première à sa manière, la seconde en respectant les directives de l'actrice, triant loyalement au montage. Pour une fois, Brigitte, qui laisse libre cours à son imagination, est maître du jeu. Elle est son propre metteur en scène.

Aux studios de Boulogne, les photographes sont plus nombreux que les membres de l'équipe d'Eddy. La plupart sont des copains de Brigitte. « Elle exigeait de voir les photos, rejetant celles qui lui déplaisaient. Copain ou pas » dit Matalon, qui observe à distance. Entre les prises, elle se remaquille dans un coin du studio à l'aide d'un miroir minuscule. À quoi ressemble-t-elle sans fard ? Au naturel, Monroe était une petite fille frêle et très jolie. Pas d'instantané de Bardot avec un visage nu, à l'exception peut-être d'une photo de

Christian Brincourt prise sur le plan d'eau de Bazoches. Allongée dans une barque, Bardot y est quelqu'un d'autre. Une belle fille nordique vivant à la campagne, par exemple. Pas la femme fatale qu'elle peint dans sa glace de poche aux studios de Boulogne.

Sa posture pour *Bonnie and Clyde*, jambes écartées buste en arrière, provoque un vif émoi à chaque fois qu'elle rattache à la jarretière le bas couleur chair. Parfois le haut de la cuisse apparaît quelques secondes. À la fin de la journée, l'équipe narquoise regarde Brigitte embarquer les accessoires de tournage, vieille lampe rétro ou coussin, avant de quitter le studio d'un sonore « Adieu Berthe » ou « *Ciao !* »[12].

Aussitôt l'émission enregistrée, le 28 novembre, une Brigitte dans son luxueux manteau de panthère débarque à l'aéroport d'Heathrow en compagnie de Gunter : Madame rentre à la maison.

Brigitte et le Général

Quelques jours avant la diffusion du spectacle, Bardot et Sachs sont invités à une réception à l'Élysée le 7 décembre 1967. « Brigitte fut très fière ; comme elle n'y était jamais allée, elle a posé l'invitation sur sa coiffeuse pour pouvoir la regarder. Bien entendu, nous avons accepté. Puis, comme la date approchait, elle ne voulait plus y aller. J'ai dû insister » raconte Gunter Sachs[13]. Jamais encore Brigitte n'a rencontré le général de Gaulle qu'elle a élu et admire tant que la timidité la paralyse. Pour la rassurer, Gunter demande à ses amis Guy et Marie-Hélène de Rothschild d'organiser un souper avec le Premier ministre Georges Pompidou et sa femme Claude. Au dessert, Pompidou, plein d'humour et décontracté, propose de faire une répétition. Les Pompidou prennent la place du Général et de sa femme, tandis que Guy et Marie-Hélène de Rothschild tiennent le rôle des aides de camp. Tout se passe à merveille. Mais comment Brigitte va-t-elle s'habiller ? « Comme ce soir. Vous êtes ravissante » ordonne le premier ministre. Chez Micmac, elle a choisi le costume Sergent Pepper, pantalon noir et veste à brandebourgs or imprimés dans le tissu[14].

Au cours de la soirée des Arts et lettres de 1967, le président de la République reçoit les chanteurs Luis Mariano, Colette Renard et Barbara, les acteurs Jean-Paul Belmondo, Fernandel, Annie Girardot. La star, c'est Brigitte Bardot en colonel des hussards. Jamais dit-on une femme n'est entrée à l'Élysée vêtue d'un pantalon.

Dans la soirée, Gunter et André Malraux évoquent le peintre Fautrier qu'ils collectionnent tous deux. Les œuvres de Fautrier, qui travaille par couches épaisses, sont si fragiles qu'André Malraux ramasse de petites écailles sous la toile accrochée au mur de son bureau, rue de Valois. « Si vous les mettez dans une petite boîte, vous aurez une petite boîte pleine de culture » suggère Bardot, malicieuse[15].

Entre-temps, Bardot a passé commande à Gainsbourg d'une chanson d'amour. Un matin, avenue Paul-Doumer, il lui joue *Je t'aime moi non plus* composée durant son absence. Sur des arrangements de Michel Colombier, ils l'enregistrent le

10 décembre 1967 au studio Barclay, avenue Hoche. Les premières prises sont si piteuses que la séance est reportée au lendemain. Main dans la main, un micro dans l'autre, ils recommencent. Selon l'ingénieur du son William Flageollet, « c'est Bardot qui a un petit peu débloqué Gainsbourg – ils étaient très près l'un de l'autre et sans aucun geste réprouvé par la morale... la séance a été chaude – ils se sont fait des câlins, on a baissé les lumières...[16] ».

Le 12 décembre, Gunter peut lire dans *France Soir* que Brigitte et Gainsbourg ont enregistré une chanson d'un érotisme torride « 4 minutes 35 de râles et de cris amoureux ». Europe 1 la diffuse aux informations de midi[17]. *Je t'aime moi non plus* doit sortir en quarante-cinq tours deux titres chez Philips, avec *Comic strip* en anglais sur l'autre face[18].

Techniquement, c'est suicidaire. Au lieu de construire un lien avec Gunter, elle le détruit. Lui se fâche. Appartenir à l'aristocratie industrielle allemande oblige au respect de codes guindés. Si le conseil d'administration de la firme Fichtel & Sachs est présidé par son frère aîné Ernst-Wilhelm, Gunter touche de substantiels dividendes et ne peut heurter la pruderie des dirigeants. Déjà, il a dû renoncer à siéger au conseil de surveillance. Son oncle Fritz von Opel ne s'est pas privé de critiquer ses nombreuses conquêtes féminines jusqu'à ce qu'un tabloïd lui remémore son propre tableau de chasse avec une photo de lui et Jenny Jugo, la vedette du cinéma allemand des années trente qui avait été sa maîtresse.

Que Mme Sachs von Opel enregistre un tube déluré avec un vulgaire chanteur est une limite que son époux ne peut franchir. Si Gunter la trompe, c'est avec discrétion. En s'affichant avec un mec diablement vilain en plus, elle ridiculise son mari. Gunter pose un ultimatum. En tout cas, c'est la raison qu'invoque Brigitte dans une lettre suppliant Gainsbourg de ne pas diffuser *Je t'aime moi non plus*. La récréation est terminée. Gainsbourg est chassé de la datcha Doumer.

Gunter emmène Brigitte fêter Noël dans son chalet de Gstaad avec son fils Rolf, douze ans, puis le couple rentre à Paris pour voir en direct le show Bardot le 1er janvier 1968. Dans sa garçonnière de l'avenue Foch, Gunter a convié quelques amis qui regardent sa femme lui chanter droit dans les yeux *Ce n'est pas vrai*, adressée à un mari volage :

Ce n'est pas vrai
Tu le paieras
Tu peux compter sur moi[19].

Les amis de Gunter applaudissent les apparitions de Brigitte dont les qualités de chanteuse sont louées. Le show, il est vrai, est réussi. Magnifique femme de trente ans, elle est plus séduisante que jamais. Sa physionomie change : la gamine ingénue fait place à une vamp au sex-appeal surligné.

Les chatoyants exercices de style de Serge Gainsbourg célèbrent son érotisme tandis que de fraîches chansons de Jean-Max Rivière et Denis Bourgeois expriment la nature vénusienne de Bardot. C'est *Le Soleil*, aquatique carte postale de trois minutes quatorze, qui résume le mieux son univers et sa douceur. Aux yeux affectueux de

Jean-Max, sa petite amie d'enfance est une femme tendre éprise de nature, pas une attraction sexy. Petite-fille de Colette plutôt que cousine de Jane Mansfield. Et il n'a sans doute pas tort. La femme sexy n'est qu'un rôle qu'elle a appris à jouer, dissimulant une nature émotive. Avenue Foch, chaque apparition de Gainsbourg dont la laideur met mal à l'aise déclenche une salve sarcastique des copains de Gunter. Si Brigitte a voulu humilier son mari, elle l'est à son tour.

Sans avoir revu Gainsbourg, Bardot s'envole vers l'Espagne pour le tournage de *Shalako*, un western avec Sean Connery. L'idylle est terminée. Gainsbourg lui a fait le coup du pacte gitan, un truc enfantin qu'il propose aux femmes. Il s'entaille la main, elle entaille la sienne et paume contre paume, ils mêlent leurs sangs. À la vie, à la mort. Il a fait cela avec Élisabeth Levitsky, sa première femme, à laquelle il restera lié jusqu'à la fin[20].

De sa large écriture de conquistador, sur le papier à en-tête de l'hôtel Aguadulce à Almería, Bardot lui adresse quelques lettres nostalgiques avant de l'oublier. À Gainsbourg, elle inspire une de ses meilleures chansons. Ex-voto capiteux, *Initials B.B.* fait surgir des visions de négresse blonde d'une bouteille d'eau de Seltz. Il y a de l'effroi dans la petite féerie baroque, la plainte crépusculaire de l'abandon suggérée par les arrangements d'Arthur Greenslade.

> *Jusques en haut des cuisses, elle est bottée*
> *Et c'est comme un calice à sa beauté*
> *Elle ne porte rien d'autre qu'un peu*
> *D'essence de Guerlain dans les cheveux*[21]

Toutes les notations d'*Initials* évoquent Brigitte Bardot. Le parfum de Guerlain, les cuissardes, *L'Amour monstre* de Pauwels qu'elle lui a fait lire, les colifichets hippies abandonnés avant le départ à Almería, beau nom sur lequel se clôt une chanson dont la musique sample *La Symphonie du nouveau monde* de Dvorak. Le texte rappelle *Les Bijoux* de Baudelaire :

La très chère était nue, et, connaissant mon cœur,
Elle n'avait gardé que ses bijoux sonores,
Dont le riche attirail lui donnait l'air vainqueur
Qu'ont dans leurs jours heureux les esclaves des Maures[22].

La conquête de Bardot vaut à Gainsbourg un pedigree de séducteur. « Il nous a dit : "J'ai perdu tous mes complexes de laid, les femmes me regardent d'un autre œil" » écrit Joseph Ginzburg à sa fille. Serge gagne en assurance et embellit. Bardot améliore les hommes qu'elle touche. Miraculeusement, ils deviennent plus sexys.

Pourtant dès qu'il a pris ma main
Ce n'était plus le même[23]

Rue de Verneuil, Gainsbourg emménage avec ses trophées. Sur un lutrin, la demande faite par Bardot de ne pas diffuser *Je t'aime moi non plus*[24]. La chanson sortira l'année suivante interprétée par sa nouvelle petite amie Jane Birkin.

Sa panoplie de Gainsbarre, blazer et Repetto blancs, semble un écho déglingué de celle de Gunter, jean-veston et mocassins blancs sans chaussettes. Dans le salon, le martial buste de Brigitte Bardot par Sam Levin pâlira au fil des années sans changer de place, comme les ceinturons hippies du show Bardot, rappelant aux visiteurs que Gainsbourg quelque temps fut en faveur.

Bien qu'à certaines époques ils aient habité à quelques mètres l'un de l'autre, Gainsbourg et Bardot ne se reverront que beaucoup plus tard, lorsque le chanteur, devenu célèbre à son tour, signera des chèques en faveur de la Fondation Bardot[25].

Si chacun a utilisé l'autre, Bardot l'a dragué et largué. Née de la vengeance d'une femme furieusement belle et célèbre, cette romance n'est qu'une des nombreuses historiettes que sa beauté valait à Bardot. Autour de cette idylle éclair, leur célébrité a brodé une légende. « Les gens veulent croire aux chimères, non à la réalité » disait Marlène Dietrich. La belle et la bête, ça frappe les imaginations. « Ils ont eu une petite histoire dans les années soixante, confirme Jane Birkin, compagne de Gainsbourg. Ça n'a pas duré longtemps, mais quand ça a pris fin, Serge en a souffert[26]. » En 1986, Gainsbourg rédige son autoportrait suicidaire pour *Le Matin de Paris* : « Adieu Brigitte, adieu Jane, adieu Bambou, adieu Charlotte », écrit-il, n'hésitant pas à inscrire Bardot au palmarès de ses veuves Clicquot.

Leurs trajectoires divergent. Lui, de plus en plus sanglé dans son personnage, finit par se confondre avec sa chimère. Gainsbarisé, il meurt tôt. Elle, à l'apogée de son règne, n'en fait qu'à sa tête et offre sa couronne aux animaux. Il a de l'ego. Elle a du caractère.

Gueule de bois

> « Divorced. Brigitte Bardot, 35, durable cinema sex kitten ; from Günter Sachs, 36, wealthy West German play-boy ; on grounds of incompatibility ; in Lenzerheide, Switzerland. »
>
> *Time Magazine*, 17 octobre 1969

Sur le chemin de terre couvert d'un long tapis rouge, des photographes nerveux comme des chihuahuas se jettent sur l'acteur à tête d'âne Jean Lefebvre costumé en ânier. Suivi d'un ânon, il accompagne Lina et Picolette, deux copines de Brigitte déguisées en Paul et Virginie. Mêlés à des musiciens gitans, Jicky et Anne Dussart font une entrée en musique avec Eddie Barclay, tous trois en bohémiens. Un motard et sa moto, un dompteur d'ours et son ours les précèdent. Cinq cents cartons d'invitation ont été envoyés pour la fête costumée que Brigitte Bardot donne à la Madrague le 7 juillet 1968. Venus de Paris ou de Rome par avion, les élus se pressent en cortège, secrètement flattés d'une invitation si magique, si troublante. Une fête chez la star des stars !

On traverse le fouillis végétal du jardin et la palmeraie offerte par un admirateur. Le long du chemin parsemé de lanternes où tremble la flamme des lumignons, un négrillon vénitien impavide agite une palme comme pour dire « du vent », « du vent ». À main gauche, dans l'obscurité, les reflets bleutés d'une grande tente blanche. À main droite, la maison qu'il faut contourner pour rejoindre l'hôtesse. Face à la mer, protégée par une alcôve de feuillages, Brigitte accorde audience à l'abri d'un trône tahitien couvert d'une peau de bête, reins cambrés dans un bikini de cuir noir. Une cour d'Amazones à ses pieds, elle reçoit les hommages masquée par un loup de léopard.

Dans un syncrétisme mi-orgie romaine, mi-sultanat tahitien, des fourrures recouvrent un siège Pomare ainsi que les poufs des demoiselles d'honneur. Un amoncellement de tapis moghols a été jeté à même le gravier. Au centre du décor digne d'un *jungle movie* des années vingt, Brigitte en cuissardes a revêtu son uniforme de fouetteuse, entourée du détachement de belles filles qui la suit dans ses déplacements. La splendide blonde en costume de tamouré à sa droite, c'est Monique Faye, la fille du médecin de Saint-Tropez devenue la doublure de B.B. en attendant d'épouser Mario Adorf, la vedette du cinéma allemand. À côté, c'est Sveeva Vigeveno, ancien mannequin que le futur président Valéry Giscard d'Estaing drague au téléphone. Elle est devenue photographe (de Bardot, pour l'instant). La Chilienne Gloria, épouse de l'animateur Gérard Klein, joue les secrétaires de Brigitte tandis que la rousse Carole Lebel fait de la figuration dans ses films. Si Brigitte a confié l'organisation de la soirée à une agence de relations publiques, elle n'a laissé à personne le soin de mettre en scène son personnage.

À qui le poignard accroché à sa hanche est-il destiné ? À Gunter, auquel elle tente de prouver avec éclat que la vie continue, même sans lui ? Ce n'est pas une fête, mais une opération commando : Brigitte a pris soin d'inviter les amis de son mari. Par les journaux, elle sait qu'il passe l'été sur l'île de Sylt, en mer du Nord, accompagné d'une flottille de mannequins maigrichons à cheveux en baguette. Brigitte Bardot, si jalouse de son intimité, ouvre son paradis à tous les fêtards ainsi qu'aux chroniqueurs mondains en poste à Saint-Tropez pour s'assurer que les images de fiesta atteindront leur beau destinataire en plein cœur. Elle s'offre en spectacle afin de camoufler un fiasco. Gunter l'a plaquée.

En mai, sans un regard pour les étudiants qui déterraient les pavés à Paris, Brigitte était à Rome pour tourner sous la direction de Louis Malle. Là, elle a reçu une lettre officielle de rupture. Gunter exigeait le divorce pour « conception abusive du mariage et abandon du domicile conjugal[1] ». Dans le palais qu'il avait loué pour elle, elle l'avait une fois de plus trompé. Sous les yeux d'une dénonciatrice, la gouvernante de Gunter.

L'air embaume la citronnelle qu'on brûle dans les photophores. Quelqu'un cherche la piscine. La piscine ? On lui montre la mer. Si ses invités honorent les buffets exotiques, Brigitte ne mange pas. Elle boit. Du champagne, beaucoup de champagne. Phiphi d'Exea continue à prétendre que si

Gunter l'a épousée, c'était pour gagner un pari... Un pari ? C'est vrai que Las Vegas... Pourtant Gunter lui a présenté sa mère en Bavière, le soir du feu d'artifice ! Repenser à cette soirée-là poignarde la jeune femme. Un feu d'artifice en forêt pour elle ! Rien que pour elle ! Elle n'est pas prête de revivre une chose pareille ! Gunter donnait du lustre à la banalité et ça, c'est rare. Haussant les épaules, Francine conseille à Brigitte de ne pas prendre les choses au tragique. « Ton mariage, après tout, était un jeu. » La vérité, c'est que Brigitte y a cru. Elle tombe de haut et se fait des bleus à l'âme, comme dirait Sagan larguée elle aussi par Elke, une héritière allemande dont elle était éprise. Le pire n'est pas que Gunter s'éloigne, mais d'être responsable d'un tel gâchis.

Gunter possède d'incomparables atouts. Beau, élégant, cultivé, curieux, doux, bien élevé, généreux, affectueux, riche sans avoir l'affreuse aridité des riches. Le prince charmant en personne. Ses mocassins Gucci, ses robes de chambre Charvet au petit-déjeuner, ses caleçons Brioni, ses jeans blancs... Son eau de toilette *Eau Sauvage*... Et puis ses yeux, mon Dieu.

En cas de choc, un organisme vivant a trois manières de réagir : la lutte, la fuite ou l'hibernation. Sa puissance vitale pousse Brigitte au combat. Cette soirée spectaculaire qui n'est pas du tout son genre donne la mesure du chagrin qu'elle éprouve ou surtout qu'elle repousse avec vigueur. Elle n'est pas de celles qui s'effondrent, plutôt de celles qui flambent leur énergie pour rejeter le plus loin possible la réalité. Et quoi de mieux qu'une fête pour ça ?

Brigitte fait quelques pas vers la plage transformée en guinguette. Le producteur Darryl Zanuck déguisé en Darryl Zanuck discute avec Michèle Mercier, la Marquise des Anges, en grand uniforme de marquise. Des soiffards siphonnent le punch d'un bol de verre géant. Les Amazones se sont éparpillées sur la piste de danse. Autour de Brigitte, des soupirants les remplacent : Jean-Jacques Manigot, un grand gaillard barbu de l'entourage de Gunter et Paul Albou, dentiste et play-boy. Toujours prêts à lui apporter une flûte de champagne ou à allumer ses cigarettes. À quelqu'un qui lui demande où en sont ses affaires avec Brigitte, Albou répond inlassablement : « J'attends. » Comme s'il suffisait de prendre son tour[2]. Qu'il attende si ça lui chante. Brigitte accepte un slow avec Manigot sur *Rain and tears*. Contre son épaule, l'ami de Gunter sent une joue lourde qui s'abandonne, celle d'un enfant ravalant un sanglot. Très vite, danser l'ennuie. Elle s'ébroue, se dirige vers la maison pour se rafraîchir. Un répugnant individu écrase sa cigarette dans une amphore romaine remontée par un copain pêcheur. Brigitte voit les regards avides inspecter son écrin de roseaux. De vraies pipelettes. Les voilà dans le naos de Saint-Tropez, le Saint des Saints qui abrite la *demi-déesse d'origine animale*[3]. Le seul fait d'être entré à la Madrague constitue un titre de gloire. Elle en croise jusque dans la maison qu'ils traversent en somnambules, se répandant dans les pièces comme les perles d'un collier brisé. Sur la cheminée, le magnifique chandelier rapporté du Mexique, soi-disant porte-bonheur en amour, ne lui a pas porté chance. Dans le miroir de la salle de bains, elle redessine sa bouche et se recoiffe des doigts.

Avant de retourner danser, elle donne l'ordre de fermer sa chambre pour éviter qu'on n'envahisse son refuge. Baiser dans le lit de Bardot, le fantasme absolu. Du reste quelques années plus tard, un des gardiens de la Madrague profitera de l'absence de la propriétaire pour transformer sa chambre en lupanar, location de la garde-robe comprise : en échange d'une coquette redevance, ses « clients » pourront y étreindre leur maîtresse habillée de vêtements empruntés à B.B.

Devant la balancelle du jardin, le négrillon agite sa palme pour un couple allongé qui prend feu. Les conversations se font et se défont au milieu d'une phrase. Cantonnée derrière la guinguette, masquée par le bouquet de roseaux barrant la plage, la drogue s'est invitée sans avoir le courage d'affronter la maîtresse de maison. Cette femme un brin vieux jeu est capable de retourner une paire de claques à qui fumerait un joint sous son toit. Le mauvais caractère de Brigitte est célèbre. Elle en souffre. Ses impulsions la jettent parfois dans des abîmes de détresse ou de remords. Si Brigitte s'écoutait, elle esquisserait une autocritique, mouvement rare chez elle. Elle se sait inconstante, futile, égoïste, intolérante, capricieuse, immature, autoritaire, cyclothymique, indisciplinée[4]. Les fées lui ont tout donné : la beauté, la grâce, l'élégance, la photogénie, la simplicité, l'intelligence instinctive, une voix juste, la popularité, la séduction. Elle a eu les couvertures des magazines, les films à succès, les chansons exquises, la gloire mondiale, le *charming prince*. Elle a ouvert chaque paquet-cadeau, s'est à peine émerveillée, a ouvert le suivant. Gunter, un splendide présent dont elle n'a pas su profiter. Il y a quelques semaines encore, pour la consoler de la mort d'un chien adopté à Almería, il l'emmenait visiter les Jardins de l'Alhambra à bord d'un jet privé. Elle était alors la proie d'idées noires. Sa copine Dalida avait tenté de se suicider[5]. B.B. avait été une des seules personnes – hors la famille – acceptée à son chevet.

Avenue Foch, Gunter avait racheté pour elle un appartement afin qu'ils vivent sous le même toit sans s'envahir. Elle a refusé de s'y installer sous prétexte que le quartier est sinistre. Elle est passée à côté, comme elle passe à côté de sa vie. Elle a transformé son mariage en impasse. Vadim a dit un jour qu'elle n'était pas à la hauteur de son génie. Il ne manque qu'une chose à Brigitte et elle le sait : un bon caractère.

Son vieux copain Félix Giraud, que tout le monde appelle Félix de l'Esquinade, nom de son premier bar à Sainte-Maxime, propriétaire de l'Escale et de boîtes de nuit, a surgi au milieu d'un groupe de copains déguisés en Dalton. Il l'entraîne danser le jerk sur *Yummy Yummy*.

> *Yummy yummy yummy*
> *I got love in my tummy*

Dans l'éclairage stroboscopique de la guinguette palpite une brochette de beaux gosses déguisés en Touaregs. L'instinct prédateur de Brigitte reprend le dessus. Des Casanovas jet-setteurs italiens, explique Félix qui connaît tout le monde : Beppe Pirodi, Rodolfo Parisi, Gigi Rizzi, Franco Rapetti. De nouveaux cadeaux *made in Italy* qui ne demandent qu'à être dégustés.

Toutes ces années d'une traite comme un Schweppes bu à la paille ! La fête fastueuse de l'été 1968 marque sans doute l'apogée du règne de la reine Bardot comme la surnommait Marguerite Duras. Moins destinée à l'amusement qu'à la vengeance, elle laissera à Brigitte une gueule de bois de plusieurs années, période déprimante faite de films ratés et d'amours humiliantes jusqu'à ce qu'enfin, elle abandonne le cinéma et découvre un espace de liberté et de plaisir où renouveler son existence.
Au bras de Gunter, elle entrait chez Maxim's en robe de plage Micmac Saint-Tropez, pieds nus pour braver les codes bourgeois. Désormais, elle engage majordome et femme de chambre comme Gunter. Confie la rénovation de la Madrague à un décorateur en vogue, Georges Grateau. Fait creuser une piscine. Construire une maison d'invités. Les douze coups de minuit ont sonné. Même sans prince, Brigitte ne redeviendra pas Cendrillon. Après avoir nettoyé sa maison dévastée par la fête, elle loue un yacht sur lequel elle embarque ses Amazones pour fêter en Corse le 14 juillet, date anniversaire de son mariage manqué. Trente-cinq mètres de long, six cabines de luxe, un homme, un seul, Luigi Rizzi. Pour juguler l'angoisse et repousser le chagrin, Bardot se lance dans une débauche de plaisirs rythmée par les sorties en Riva, les

jéroboams de Dom Pérignon et la meilleure musique pop de l'époque. À Gigi succède un Patrick qui se laisse entretenir. Vingt ans, comme les Suédoises avec lesquelles traîne Gunter. La voilà abonnée aux jolis garçons, aux quasi-gigolos. « J'ai toute ma vie tendu vers le bonheur, mais j'ai toujours été irrémédiablement entraînée vers une désespérance inexplicable. »

Inexplicable, vraiment ? Louis Malle, à qui on demandait le défaut de Bardot, répondit qu'« elle était un peu égocentrique ». Comme un nouveau-né. « Elle a le génie et la naïveté de l'enfant. La cruauté et l'égoïsme de l'enfant. Un besoin forcené de présence, de disponibilité, d'amour[6] » dit Vadim. L'amour pour elle est idylle, fusion qui absorbe l'autre jusqu'à l'effacer, le faire disparaître[7].

Elle-même déplore son impossibilité d'être comme les autres, un isolement à l'intérieur d'elle-même, une difficulté à partager avec quiconque n'est pas son double. « C'est peut-être pour ça que j'ai choisi de consacrer ma vie aux animaux. » On ne devient pas la plus grande star de son temps sans être obsédé par son image. Repliée douloureusement sur son vide intérieur, incapable de comprendre et d'aimer la différence. L'égocentrisme, une infirmité. Une souffrance. Une frigidité. Parce qu'elle exclut l'empathie, l'attention à l'autre, elle enferme. « Tout est paradoxe, chez Brigitte. À force de ne chercher que son plaisir, de vouloir à tout prix être heureuse, elle se détruit » dit Vadim.

Elle ne se détache pas de Gunter aussi vite qu'elle le voudrait. Elle le manque à Munich où elle a accepté de promouvoir *Shalako*. À Hambourg, après avoir célébré son trente-quatrième anniversaire dans un château appartenant à la famille Bismarck (amis de la famille de Gunter), elle traîne dans sa boîte favorite sans qu'il apparaisse. « Je ne sais même pas si nous sommes divorcés, dit-il au *Time Magazine*. Insatisfaction, ton prénom est Brigitte. »

Ce qu'elle a refusé de prendre, Gunter le donne à une autre. Cinquante-six jours après son divorce, il épouse à Saint-Moritz Mirja Larsson, mannequin suédois de quinze ans sa cadette[8], rencontrée sur un casting Micmac, qui sera sa compagne jusqu'à la fin. Il y a un mystère Bardot. Pourquoi gâche-t-elle toujours sa chance ?

Bardot's boys
(Un jour mon prince viendra)

> « Ben quoi ! Ben oui ! Faut pas compliquer ! Faut dire les choses comme elles sont. On aime et puis on n'aime plus. »
> Brigitte Bardot, chez Françoise Sagan[1]

> *« Brigitte Bardot was one of the first women to be really modern and treat men like love objects, buying them and discarding them. I like that[2]. »*
> Andy Warhol,
> *The Philosophy of Andy Warhol*, 1975

1949-56 : Vadim Plémiannikov dit Roger Vadim, cinéaste.
1953 : Odile Rodin, seize ans.
1955 : André Dumaître, directeur de la photo.
1956-58 : Jean-Louis Trintignant, comédien.
1957 : Gustavo Rojo, comédien uruguayen.
1958 : Ralf Vallone, comédien italien.
1958 : Xavier, concierge d'hôtel.
1958 : Gilbert Bécaud, chanteur de variétés.
1958-59 : Sacha Distel, chanteur de variétés.
1959-60 : Jacques Charrier, comédien.

1960-1963 : Sami Frey, comédien.
1961 : François Guglietto, restaurateur.
1963 : Olivier Despax, guitariste.
1963-1966 : Bob Zagury, joueur de poker professionnel et promoteur immobilier.
1966-68 : Gunter Sachs, play-boy et héritier. Mariage le 14 juillet 1966 à Las Vegas, divorce à Paris en octobre 1969.
1967 : Michael Sarne, comédien et chanteur australo-britannique.
Hiver 1967 : Serge Gainsbourg, chanteur de variétés.
1968 : Jean-Jacques Manigot (selon Gigi Rizzi dans son livre *Io, B.B. e l'altro 68*, Carte Scoprete, Milan).
Juillet 1968 : Gigi Rizzi, play-boy italien.
1968-70 : Patrick Gilles, étudiant à Sciences-Po et aux Langues orientales, brièvement comédien (Titus, dans *L'Ours et la Poupée*), puis mannequin chez Paris Planning et enfin *trader* chez Merrill Lynch.
1969 : Warren Beatty, comédien américain.
1971 : Nino Ferrer, chanteur de variétés, a écrit pour elle la chanson *Libellule et papillon*.
1971 : François Cevert, coureur automobile.
1971-72 : Christian Kalt, barman.
1972-74 : Laurent Vergez, apprenti comédien.
1974-75 : Philippe G., journaliste.
1975-79 : Miroslav Brozek, dit Mirko, sculpteur et comédien sous le nom de Jean Blaise (*Le Grand Meaulnes*).
1980-84 : Allain Bougrain-Dubourg, producteur de télévision.
1992 : Bernard d'Ormale, homme d'affaires.

Les préférés : Roger Vadim, Jean-Louis Trintignant, Sami Frey.

Les maris : Roger Vadim (1952), Jacques Charrier (1959), Gunter Sachs (1966), Bernard d'Ormale (1992).

Les grands frères : Jean-Max Rivière dit Maxou, Ghislain Dussart dit Jicky, Philippe d'Exea dit Phiphi, Félix de l'Esquinade.

Les amoureux transis : Vince Taylor, qui lui écrit *Big Blond Baby* et Valéry Giscard d'Estaing, qu'elle faisait marcher.

Un truc que les femmes aiment, chez Bardot : ses amants. Elle est la fille que tous les garçons convoitent. Sa vie amoureuse est un arbre plein de cadeaux, il suffit de tendre la main pour cueillir un garçon. Elle a le pouvoir et l'embarras du choix, elle drague et largue, à quinze ans elle est déjà un Don Juan. C'est elle qui, raccompagnant Vadim devant l'ascenseur, pose ses lèvres sur les siennes. Encore elle qui, après avoir déniché le téléphone de Charrier, lui donne rendez-vous à l'hôtel sous prétexte de lui demander des conseils. Comme un garçon, elle l'invite à boire un verre dans un lieu romantique en face de Notre-Dame, puis à monter dans la chambre qu'elle a réservée. « Une lionne, une liane, un tourbillon » dit-il à la sortie. Le journaliste anglais Leonard Mosley, devenu célèbre pour avoir « découvert » Bardot dans son pays, dira même : « Jusque-là, une femme avait été une femme et elle en avait l'air. Brigitte Bardot a aussi montré qu'une femme pouvait ressembler à un garçon manqué et se comporter comme tel (...). À travers ses films et sa vie, elle est devenue le symbole mondial de la fille qui laisse tomber les autres femmes gnangnan pour aller jouer avec la bande de garçons au coin de la rue. »

Un truc que les hommes n'aiment pas, chez Bardot : la publicité qu'elle donne à ses passades sexuelles. Si le patriarcat lui concède une liberté dont il escompte des bénéfices, il la veut discrète. Sa liberté de mœurs menace la virilité. Libertiner, d'accord, mais en secret pour ne pas faire perdre la face aux hommes.

Quand Bardot quitte, c'est sans hypocrisie aucune, selon son adage : « Mieux vaut se donner quelque temps que se prêter toujours. » Un homme, ce n'est pas assez pour une femme ou bien c'est trop, pour paraphraser Chardonne. Selon Vadim, Brigitte a le don de l'infidélité[3].

Dès qu'un homme cesse de l'admirer, Bardot le remplace. L'ancien et le nouvel amant tombent nez à nez comme au théâtre. Sacha la trouve au lit avec Jacques, Jacques la voit flirter avec Sami, etc. Elle ne quitte pas un homme sans que le suivant soit en piste. Elle remplace avant de jeter. Elle s'épargne les restrictions affectives qui lui furent tôt infligées. Jamais Brigitte ne joue au-dessus de ses sentiments. « Brigitte recevait énormément mais ne donnait pas » a dit l'acteur Roger Hanin, époux de son agent Christine Gouze-Rénal. Donner aux hommes, elle ne sait pas. Elle ne sait plus. Elle n'a sans doute jamais rencontré personne, au sens de la vraie rencontre avec un sujet autre que soi, de la reconnaissance gratuite qui s'enrichit de la différence[4].

Dans son grand style midinette, l'écrivain Marguerite Duras a écrit : « Quand un homme l'attire, Bardot va droit vers lui. Rien ne l'arrête. Peu importe qu'il soit dans un café, chez lui ou chez des amis. Elle part avec lui sur-le-champ sans un regard pour l'homme qu'elle quitte. » Sans un regard, non. Pour conjurer la solitude, Brigitte peut rouvrir une parenthèse. Quand elle dit à un homme qu'elle l'aime, elle est sincère mais le lendemain, elle peut oublier.

De l'amour, Bardot n'aime que le fugitif séjour au jardin d'Éden. De l'amour, elle n'aime que les commencements, sauf que tous les commencements se ressemblent, disait le prince de Ligne. Bruns, bronzés, bien balancés, les *Bardot's boys*. Passés les premiers moments, elle a l'esprit ailleurs. « La passion a été sa drogue, elle en a été esclave toute sa vie[5] » a dit son premier mari.

L'infidélité (d'autrui) la tue. Fragile à l'excès, elle se donne la mort lorsqu'elle se croit abandonnée par Roger (parti retrouver sa mère), lorsque Jacques refuse de revenir auprès d'elle (après avoir été trompé). Menant une vie insulaire, Brigitte Bardot n'a presque aucune vie mondaine. « Les seuls moments où elle est en contact avec les hommes, c'est au cours de son travail, dans les studios. C'est là qu'elle est tranquille et à l'abri des regards. C'est là qu'elle a l'occasion de nouer des intrigues et de rencontrer l'amour » explique Vadim. En conséquence, les comédiens représentent un tiers de ses tocades et les chanteurs 20 %. Pas snob du tout, elle peut aussi bien draguer un

portier, le barman, un joueur de poker ou un playboy. Elle aime les beaux mecs : Christian Kalt, Miroslav Brozek, des types canon.

Quand Bardot aime un homme, elle lui tricote une écharpe. Christian Brincourt a fait une superbe photo d'elle tricotant au soleil de Méribel. L'écharpe est destinée à Mirko.

Si elle veut épater un homme, elle frappe un grand coup. Pour son anniversaire, elle fait à Bob Zagury la surprise d'un atelier d'artiste, rue Campagne-Première, rempli de lumière et d'un stock de peinture dont Picasso lui-même ne viendrait pas à bout. À Bob, peintre du dimanche, elle donne les moyens de transformer son hobby en métier. Voilà ce que rapporte le *Palm Beach Daily News* le 17 novembre 1964.

Tout homme qui sort avec Bardot devient *intéressant*. « Récemment, Bob Zagury m'a serré la main avec un bon sourire, chez Castel, et j'étais fier comme Artaban qu'il se fût souvenu de moi. Mon snobisme s'étanche à d'étranges fontaines[6] » écrit Bernard Frank. D'une belle cloche, elle fait une star, d'un moche, un sex-symbol.

L'homme, c'est elle. Elle vit comme un homme.

Belle et simple

« Si on est un Narcisse, on peut être *movie star* pas plus. »

Jane Fonda[1]

À peine verdi par une pellicule de mousse, voilà le portail que Brigitte Bardot emboutit dans *L'Ours et la Poupée* et, sur un gazon jonché de pommes, le banc de pierre où elle guette Jean-Pierre Cassel. Ça ne marchera jamais entre eux. Il la juge exaspérante.

Posée sur un pré pareil à un tapis vert, la grande maison n'a pas changé depuis le tournage du film. La Closerie occupe le terrain depuis cinq siècles et Anne-Marie Damamme, sa propriétaire, depuis les années trente[2]. Elle attend Brigitte Bardot dans la bibliothèque, le feu brûle dans la cheminée et le *Victoria sponge*, le gâteau favori de la reine Victoria, est prêt. À quatre-vingt-sept ans, emmitouflée de cachemire gris et d'admirables collants de laine à rayures multicolores, la propriétaire de la Closerie semble tout droit sortie des pages de Katherine Mansfield. Brigitte a tant aimé la maison que les deux femmes continuent de s'écrire. Un chat parme est assorti au twin-set d'Anne-Marie, à qui Brigitte a enseigné l'amour des animaux. Entre ces murs sépia où le temps est suspendu, une photo en noir et blanc montre l'actrice entourée des six enfants d'Anne-Marie et des jeunes comédiens du film. Les cheveux remontés en chignon, le dos rectiligne, elle fixe l'objectif avec un sérieux d'institutrice. Vincent Cassel, le fils de son partenaire, est assis sur ses genoux.

Enchantée de l'escapade, Nina Companeez a conduit sa petite auto jusqu'à Saint-Pierre-de-Manneville, village lové dans une boucle de la Seine qu'on enjambe avec un bac de la taille d'un jouet. Sous le charme d'une rencontre avec la maisonnée, elle écrivit en 1969 le scénario de *L'Ours et la Poupée* pour avoir le prétexte de revenir. Son compagnon Michel Deville l'a réalisé. Ailé comme une musique de Rossini, le film sent les arômes de pommes et de foin humide. L'intrigue enlevée n'emprunte rien à l'histoire de la famille Damamme, mais elle se déroule dans la maison. Félicia, une poupée oisive et écervelée, emboutit la voiture de Gaspard, un ours bougon et rêveur. Elle roule en Rolls, lui en 2 CV. Violoncelliste, il travaille à l'ORTF et vit en banlieue. Capricieuse, Félicia fait ses courses chez Dior, collectionne l'art contemporain et les maris. Le hasard les réunit. Il est insensible à ses charmes, elle le poursuit de ses assiduités et cela pétille de malice. Bardot range le film parmi ses favoris[3]. Elle a bien raison. « Ce n'est presque rien et c'est ravissant » a écrit quelqu'un[4] avec bonheur. Jean-Pierre Cassel faisait du cinéma pour tourner des comédies aériennes comme *L'Ours et la Poupée*, en tout cas c'est ce qu'il a dit.

Entre le chaud-froid de poulet et l'entremets, Anne-Marie Damamme fait une révélation : « Nous avons triché pour certaines scènes. » « Nous », comme si elle était l'auteur du film. Nina Companeez ne la reprend pas. « Brigitte prend son bain dans une fausse baignoire posée dans le grenier ! » Non ! Et nous voilà grimpant dans les combles entre des livres qui escaladent les murs comme un lierre protecteur. La fausse baignoire a fait place à un billard.

Coloré, ensoleillé comme un air de flûte traversière, *L'Ours et la Poupée* est un film aimable. La maison et le jardin y tiennent des rôles de premier plan. Un bouquet de marguerites leur fait de l'ombre. Michel Deville filme fleurs et femme en botaniste ému. La vivacité de Brigitte Bardot le bouleverse. Sous la surface, il a entrevu la malice pétillante de celle qui a poussé dans les nuages. Il est ému, pas émoustillé. Il lui chuchote à l'oreille ses directives. Elle, elle se laisse faire. Ce poète est son frère. Ils ont des points en commun. Une simplicité. Une sensibilité à fleur de peau. Une sauvagerie. Sans musique, ils ne survivraient pas. Ils ont partagé les mêmes madeleines : la bande-son de leur enfance, c'est celle de *Blanche-Neige*, qui passait au cinéma Marignan, en bas des Champs-Élysées. Tous deux sont nés à l'ouest, lui à Boulogne, elle à Passy. Deville aime la grâce de Brigitte Bardot, sa présence mélodique.

Sur le plateau, l'ambiance est à l'insouciance. Michel Deville partage, réconforte, félicite, remercie. Dans la grange, Nina Companeez monte les images pleines d'allégresse. La présence facile de Cassel apaise Bardot comme celle du lapin dans la stalle calme le pur-sang. « Une comédienne attentive, obéissante. Le rêve, la crème[5] » déclare Deville. C'est bien de Bardot qu'il parle. L'inverse de ce qu'on a fait craindre au cinéaste : une actrice butée et irritante. Pour une fois, elle prend plaisir à jouer. La famille Damamme continue à habiter sur place durant le tournage avec enfants et chats. Chaque jour, Anne-Marie prépare à Brigitte un thé somptueux. Solidement ancrée dans le paysage, la vraie maison de famille remplie de six vrais enfants, d'une vraie maman et de vrais animaux : ce qu'aime Brigitte. Dans la maison d'un médecin louée à quelques kilomètres, elle abrite Maria Schneider, chat perdu et demi-sœur de son partenaire Xavier Gélin. À seize ans, Maria a quitté l'école et sa mère après une dispute. Brigitte s'attache à ce jeune page écorché que son père Daniel Gélin n'a jamais reconnu.

Nina Companeez est sous le charme de l'actrice. « Appelez ça du charisme, du magnétisme ou bien un sort qu'elle vous jette. En tout cas, c'était franchement incroyable. Elle avait quelque chose d'unique. Bien entendu, elle a des poses parfaites et une démarche sublime. Mais c'était bien plus que cela. Elle entrait dans une pièce pleine de monde et tout s'arrêtait. »

Un tournage loin de Paris favorise les confidences. Brigitte et Nina ont de longues conversations. Sujet de ces deux femmes libérées : les hommes. Par deux fois, la route de Nina a croisé celle d'hommes déchiquetés par B.B. « Complètement détruit, Jacques Charrier n'était plus capable de s'attacher à une femme » se souvient Nina. Elle a également connu Sami Frey au moment où Brigitte l'abandonnait. Sur un vol Paris-Nice, Sami blessé jusqu'à la moelle sanglotait sur son épaule. Il venait de voir, à la une d'un journal, la photo de B.B. et son nouvel amour Bob Zagury.

« Ce que j'ai pu faire comme conneries » confie Brigitte. Consciente de son immaturité, elle se sait incapable de supporter la solitude, ce qui la met dans des situations regrettables. Elle ne peut admettre qu'un homme s'éloigne, même pour travailler, et offre illico au premier beau mec venu une mission d'intérim. Courant au-devant de sa perte, elle perd de merveilleux chevaliers servants et en supporte de médiocres par crainte de rester seule. Comme la grande chose à rouflaquettes qu'elle a fait engager sur le film et que l'équipe n'aime guère parce qu'il malmène Brigitte. Une espèce de jet-setteur que Nina prend pour un garagiste.

Dans presque tous ses films, son partenaire flanque à B.B. une baffe mémorable (quatre dans *Et Dieu créa la femme*). Il la punit d'être aussi belle. De Claude Autant-Lara à Jean-Luc Godard en passant par Vadim, qu'ils appartiennent à l'ancienne école ou à la Nouvelle Vague, les metteurs en scène n'y vont pas de main morte avec elle. Un corps de femme appartient aux hommes, la preuve ils l'humilient. Brigitte peut faire des caprices de star, elle n'est pas pour autant respectée. Avec Deville, que des caresses. « C'est un très bon souvenir. J'avais des acteurs fabuleux » dit-il. Sa Brigitte aux marguerites, il l'effeuille délicatement jusqu'au cœur. Pour une fois, l'être humain transparaît derrière la fille superbe. Son élégance de reine-marguerite au maintien affirmé et tremblant l'émeut. « Elle était belle et simple » ajoute-t-il. Voilà. C'est dit. Belle et simple.

Dans des productions élégantes et légères, le Lubitsch français a dirigé les plus délicieuses actrices : Marina Vlady, Catherine Deneuve, Anna Karina, Françoise Dorléac, Mylène Demongeot, Françoise Fabian, Romy Schneider, Dominique Sanda, Géraldine Chaplin, Marie Laforêt, Alexandra Stewart, Miou-Miou, Fanny Ardant, Emmanuelle Béart[6]. Pourquoi Bardot les éclipse-t-elle ? « Brigitte était encore plus belle que les autres. » Ce n'est pas plus compliqué que cela. « Inouïe, sa grâce, sa beauté. Certaines comédiennes sont belles sur un film parce qu'elles sont bien maquillées ou bien éclairées. Brigitte était belle au naturel » constate Michel Deville.

Sur ce film, une chose en plus : elle est heureuse et ça se voit. Elle en est lumineuse. « Brigitte était extrêmement sensible. Comme un animal, on pouvait l'apprivoiser ou la faire fuir. Alors elle se refermait. On m'avait prévenu : au bout d'une semaine et demie, deux semaines, elle se lasserait. Eh bien non. Pour je ne sais quelle raison, elle nous faisait confiance. » Le tournage dure sept semaines. Pour une fois, elle ne voit pas le temps passer. Tant de bienveillance a eu raison de sa méfiance. Elle s'abandonne.

« C'était un bonheur. Je revois des moments du film. Une matinée, on n'a pas tourné. Dans le jardin où tout était en place, nous l'attendions. » Terrée dans sa maison, la mangeuse d'hommes sanglote : le grand dadais à rouflaquettes n'est pas rentré dormir. Deville lui rend visite. « Elle pleurait comme une enfant inconsolable. Elle s'excusait, incapable de s'arrêter. » Ce n'est pas un caprice mais autre chose que Deville ne juge pas. Il la console, son retard n'est pas grave, l'équipe attend en profitant du soleil. C'est l'été, la campagne est belle, la végétation luxuriante. Désarmés par la gentillesse de Brigitte, les techniciens prennent plaisir à travailler avec elle. Son jeune chauffeur, Frédéric Mitterrand, est conquis : « J'ai toujours été frappé par l'extraordinaire gaieté qui se dégage d'elle. » Elle arrive à la fin de la matinée, on refait son maquillage. « Et ce fut éblouissant. »

Un matin, le chauffeur Frédéric oublie de se réveiller. Ponctuelle, Brigitte l'attend au bord de la route avant de faire du stop. Lorsqu'elle indique sa destination au conducteur, celui-ci répond : « Ah oui, vous allez voir le film que tourne Brigitte Bardot ! » Elle arrive essoufflée mais à l'heure. « Elle était d'une gentillesse, d'un professionnalisme peu commun. On a dit qu'elle n'aimait pas le cinéma... Je ne le crois pas. »

Michel Deville est émerveillé par la vérité du jeu de Bardot. « Son art de la comédie est de dire justement les choses. Brigitte Bardot est extraordinairement juste. Un regard, un geste, tout est lumineux et vrai. »

Au départ, *L'Ours et la Poupée* a été écrit pour Catherine Deneuve et Jean-Paul Belmondo qui n'étaient pas disponibles. Delon a failli remplacer Belmondo avant de se rétracter. « Notre chance a été de ne pas les avoir. C'est souvent comme ça.

L'Ours et la Poupée est un film de chance » dit Deville. Parce que le film est destiné à une actrice considérée comme une vraie comédienne, le rôle est écrit. « Le simple fait de voir Brigitte marcher est éblouissant. C'est la danse même. Un spectacle à elle seule. En général, les metteurs en scène se sont contentés de filmer sa grâce. Ses rôles sont rarement étoffés. Dans notre film, elle avait un vrai rôle à interpréter. On ne s'est pas contentés de la filmer. Elle jouait vraiment et je crois que, d'une certaine façon, ça lui plaisait. » Michel Deville a raison. Dans les rares films où son personnage a du souffle – Yvette Maudet, la petite délinquante assez commune d'*En cas de malheur*, la bouleversante Dominique Marceau de *La Vérité* –, elle lui donne une vérité surprenante. Elle entre dans la peau de son Yvette, gamine qui tapine, avec une justesse confondante : juste ce qu'il faut de gouaille et de mâchonnage de chewing-gum. Et le feu sacré, l'avait-elle ? « Elle avait mieux. Elle avait le feu » dit Deville.

Treize ans ont passé depuis *Et Dieu créa la femme*. Une page se tourne. *Le Film français* présente sa comptabilité à Bardot. Pas assez de chiffres : *Le Repos du guerrier* a tenu vingt-cinq semaines en première exclusivité à Paris et obtenu 481 869 entrées. *Le Mépris*, onze semaines, 234 374 entrées. *Une ravissante idiote*, six semaines, 202 772 entrées. Seul *Viva Maria* a été un vrai succès avec 643 190 entrées sur trente-sept semaines. *À cœur joie* tient douze semaines et réalise 121 377 entrées. *Shalako*, un bide, ne tient que cinq semaines et fait 135 227 entrées[7]. Les critiques sont mordantes : « Elle ne vampe pas, elle s'accroche » juge *Le Monde*. Sa plastique fait l'objet de railleries : « Brigitte Bardot tente de ranimer le film en se promenant – timidement et brièvement – seins nus, mais son regard cerné de mascara et son jeu indolent laissent penser qu'elle n'a pas fermé l'œil depuis son précédent film » écrit le *Time Magazine*. Cronos nourri de chair fraîche, l'industrie cinématographique décrète la date de péremption des belles plantes. La cote de B.B. est à la baisse. La fille drôlement bien foutue et intelligente, c'est Marlène Jobert qui triomphe dans l'extravagant *Faut pas prendre les enfants du Bon Dieu pour des canards sauvages*. Une sacrée belle fille dont la chair dorée autorise de splendides travellings. Avec une féminité fruitée, Marlène Jobert incarne un érotisme espiègle, joyeusement dépourvu de voyeurisme. Ses fesses remplissent joyeusement l'écran.

Lorsque Nina Companeez et Michel Deville, qui produit le film, ont approché B.B., elle a dit : « Je suis Brigitte Bardot. Je ne vaux plus rien. Vous ne me payez pas, on verra après. »

À ce tournant de sa carrière, elle peut archiver ses accessoires de bimbo, renoncer aux jetés de cheveux, adoucir le maquillage, rallonger les ourlets pour entamer une nouvelle carrière dans la comédie. Elle n'a plus l'âge de jouer son propre rôle. Les mini-robes de petite fille, c'est fini. Les cheveux longs façon *je suis une bête de sexe*, terminé. L'expression « *sex kitten* » ne peut s'appliquer à une femme de trente-cinq ans. « *Durable cinema sex kitten* » l'a appelée le *Time Magazine* à l'automne 1969. Durable ? Pourquoi pas inusable ? Le *kitten* a grandi, il s'est transformé en une panthère. La beauté n'est pas inaltérable. Sur le plateau, Jean-Pierre Cassel a remarqué qu'au maquillage, Brigitte se guette pour voir si elle est toujours aussi fraîche.

Son magnétisme, cependant, lui promet une longue carrière. Persuadé que Brigitte Bardot est une actrice, Louis Malle l'imagine évoluant vers de gracieux rôles de comédie à la Danielle Darrieux[8]. Née en 1917, Darrieux tourne depuis huit décennies. Elle a débuté à quatorze ans dans *Le Bal*, de Wilhelm Thiele, et tournait encore en 2010, à l'âge de quatre-vingt-treize ans. Avant d'être une comédienne pétillante, elle a été une très grande star, a tourné à Hollywood et été l'héroïne d'un chef-d'œuvre, *Madame de…*

Contrairement à Darrieux, Bardot est arrivée au cinéma par accident. À Françoise Sagan, elle a confié, à propos de ses débuts : « Je ne comprenais pas ce qui m'arrivait. Je n'ai toujours pas compris. » Elle était photogénique, et voilà tout. Une plastique hyperbolique et un intense désir de plaire conjugués au miracle économique l'ont propulsée sur une trajectoire hors du commun.

Depuis, elle a fait du chemin. Et ce chemin lui offre un bel avenir, si elle le désire. Le triomphe d'une reine de beauté est passager, mais Bardot a d'autres atouts à exploiter au cinéma : son sens de la comédie, sa drôlerie, sa grâce, son énergie lumineuse. La rencontre avec Deville, la manière dont il la filme la renouvelle. Seulement Bardot exige d'elle-même la perfection. Les échecs cinglants l'ont mortifiée. Les remarques sur son physique aussi. Elle a dit que le jour où elle aurait l'âge de jouer une mère, elle arrêterait le cinéma. En cas de crise, elle s'autodétruit.

En souvenir du plaisir éprouvé sur *L'Ours et la Poupée*, elle tourne un dernier film avec Nina Companeez. « Un jour, sur le plateau de *L'Histoire très bonne et très joyeuse de Colinot Trousse-Chemise* dans le Périgord, elle m'a dit : "Je n'ai pas envie de me voir vieillir à l'écran. Comme Garbo" » se souvient la réalisatrice[9]. Elle n'a pas quarante ans. « Entre deux scènes, je me suis vue, passant devant une glace, chapeautée d'un hennin et costumée en châtelaine moyenâgeuse. Je me suis trouvée franchement ridicule, tellement cruche. Le cinéma me gonflait depuis longtemps déjà et en une seconde, j'ai décidé d'arrêter. Immédiatement. J'ai fini le film, mais j'ai dit à mon agent, Mama Olga, Olga Horstig, que je ne voulais plus jamais faire de cinéma et que je ne voulais plus jamais lire un seul scénario[10]. » Sa magie, pourtant, est intacte. Elle est si belle que lorsque le soir, à Sarlat, elle entre dans le restaurant, l'équipe qui vient pourtant de passer la journée avec elle s'arrête de dîner pour la voir traverser la salle. Son port de danseuse fluide et sûr, son maintien déterminé suscitent une admiration proche de l'adoration[11]. Intérieurement, elle est entamée. « Elle avait peur. Peur de quoi, je ne sais pas. Peur de ne pas être à la hauteur, sans doute. » Elle a peur depuis le début. Chaque film la rend nerveuse. Elle est couverte de boutons au début d'un tournage. Elle ne sait pas comment s'appliquer, comment préparer ses rôles. Ça vient tout seul ou pas du

> **FRAÎCHEUR et GAÎTÉ**
>
> Vous savez combien m'attire
> Votre gaîté, votre charme.
> Votre refus me désarme
> Avec ce joli sourire !
>
> Mon souhait (que je respire
> Le doux parfum qui me charme)
> A mis votre âme en alarme !
> Alors ne faites qu'en rire...
>
> Retrouvez votre sourire,
> Votre gaîté qui désarme !
> La fraîcheur est votre charme.
> C'est elle que tant j'admire !
>
> 2 III 72
>
> Pil.

tout. Comme autrefois à l'école, elle n'a jamais su comment apprendre.

« Elle ne pouvait devenir, même à l'écran, une vraie grande personne, avec de vrais problèmes d'adultes. Elle n'a pas trahi la petite Brigitte[12] » dit Vadim.

Peut-être. Tant de choses gâchées. La danse, le seul art qu'elle ait pratiqué avec sérieux, si vite sabordée. L'enfant abandonné, les mariages transformés en impasse. Les bons films refusés, *L'Affaire Thomas Crown*, avec Steve McQueen. *Au service secret de Sa Majesté*, avec Sean Connery. « Je trouve les films de Bond excellents, mais sans moi. À moins qu'on ne me laisse interpréter le rôle de Bond[13]. » Même sa beauté, trop de soleil, trop de champagne, elle est capable de la dissiper. Son drame, c'est qu'elle est trop douée. Par orgueil, elle arrête le cinéma.

Intermède flirt : Lucienne et Pilou

Chaque 15 août, Brigitte Mathieu Saint Laurent et son mari Gérard me font une surprise. Cette année, des photos et des lettres provenant de la collection de Lucienne, la mère d'Yves et Brigitte. En 1971, le père de la Française la plus célèbre au monde tombe amoureux de la mère du Français le plus célèbre au monde. Si Yves Saint Laurent ne s'intéresse pas du tout à Brigitte Bardot qui n'est pas son genre, son père Charles expédie des brassées de roses à Toty, la mère de Brigitte. Et surtout, Pilou Bardot est amoureux de Lucienne Saint Laurent, leur voisine. Les Bardot habitent désormais au 33, rue Nicolo. Pilou n'aime pas que Lucienne – il apprécie ses filles et d'autres dames – mais elle occupe une place de choix dans ses pensées. Parfois le matin, il enjambe le balcon de Lucienne qui habite un rez-de-chaussée, et hop, il s'invite au petit-déjeuner en tout bien tout honneur mais avec les croissants. Un peu sourd d'une oreille, il est équipé d'un sonotone et pour le reste, à quatre-vingt-cinq ans, svelte et élégant avec des cheveux tout blancs. De trente ans sa cadette, Lucienne est une belle femme aux yeux verts dont Pilou adore les jambes mises en valeur par le nouvel escarpin Séville de son fils, clin d'œil aux années quarante.

Pendant quelques mois[14], il marivaude : des compliments, des poèmes platoniques, des dédicaces. Il lui fait parvenir ses *Vers en vrac*, le recueil publié à compte d'auteur en 1960. Il voudrait davantage, elle est moins enthousiaste. Alors il l'invite à dîner au Yacht-Club de France ou au banquet du Lions Club. Lucienne ne prend pas toujours la peine de lui répondre au téléphone. Pilou adresse alors des lettres à Séraphin, le mainate de Lucienne, le priant de passer ses messages. Les échanges s'espacent, non sans que Lucienne et Pilou regrettent de ne pas avoir marié leurs célèbres enfants.

Trois ans plus tard, à la veille du 11 novembre qui célèbre la fin de cette guerre de 1914 qui l'a marqué à jamais, Pilou meurt chez lui, rue Nicolo, Brigitte et Toty à ses côtés. Il était de la génération de Charles de Gaulle, de Franco, d'Adenauer, de Mao Tsé-Toung, d'Eisenhower. De Hitler, aussi.

Animal attraction

> « Quelle photo souhaitez-vous voir publier après votre mort ?
> — Celle avec le bébé phoque, qui symbolise tout de ma vie. De la célébrité à l'isolement sur la banquise. »
>
> *Paris Match*, 26 mars 2009,
> à Christian Brincourt

Blanche-Neige sur la banquise

Allongée sur la glace, elle abrite de son corps le jeune animal, peluche oblongue au museau troué de deux billes insondables. Dans l'immensité polaire, le regard fondant que Bardot pose sur l'objectif a quelque chose de poignant. Écharpe vermillon en guise de réflecteur, elle est plus lumineuse que jamais. Pourtant, elle s'est levée à l'aube et dans un baraquement de trappeur à Blanc-Sablon, s'est fardée à la hâte. Regard, pommettes, bouche, elle ressemble à Bardot. Elle sait que rien ne lui sera pardonné.

Il est 8 h 30, le samedi 19 mars 1977, lorsque l'hélicoptère Jet Ranger de Greenpeace dépose la jeune femme sur le fragile puzzle de la banquise côtière. Les mouvements de l'eau peuvent rompre la glace. Elle est si peu épaisse qu'en descendant de l'appareil, la botte de Brigitte s'est enfoncée dans une fissure, lui laissant la jambe frigorifiée. Son équipe dispose de sept minutes pour prendre l'image. Outre son petit ami Miroslav Brozek, Brigitte est accompagnée de deux techniciens de l'agence Sygma[1]. Le photographe Léonard de Raemy n'ayant pu embarquer faute de place, il a prêté ses appareils à Mirko dont Brigitte a exigé la présence. Ce n'est pas un caprice. L'amblyopie occasionne des crises de vertige et de panique dans les petits avions et les conditions météo sont repoussantes. La veille, brouillard et blizzard ont annulé le déplacement.

Après cinq jours d'attente dans le Grand Nord, c'est la dernière chance de ramener des images. À Blanc-Sablon où il les attend, Hubert Henrotte, le patron de Sygma, est sur les dents. « Nous avons failli repartir sans photos. Une tempête hivernale s'annonçait[2] » dit-il. Une image de Bardot sur la banquise ensanglantée eût été idéale pour Henrotte, mais il a fallu renoncer à se rendre dans la zone de chasse. L'image macabre aurait-elle eu un impact plus puissant ? Sur la piste de l'aéroport, le pilote du Corvette affrété par Sygma exige de quitter le Québec avant l'arrivée de vents violents car le jet est attendu à Paris.

Un soleil pâle s'est levé. Le silence règne sur la banquise à l'exception du couinement déchirant des blanchons. À l'approche de l'hélicoptère, les adultes ont disparu dans les trous d'eau. La banquise n'est pas la grande moquette lisse et blanche qu'on imagine. Parsemée de bosses, de rides, de crevasses sculptées par le vent ou la pression, la surface en est instable. Le face-à-face avec la nature sauvage émeut à peine le quatuor aux mains gantées qui s'affaire dans un froid inhumain. Chacun sait qu'il dispose de peu de temps pour travailler. L'équipe de Sygma filme. Miroslav prend les photos. Brigitte pose. Elle a quitté Paris le lundi précédent et, tout au long de la semaine a désespéré qu'un hélicoptère la dépose près des jeunes phoques. Sans photo, sa mission n'a pas de sens.

« Ce que c'est mignon ! Oh la la ! » En combinaison kaki brodée d'un écusson Greenpeace, elle s'agenouille près du jeune phoque. « Ce que c'est mignon ! » répète-t-elle. Le dialogue semble signé Walt Disney Productions. « Ce que c'est mignon ! » redit-elle. Mirko lui demande d'ôter ses gants fourrés. Dans le sens du poil, Bardot caresse le jeune animal qui cille délicatement lorsque les ongles laqués frôlent son œil ou ses moustaches. « Comment peut-on les tuer ? » Blanche-Neige découvre la faune après le départ du méchant prédateur. « C'est dégueulasse. » Blanche-Neige ne prononcerait pas de parole aussi véhémente. Face à ce débordement d'affection, le blanchon conserve l'attitude réservée d'un collégien étreint par une mère envahissante devant les copains. Seule sa truffe mouillée hume l'atmosphère comme s'il tentait d'identifier la composition du nuage vanillé qui l'enveloppe. *L'Heure bleue*. L'heure où le soleil s'efface pour céder la place au velours de la nuit. Guerlain. Une Française, sans doute. Voilà maintenant qu'elle l'embrasse en

pleurant. Est-ce le sel qui lui pique les yeux ? Conscient de jouer un rôle historique, le jeune animal reste digne. « T'inquiète pas, on les aura » promet Brigitte. Le petit groupe appareille avec une pellicule de trente-six poses et un film télé de six minutes[3].

L'avant-veille, Bardot a vécu une journée « atroce » selon Hubert Henrotte qui prend à sa charge avions et frais de déplacements de B.B. contre une exclusivité *absolue*. Paris est alors la capitale mondiale du photojournalisme. La présence sur la banquise du fondateur de Gamma et de Sygma, les deux prestigieuses agences photographiques, montre l'importance de l'enjeu. Henrotte a développé un puissant département *people*. Les vedettes occupent une place grandissante dans les médias, signer avec elles des sujets exclusifs devient vital pour Sygma. Sa vente historique sera, quelques années plus tard, une photo de Lady Di. Veillant jalousement sur son exclusivité, Henrotte loge Brigitte Bardot dans une maison à la sortie de Blanc-Sablon, un bourg austère de mille deux cents habitants, inaccessible par la route, à la frontière du Labrador et de Terre-Neuve. Loin de ses confrères qui s'impatientent.

Quarante-cinq journalistes européens invités par l'écologiste suisse Franz Weber logent en ville dans un motel sommaire. Peu équipée pour affronter le grand froid, la presse européenne est d'une humeur de morse. Le bar est mal approvisionné, sauf en bière locale. À Blanc-Sablon, pas de B.B. Pas de bébés phoques non plus, à l'exception des peluches apportées par Franz Weber. Opération commando de Greenpeace, la campagne de 1977 vise à sauver le plus grand nombre de jeunes phoques possibles. Le Canadien Brian Davies, créateur du Fonds international pour la protection des animaux (IFAW), est venu en renfort tout comme Franz Weber qui prétend financer le voyage de presse européen grâce à la vente de phoques en peluche. Les journalistes français le prennent pour un milliardaire suisse admirateur de Bardot et prêt à soutenir sa cause. En réalité, c'est Brigitte qui est secrètement le mécène de l'excursion européenne[4].

À une heure d'hélicoptère, cent mille vrais blanchons dorment ou tètent sur les glaces. Si une armada de six appareils a transporté la presse américaine et canadienne dans la zone de chasse, aucune compagnie n'accepte d'y convoyer les reporters français. Ce qui s'annonçait comme un excitant voyage tourne à la neurasthénie. Les journalistes ont cru s'envoler pour la banquise en compagnie d'une star. Ils doivent se contenter du play-boy vaudois qui fait dans l'écologie narcissique.

Le nombre de journalistes ne cesse d'augmenter à Blanc-Sablon si bien que Greenpeace organise une conférence de presse avec Brigitte pour faire retomber la pression. Au groupe venu de France s'ajoute une centaine de confrères américains. Comme Weber, Brian Davies a débarqué au Labrador avec un sex-symbol blond en pull norvégien, Yvette Mimieux. L'arrivée de Bardot, superstar internationale, a vu les bataillons nord-américains refluer vers Blanc-Sablon et les pêcheurs s'échauffer. Le Grand Nord est un cirque médiatique, cet hiver 1977.

Dans l'hôtel rustique où logent les Français, les chasseurs d'images se mêlent aux chasseurs de phoques, des ours à poil roux qui ne peuvent renier une origine écossaise et que la situation n'amuse pas. Brigitte décrète intérieurement qu'ils ont des trognes de tueurs. Devant elle aucun regard humain, juste le trou noir des appareils qu'on arme. Les photographes rient, s'invectivent, chargent, visent, mitraillent. Le cliquetis métallique des déclencheurs recouvre la voix de Weber. Brigitte ne voit pas le visage amical de Claire Brière-Blanchet. Admiratrice de Bardot, l'envoyée spéciale de *Libération* est acquise à sa cause. Fille d'un industriel bourgeois catholique comme elle, Claire partage l'admiration de Beauvoir pour ce beau personnage de femme libre. Bardot est alors à l'émancipation féminine ce que la reine d'Angleterre est à la nation anglaise. Militante d'extrême gauche durant ses études, entrée en politique au moment de la guerre d'Algérie, Claire a été conquise par le panache de Bardot face au chantage de l'O.A.S. C'est elle qui a convaincu son journal de l'envoyer en reportage.

Brigitte n'en mène pas large. Elle n'a encore jamais été confrontée à une situation de cette nature. « Empruntez un chemin que vous ne connaissez pas pour aboutir en un lieu que vous ignorez pour y faire quelque chose dont vous êtes incapable » dit le psychanalyste François Roustang. Cela exige du cran. Rassemblant son courage, Brigitte se jette dans une eau glacée. Dominant l'assistance de sa silhouette rectiligne, elle exige le silence. Trop impérieusement. « Ce massacre écœure le monde. Il va se passer quelque chose de grave pour le Canada s'il ne cesse pas... » déclare-t-elle. Elle y va trop fort, trop vite. La solennité du ton surprend Claire Brière. Sur la table couverte de micros qui sépare l'ex-actrice de ses interlocuteurs, la mascotte en peluche de Weber paraît ridicule. Alors que les flashs crépitent, Bardot tance sévèrement les photographes en leur rappelant qu'ils ne sont pas à Cannes. Comme au Mexique le jour où Jeanne Moreau a embobiné la presse, elle est à côté de la plaque. Il lui faudrait une rhétorique ou à défaut de la rouerie. Elle en est dépourvue. Investie d'une mission de la plus haute importance, la star adopte une attitude stoïque et digne qui la fait paraître autoritaire. « J'appréciais la Bardot belle et libre, pas cette virago » se souvient Claire, dont la bienveillance est entamée.

Avec le tact inimitable qui la caractérise, Bardot monte d'un cran : « Canadiens, assassins. » Comme l'a également noté Beauvoir avec perspicacité : « Brigitte Bardot ne se soucie pas le moins du monde des autres. Elle fait ce qui lui plaît, et c'est cela qui est troublant[5]... » Asociale, Bardot ne sait pas dialoguer, échanger, communiquer. Un sourire, de l'humour pourrait tout faire basculer. Exaspéré, Thierry Desjardins, l'envoyé du *Figaro*, lui reproche alors ses invectives à l'égard des Canadiens, des types formidables qui ont libéré la France. Brigitte, elle, se demande comment un rustre aussi mal fagoté dont en plus elle a payé le voyage, ose lui parler sur ce ton. La voix un peu trop aiguë, elle le traite de clochard. « Après ces journées dans ce trou, nous n'étions pas frais, c'est vrai, reconnaît Desjardins. Mais Bardot n'était pas non plus en beauté. » Son attitude méprisante lui aliène la sympathie des journalistes les plus acquis à sa cause.

Avec sang-froid, elle fait front. Jusqu'à ce qu'un chasseur vêtu d'une chemise à carreaux l'interpelle du fond de la salle. « Mademoiselle Brigitte, voulez-vous voir un bébé phoque fraîchement tué ? » Il lui tend un paquet. Dans un sac en plastique teinté de sang baigne un cadavre dépecé le jour même. Deux pupilles suppliantes transpercent la chair sombre[6]. Le Grand Nord est rude et les mœurs y sont viriles. Entre eux, les Terre-Neuviens ne s'appellent pas *hunters* (chasseurs) mais *killers* (tueurs). « Là, elle a craqué. Il y avait de quoi » dit Henrotte. Après avoir remercié l'assistance, Brigitte Bardot quitte la salle en pleurs.

« Un climat de scoop a pourri le voyage[7] » dit Thierry Desjardins. Chacun a espéré interviewer Bardot, comme c'est la règle implicite de ce genre de déplacement. « Elle est devenue invisible. Ne pas m'entretenir avec elle m'a chagrinée. J'ai envoyé un papier sur la chasse aux phoques sans parler d'elle » dit Claire Brière qui plus tard s'occupera des publications de Médecins du monde. Son héroïne l'a déçue. « Je me suis retrouvée devant une mégère aigrie tout en partageant sa cause. C'était absurde. »

Dans un article impitoyable, Thierry Desjardins rappelle à Bardot que Garbo, elle, a su se retirer à temps. « Actrice au creux de la vague, elle s'était trouvé un hobby sympa. C'était un peu pathétique. Et pourtant, j'adore les bestioles... » dit-il.

Le petit groupe de journalistes s'amuse des difficultés d'Henrotte à trouver un jeune phoque pour le photographier avec Bardot. Greenpeace va lui venir en aide. Installée à Belle-Île, un îlot inhospitalier et venteux dans le golfe du Saint-Laurent, l'équipe de l'ONG menée par Paul Watson a vu sans enthousiasme la bimbo débarquer sur la banquise. Les membres de Greenpeace s'interposent au corps à corps entre les chasseurs et le phoque. La photo de Laurent Trudel, le porte-parole de Greenpeace, les bras en avant pour empêcher l'avancée d'un brise-glace est célèbre. Quant à Watson, un guerrier pur et dur, tabassé par les chasseurs, il a été grièvement blessé.

Lorsque des éco-warriors végétaliens voient débarquer dans un camp de base une sauterelle bottée de cuir alors qu'ils se battent contre l'exploitation des ressources animales, ils voient vert. « Nous lui avons aussitôt proposé de les échanger contre un équipement plus chaud... » Sans lui faire la leçon, car elle paraît désorientée. Après tout, elle semble elle-même une espèce à protéger.

Heureusement, ils ignorent qu'ils ont devant eux l'interprète de *Mon léopard et moi*, apologie de la fourrure, une chanson signée par Darry Cowl et Hervé Roy.

*Une peau tigrée danse au sommet de mes cuissardes
Et je n'ai rien de plus sur le dos que ce manteau qui léoparde*[8]

La jeune femme frigorifiée est mise à l'abri d'une tente où on lui offre du chocolat chaud. Brigitte inspire à l'un de ses hôtes une initiative d'une surprenante finesse. « Pour la rassurer, je lui ai joué de la flûte traversière[9] » raconte Laurent Trudel. Jusque sur la banquise, la musique vient au secours de Brigitte dont la vulnérabilité fait fondre les membres de l'ONG auxquels elle confesse son admiration et sa fierté de les rencontrer. Et puis elle est trop mignonne pour qu'on la bouscule, surtout lorsqu'elle réapparaît en combinaison orange Greenpeace qu'elle a réussi à rendre sexy. Avant de repartir à Blanc-Sablon, elle serre chacun dans ses bras et prend la pose pour la photo souvenir. Greenpeace met à sa disposition l'hélicoptère qui lui permettra d'atteindre son objectif : ramener une photo de « bébé » phoque.

« Bébé » phoque ! La vision anthropomorphique et puérile de Bardot fait sourire les Canadiens qui la soupçonnent d'être atteinte du syndrome de Bambi[10]. Les Terre-Neuviens nomment les nouveau-nés « blanchons », « chiots » ou « veaux ». À travers les mots, deux mondes s'affrontent. Pratique ancestrale vieille de quatre siècles, la chasse au loup de mer, du nom du phoque du Groenland, rapporte fourrure hydrofuge, graisse et os exportés dans le monde entier. Les petits, nommés blanchons en référence à la couleur du pelage qui leur permet de se fondre sur la banquise en attendant la pousse d'un poil imperméable, font l'objet d'un commerce intense depuis la fin des années cinquante, vogue des manteaux de fourrure oblige. De janvier à mai, cette chasse est l'unique ressource des Terre-Neuviens qui le reste de l'année pêchent la morue, le homard, le hareng ou la crevette. Pour les chasseurs, le blanchon est une ressource, un gagne-pain.

Aux yeux des écologistes, c'est un animal émouvant, un bébé sollicitant l'instinct maternel. Particulièrement vulnérable avant la mue, le blanchon est une proie facile que le chasseur assomme à l'aide d'un hakapik, sorte de gaffe améliorée d'un crochet, avant d'être écorché à vif au couteau de boucherie. La plainte des jeunes phoques sur la banquise est d'autant plus saisissante qu'elle évoque un cri humain. Les récits activistes ne manquent pas de souligner que « les mères impuissantes restent souvent plusieurs jours auprès du petit corps ensanglanté, dépouillé de sa fourrure et laissé sur la glace par les assassins : elles tentent de réchauffer le cadavre nu et de l'allaiter encore... ».

Journalistes ou chasseurs, tous ont tort de se moquer de l'ex-actrice française. C'est vrai, Bardot vit dans le temps magique de l'enfance avec ses animaux en peluche et son manichéisme, mais elle a remporté la première épreuve : braver le ridicule. Pour une femme pourvue d'un ego aussi puissant, ça a du chien. Comme le dit le philosophe américain Paul Regan, fameux défenseur des animaux, « tous les grands mouvements passent par trois étapes : celle du ridicule, celle de la discussion et celle de l'adoption[11] ».

La photo de Brigitte sur la banquise fait la une de *Paris Match*, le 1er avril 1977, avant d'être reprise dans le monde entier. Comme les vedettes, les animaux sont des sujets idéalisés par les photographes. Rien n'est plus magnétique que l'addition sur une même image d'une superstar et d'un jeune animal, chacun des deux démultipliant le coefficient émotionnel de l'autre. À Capri, déjà, les paparazzis suppliaient Bardot de caresser les chiots, geste sentimental qui décuplait la valeur marchande de leurs images.

Grâce à Bardot, la cause des jeunes phoques, qui jusque là n'intéresse que les écologistes, devient universelle. Orchestré avec minutie par IFAW et l'écologiste suisse Franz Weber, le voyage de Brigitte Bardot au Canada est un puissant outil de communication. Après quelques succès aux États-Unis, les activistes ambitionnent de faire interdire le commerce des blanchons, puis celui des phoques vers la Communauté européenne.

La présence de la star, adhérente de l'IFAW, transforme le discours animaliste en *reality show*. Parce que les trois quarts des peaux de blanchons sont utilisées par l'industrie de la mode, la campagne vise les femmes, dont Brigitte Bardot est l'égérie. À son appel, beaucoup vont boycotter la fourrure : son pouvoir d'émulation est intact.

La mini-épopée de Bardot dans le Grand Nord, ses négociations avec les chasseurs de Blanc-Sablon ont fait le tour de la terre. La Belle a volé au secours de la Bête. Bardot abritant le *bébé* phoque de ses bras, c'est la Mère éternelle protégeant la vie. En terme de marketing humanitaire, un sommet. La campagne des jeunes phoques marque un tournant dans l'histoire du rapport entre l'homme et l'animal sauvage. Alors que ce dernier a été durant des siècles une ressource naturelle, le citadin l'érige en compagnon idéalisé avec lequel il noue une relation affective. Il faudra compter avec.

« Elle a obtenu des résultats, mais elle l'avait payé cher sur place » note Hubert Henrotte, devenu l'ami de Brigitte. Bardot ne s'est jamais adouci l'existence.

Dès 1977, le président Valéry Giscard d'Estaing, ex-amoureux transi de B.B., interdit l'importation des peaux de blanchons en France. Le 28 mars 1983, c'est au tour de l'Union européenne. Le 5 mars 2009, victoire historique : le Parlement européen interdit la mise sur le marché de tout produit dérivé du phoque, à l'exception de ceux issus des chasses traditionnelles conduites par les Inuits.

Premier combat de Brigitte Bardot, il se solde par une victoire totale. Ses compagnons sont plus amers. Militants sincères, Paul Watson et Laurent Trudel quittent Greenpeace dès 1977 avec le sentiment d'avoir été manipulés par une ONG qui cherchait argent et pouvoir, non à sauver des animaux.

Le blanchon n'est pas seulement une proie pour les chasseurs canadiens. En termes de rendement compassionnel, il possède des atouts inégalés. Son nom, d'abord. Bébé. Phoque. Un rêve de chef de produit. Sa beauté. Ses larmes. « Ajoutez à cela l'image sanglante du chasseur qui le frappe à la tête, vous obtenez une image qui va droit au cœur des amis des bêtes. Sans compter les larmes du bébé phoque. En réalité, il pleure à cause du sel qui empêche ses yeux de geler... » dira Watson.

Laurent Trudel est retourné à ses premières amours, la musique, tandis que Paul Watson joue les corsaires à la tête de son ONG Sea Shepherd. En Suisse, Franz Weber cède peu à peu sa luxueuse fondation de Montreux à sa fille Vera, surnommée la *Brigitte Bardot vaudoise*, laquelle commercialise, outre les blanchons en peluche, des plats cuisinés végétariens.

Fortune faite en 1997, Brian Davies a quitté le Fonds international pour la protection des animaux, aujourd'hui une des plus puissantes ONG animales. Il a obtenu un dédommagement de deux millions et demi de dollars canadiens de la part d'IFAW. Quand à l'image du blanchon, elle continue à servir Greenpeace et IFAW, devenues de richissimes ONG : elles lèvent respectivement deux cents et cent millions de dollars annuels, soit dix à vingt fois plus que ce que le blanchon rapportait aux chasseurs du Labrador. Des millions de donateurs souscrivent, ignorant la supercherie : la chasse aux blanchons est interdite depuis belle lurette. Les pêcheurs de Saint-Malo s'en plaignent, affirmant que la prolifération des phoques dans le Grand Nord a modifié l'équilibre écologique et épuisé la ressource. Difficile d'être un bienfaiteur.

« Bardot était aussi sincère que nous, dit Rex Weyler, ancien de Greenpeace. Dans cette aventure elle risquait sa notoriété, et ce n'était pas rien. » En effet, ce n'était pas rien. C'est même tout, pour une femme pareille. Sa fierté : traits marqués et chevelure en berne, avoir pulvérisé sur la banquise son image de sex-symbol et dépassé sa terreur de perdre l'approbation du public, comme ce jour qui avait failli la tuer, lorsque la potiche chinoise se brisa. La photo, signée Mirko Brozek, appartient désormais à Bill Gates.

La star et l'académicienne

Avant l'image, il y eut le verbe. Celui de l'écrivain Marguerite Yourcenar, qui a ouvert les yeux de Brigitte Bardot sur la condition des blanchons. Yourcenar admire Brigitte. Le 24 février 1968, cette amie des bêtes lui adresse une longue lettre du Maine pour l'alerter sur le massacre des jeunes phoques dans les eaux canadiennes. Dans cet échange conservé à Harvard dans le fonds Yourcenar, un grand écrivain français demande à une grande actrice française de mettre sa notoriété au service des *peaux blanches*. Elle suggère à Brigitte Bardot d'écrire au Premier ministre canadien, Pierre Elliott Trudeau, ou mieux, d'appeler au boycott de la fourrure de phoques. « Je suis persuadée que vous pouvez plus que quiconque persuader le public féminin de boycotter les vêtements obtenus au prix de tant de douleur et d'agonie. » Dans un style soigné, une Yourcenar bouleversée dépeint la mise à mort des blanchons dans le golfe du Saint-Laurent sans lésiner sur les détails crus. Consciente des critiques que ne manqueront pas de provoquer les défenseurs de la cause animale, souvent accusés de préférer l'animal à l'homme, Yourcenar les désarme. « L'homme coupable de férocité, ou, ce qui est peut-être encore pis, de grossière indifférence envers la torture infligée aux bêtes, est aussi plus capable qu'un autre de torturer les hommes. Il s'est pour ainsi dire fait la main. »

Le 17 mai 1964, Radio-Canada a diffusé un sobre documentaire de vingt minutes dénonçant la violence d'une chasse démultipliée par la technologie : avions, hélicoptères, chaloupes. L'IFAW est créée, Yourcenar y adhère. Elle n'a pas choisi Bardot par hasard : elle la sait sensible aux souffrances des bêtes. Le 5 janvier 1962, dans l'émission *Cinq Colonnes à la une* présentée par Pierre Desgraupes, l'actrice participe à une nouvelle séquence intitulée « Avocats d'un soir » et défend la cause des animaux de boucherie. Yourcenar a regardé cette admirable plaidoirie avec le plus grand respect. Jamais les bêtes n'ont bénéficié d'un si gracieux avocat. Délaissant son arsenal de poupée sexy pour un bandeau bien sage et un maquillage léger, Bardot fixe la caméra avec un calme franc et droit. Dans la position d'attente inquiète d'un jeune cerf, elle expose la situation avec clarté.

Comme au Moyen Âge, les bêtes sont égorgées vivantes. Le jeune témoin qui accompagne Brigitte, son ami Jean-Paul Steiger, chroniqueur à *Tintin* et créateur à douze ans du Club des Jeunes Amis des Animaux (les J.A.A.), s'est enrôlé aux abattoirs de La Villette. Huit jours durant, il a balayé les stalles en chronométrant l'agonie des veaux. Pendant une éternité qui dure trois, quatre, cinq minutes, l'animal est vivant et il souffre. La preuve, il s'écarte lorsque le manche du balai approche sa tête. Au récit factuel succède un gros plan du visage de Brigitte Bardot. Sans un mot, elle plonge son regard noir et profond dans celui du téléspectateur. Elle l'hypnotise de sa gentillesse. Lorsqu'elle se tourne vers les deux tueurs des abattoirs de La Villette, ses cheveux relevés en choucroute pareille au bonnet phrygien dessinent un profil républicain. C'est la première fois en France qu'on s'intéresse au bien-être des animaux de boucherie. De son fin poignet cerclé d'un bracelet fétiche en perles fines, Bardot tient le pistolet d'abattage employé au Danemark et en Grande-Bretagne pour anesthésier les bêtes, dont elle explique aux saigneurs le maniement : « Nous avons un système très facile... » Vibrante et retenue, son intervention est d'une rare élégance. Elle n'abuse pas de la sentimentalité du téléspectateur. Elle semble s'excuser d'être aussi belle, aussi unique. Sa personnalité rayonne avec tact. Et elle connaît son dossier, préparé par Jean-Paul Steiger. C'est en adhérant à son club pour enfants que Brigitte a commencé à défendre les animaux. Allain Bougrain-Dubourg ou le futur écologiste Antoine Waechter ont fait la même chose, sauf qu'eux étaient de vrais enfants. « Ce soir-là, Brigitte a été très astucieuse. Elle n'a pas accusé les viandards. L'impact dans l'opinion publique a été extraordinaire[12] » dit Jean-Paul Steiger. Marianne Frey[13], la fille de Roger Frey, ministre de l'Intérieur, contacte l'actrice et lui propose son aide.

Brigitte et le jeune ami des bêtes obtiennent gain de cause puisqu'à partir de 1964, un décret oblige à étourdir l'animal avant sa mise à mort, à l'exception de l'abattage rituel. Cette belle victoire a frappé les esprits. « Il est merveilleux que la beauté et la grâce soient en même temps la bonté » conclut Yourcenar à la fin de sa lettre.

Les archives ne gardent pas trace de ce que fut la réponse de Brigitte à Marguerite Yourcenar, dont une partie de la correspondance ne sera pas accessible avant 2037. Mais ses actes parlent pour elle. C'est à la source réaliste et percutante du style de Yourcenar que Brigitte Bardot va puiser dès 1977 lorsqu'elle entame son combat pour les bébés phoques. Elle évoque ce monde « à tant de points de vue atroce », les carcasses sanglantes, les cris déchirants de la mère devant son blanchon dépecé dont le cœur bat encore... Tout ce qui fait la force et la faiblesse du discours de Bardot trouve sa matrice chez Yourcenar. Mais c'est seulement en 1976 qu'elle prend conscience du massacre après en avoir vu à la télévision les premières images[14]. Jusque-là, si elle a participé à des émissions pour prendre la défense de causes animales ou de l'enfance en danger, elle n'est pas encore une activiste même si depuis 1962, elle est végétarienne[15].

« Comme le disait Marguerite Yourcenar, je ne veux pas digérer l'agonie » a-t-elle coutume de dire. Marguerite Yourcenar ne s'est pas exprimée ici. Dans son roman *L'Œuvre au noir*, parlant d'un personnage végétarien, elle écrit : « La viande, le sang, les entrailles, tout ce qui a palpité et vécu lui répugnaient à cette époque de son existence, car la bête meurt à douleur, et il lui déplaisait de digérer des agonies. » Yourcenar, pensent ses exégètes, se remémorait une métaphore de Victor Hugo. Devant un bouquet de fleurs au corsage d'une femme, il appela cet accessoire « un bouquet d'agonies ».

Le 1er avril 1976, Brigitte annonce la création de la première fondation Bardot (qui sera sabordée en 1977) et le lendemain participe à une manifestation de protestation contre la chasse aux blanchons devant l'ambassade de Norvège.

Elle a abandonné le cinéma depuis deux ans, son père vient de mourir, elle cherche à donner une nouvelle direction à sa vie[16].

Jojo aime Bardot

L'histoire de Brigitte Bardot, il faudrait la raconter en adoptant le point de vue d'un animal. Une gazelle oryx du Sénégal, un ours dansant de Bulgarie ou un ours polaire canadien, un singe du Congo, un koala d'Australie, un gibbon d'Indonésie, un cheval tunisien, un chien serbe, un éléphant de Thaïlande, un lynx d'Espagne, un chat de La Garenne-Colombes, un requin-marteau, un tigre du cirque Medrano. Combien d'animaux ont eu leur vie transformée par son action ? Les chiens et les chats, les chevaux et les moutons, les ours de cirque, les phoques, les éléphants, les rhinocéros, les anguilles et les crustacés, une quantité incroyable d'animaux dont elle a sauvé ou amélioré la vie. C'est un des plus beaux aspects du destin de cette femme : elle a éveillé les consciences et parfois transformé la loi. Brigitte Bardot nous a appris à mieux traiter les bêtes. Elle n'est pas venue à bout de la cruauté envers les animaux, mais sur ce vice enraciné au plus profond de l'humanité, Gandhi lui-même a échoué[1].

« Certains problèmes sont perçus plus tôt par des esprits plus rapides ou des cœurs plus profonds que les nôtres... En France, je pense à une femme dont on parle moins souvent et dont l'exemple me paraît très important : Brigitte Bardot. Brigitte Bardot, si belle, ayant parfaitement réussi ses films de femme-enfant, de femme-objet, qui aurait pu se contenter et même se satisfaire d'être une éternelle jolie femme, et qui à la place de tout ça est devenue la défenderesse des animaux, a pris aussi part à la défense de la nature d'une façon excessivement active, excessivement courageuse, et ce d'autant plus qu'elle a trop souvent recueilli elle aussi les ironies » a dit Marguerite Yourcenar de sa disciple.

Loin de trouver Bardot trop agressive, Yourcenar au contraire se déclare ravie de la voir utiliser sa fougue, son énergie et sa « capacité de juste violence » contre les gens qui maltraitent les bêtes.

La vente du 17 juin 1987

Le catalogue est épuisé. Dédicacé par Brigitte Bardot, celui de Jacques Tajan, organisateur de la vente, a disparu. Non seulement les demandes de documentation, mais les accréditations de presse et les ordres d'achat émanent des quatre coins du globe. Pour sa section de mode, le Metropolitan Museum de New York souhaite acquérir la robe de mariée de Brigitte, celle des noces avec Vadim. « Nous avons une robe de Marilyn, nous en voulons une de Brigitte Bardot[2] » écrit le musée. Les trois bracelets Cartier offerts par Gunter figurent au catalogue de la vente. Ils en constituent les lots 68, 69 et 70.

Jacques Tajan, le premier commissaire-priseur de France, est étrangement ému. Il sait l'objectif improbable que Bardot poursuit : sauver les animaux. Tous les animaux du monde entier. Son modèle, la Fondation Cousteau créée cinq ans auparavant. L'État exige une dotation minimum de trois millions de francs. C'est ce que Brigitte explique à Jacques Tajan, convié chez elle pour expertiser ses trésors. Tout est à vendre, les souvenirs de famille et de cinéma, les meubles, la vaisselle, les œuvres d'art, les bijoux, les costumes de film. Brigitte Bardot donne tout, même le portrait d'elle à l'âge de dix ans réalisé par Marie Laurencin et dédicacé à *Madame Louis Bardot avec un grand merci, octobre 1945*, dont sa mère ne s'est jamais séparée. Brigitte avait déjà vendu des effets personnels pour financer une première association, des objets ou des accessoires superflus dans une boutique, « La Madrague », tenue par une copine à Saint-Tropez. Elle l'approvisionnait en jupons de dentelle, colliers de coquillages, sacs personnels, affiches dédicacées, T-shirts à son effigie. Cette fois, elle va plus loin, sacrifiant ses objets les plus chers. Seule une petite coiffeuse Charles X de la taille d'un enfant qu'elle tient de sa grand-mère maternelle échappe à l'inventaire du commissaire-priseur. Elle lui explique que dans ce miroir, elle a commencé à se trouver belle[3].

Dresser la liste des lots ne prend guère de temps : à peine plus d'une centaine, la plupart sans grande valeur. Les possessions accumulées au cours d'une vie dessinent en creux un caractère. Les êtres généreux n'accumulent pas. Bardot est une femme qui a plu aux hommes mais n'en a guère tiré profit, remarque en lui-même Tajan[4]. Derrière une collection inestimable, il pressent l'égoïsme, l'avidité, la revanche à prendre. Il brasse plus de cent cinquante ventes par an, il a décroché ou décrochera les plus belles collections. Celles de Philippe de Rothschild, du *golden boy* déchu Roberto Polo, du dey d'Alger Hussein Pacha, de la veuve de Giacometti, du chorégraphe Serge Lifar, du banquier David Weill, des écrivains Sacha Guitry et Roger Peyrefitte, de l'orfèvre Louis Carré, du bibliophile Jacques Guérin, du comédien Yul Brynner sont passées sous son marteau.

L'estimation remise à Brigitte, objective et cruelle, est loin des trois millions nécessaires à son projet. Sans se laisser décourager, elle offre de sacrifier… sa petite coiffeuse. Tajan reste sans voix. Son métier l'expose à l'âpreté, y compris lors des ventes de charité dont il s'est fait une spécialité. Obtenir des lots est usant. De la tribune du commissaire-priseur, l'humanité n'est pas aimable. « Jamais je n'avais rencontré quiconque donnant autant pour autrui ou pour une cause. Les gens généreux, on n'en voit pas beaucoup dans les ventes caritatives. » Craignant un sacrifice excessif, il tente de dissuader Brigitte d'offrir le jouet. Rien n'y fait. La coiffeuse figure dans la vente au numéro 116. Le dernier lot du catalogue. La vendeuse vend son cœur.

Le mercredi 17 juin 1987, une grande agitation règne à la Maison de la chimie où la vente a dû se transporter faute d'espace à l'hôtel Drouot. Une demi-heure avant la vente, Jacques Tajan envoie son chauffeur chercher Brigitte Bardot, sa secrétaire et son ex-fiancé Allain Bougrain-Dubourg, de manière à leur épargner l'attente. Au fil des jours, une femme touchante lui est apparue, très différente de son image publique. « Brigitte Bardot a la voix d'un être tendre », a noté le commissaire-priseur, sensible à la musique des êtres. Seules une vingtaine de télévisions ont trouvé place dans la salle. Les laissés-pour-compte rechignent à vider les lieux[5]. Le retard causé par les médias oblige Brigitte à patienter tandis que dans la salle, six à sept cents personnes s'installent. En coulisses, Tajan l'observe fumant à la chaîne des cigarettes comme si elle allait se consumer sur place. Les traits émaciés sont protégés des regards par un maquillage appuyé. Elle inaugure une nouvelle coiffure, un chignon qui dégage la nuque avec fierté. Admirable dans un tailleur noir qui sculpte ses formes, sa beauté a quelque chose de magique, pense-t-il. Dans sa vie de sauvageonne à Saint-Tropez ou dans sa maison de Bazoches, elle ne s'habille plus qu'en jeans et bottes. Dans sa garde-robe, elle a sélectionné un élégant tailleur de sa période glorieuse, surprise d'y entrer toujours. Elle le porte à même la peau trop hâlée. À cinquante-trois ans, non seulement elle n'a pas pris un gramme mais elle a minci depuis que, pour la première fois sans compagnon, elle vit au bord du chagrin. Elle s'imagine que les hommes la délaissent parce qu'elle vieillit. Ce sont eux qui vieillissent et ne s'adaptent plus à un mode de vie dédié aux animaux.

Elle redoute le bruit et la foule dont elle perçoit le brouhaha derrière le rideau de scène. Des gens du show-business, des admirateurs, des curieux.

Le cirque habituel. A-t-elle avalé un Temesta ? C'est possible. Gagnée par le trac, elle force sa nature. « J'ai pris conscience de la qualité extraordinaire de cette fille. Il y a en elle une foi, une sensibilité, un désintéressement de tout ce qui est matériel. »

En accompagnant Brigitte sur la scène, Jacques Tajan la sent trembler contre lui. Lui-même est gagné par l'émotion. La salle se lève pour accueillir B.B. sous les applaudissements. Une gerbe de fleurs dans les bras, Brigitte Bardot improvise une déclaration. « J'ai donné ma jeunesse et ma beauté aux hommes, je donne maintenant ma sagesse et mon expérience, le meilleur de moi-même aux animaux. » Salve d'applaudissements tandis qu'elle gagne sa place en larmes.

Puis commence la plus mémorable soirée jamais vécue par Jacques Tajan. Plus de vingt ans après, le commissaire-priseur s'émeut chaque fois qu'il l'évoque. Il met tout son talent, tout son sens théâtral de la mise en scène au service de la jeune femme. Il commence par mettre aux enchères les œuvres d'art, buste d'Aslan, violoncelle d'Arman, gouache de Clavé. La présence de la star électrise l'audience qui suit chaque adjudication en retenant son souffle avant d'exploser en applaudissements. Grisé par cette ferveur, le commissaire-priseur trouve vite son rythme et fait monter les enchères avec brio. La mini-robe Paco Rabanne du *Bardot Show*, le bonnet 1925 en perles de *Boulevard du rhum*, tout part sous les bravos, comme pour saluer la beauté du geste. « Je l'avais devant moi à cinq mètres, la regarder me transcendait. J'aimais cette femme pour ce qu'elle était. »

« Noble franciscaine » écrit l'académicien Maurice Rheims dans la préface du catalogue qu'elle tient sur ses genoux. Une simple couverture blanche sur laquelle a été frappé le logo enfantin de la future fondation, le même qu'aujourd'hui. Avec l'inscription « Vente aux enchères au profit de la Fondation Brigitte Bardot ayant pour but de promouvoir et d'organiser la défense ainsi que la protection de l'animal sauvage et domestique, tant en France que dans le monde entier (fondation en cours de création) ».

Noble franciscaine ? Comme François d'Assise, le patron des animaux, Brigitte est une fille de famille qui se dépouille pour vivre sa foi. À Spolète, où Brigitte a tourné *Vie privée*, François a eu la révélation. Pour se mettre au service de Dieu, il a vendu jusqu'à ses vêtements et s'est retrouvé tout nu. Elle aussi, elle se dépouille.

Le lot 45, « robe de mariage avec Vadim, velours de soie blanc cassé, buste princesse, traîne et drapé sur les hanches », n'est finalement pas acquis par le Metropolitan. Brigitte, pour une raison mystérieuse, n'a pas fourni les renseignements demandés. Pourquoi ? Yvette Trantz, une amie de sa mère qui avait ouvert une maison de couture au 6, rue des Moulins, dans une ancienne maison close fréquentée par Toulouse-Lautrec, avait fait la robe. Qu'importe, applaudissements lorsqu'un autre l'emporte. Brigitte se sépare d'un vêtement conservé depuis trente-cinq ans, souvenir de son premier amour, l'inoubliable, celui pour Vadim. C'est comme une autobiographie qui se déroule en public.

Il y a aussi des verres en cristal, une dînette, un nécessaire de maquillage. La lecture du catalogue montre que Brigitte donne tout. Les bagues 1900 de ses grands-mères, un paroissien, des carnets de bal en ivoire sculpté, des poudriers, d'anciens jouets d'enfant, les trésors de famille dont on ne se sépare pas volontiers dans la bourgeoisie.

Devant la salle subjuguée, Jacques Tajan se fait pressant, enveloppant, tirant à la hausse les adjudications. « Nous vendions Brigitte. » Elle instaure avec le public un rapport si singulier que chaque objet semble investi d'une présence particulière. Par tendresse ou par gratitude, ses admirateurs laissent filer les enchères pour participer à son rêve. « Lorsqu'une personne se lève, a dit l'artiste futuriste Anton Giulio Bragaglia, la chaise est encore occupée par son âme. » Ainsi Bernard Pivot, vedette de la télévision, achète le stylo Cartier et les huit flûtes à champagne gravées aux initiales B.B., sans doute offertes par Gunter Sachs. Brigitte Bardot a été son rêve de jeune homme. « Comme beaucoup, j'étais amoureux d'elle. J'ai vu la plupart de ses films[6]. »

Chose curieuse, plusieurs montres d'homme figurent à l'inventaire. Oublient-ils les heures dans son alcôve ? « Trois ans avec Brigitte Bardot, c'est comme trente ans avec une simple mortelle[7] » disait Gunter Sachs.

Qui lui a offert les deux beaux bracelets ayant peut-être appartenu à la Maharani de Kapurthala ? Ciselés dans les ateliers de Jaipur, en émail rehaussé de pierres précieuses, ils se terminent par deux monstres marins à tête d'éléphant qui s'affrontent. Discrètement, Gunter a passé un ordre conséquent pour racheter le diamant marquise et les trois bracelets Cartier donnés à Brigitte. À sa manière, il l'aide à créer sa fondation. Au lot 68, on peut lire la description suivante : « Bracelet ligne en platine, le cliquet en or gris, articulé de quarante-quatre motifs carrés, chacun d'eux orné d'un diamant taillé en brillant signé Cartier Paris, longueur 18 centimètres. » Le lot 69, articulé de cinquante-cinq rubis carrés calibrés, mesure 18,2 centimètres. Le lot 70, articulé de quarante-sept saphirs carrés calibrés, mesure 17,3 centimètres.

Le morne lexique d'une vente réduit un objet chargé d'imaginaire à une sèche matérialité de chiffres, mesures, poids. Les lots 68, 69 et 70 atteignent des records (cent mille, soixante mille, cent mille francs), tout comme les alliances tricolores offertes à Las Vegas. Jacques Tajan s'est mué en prestidigitateur car quelques heures plus tôt, dans la salle 10 de l'hôtel Drouot, son confrère Me Hubert le Blanc a vendu les mêmes quatre fois moins chères.

L'habile Tajan met si bien son pouvoir de conviction au service de Brigitte Bardot que le diamant navette de 8,76 carats du lot 75, avec un prix qui s'envole à un million trois cent mille francs, échappe à Gunter. Près de la moitié de la somme nécessaire à la création de la fondation. Un groupe d'Italiens particulièrement exubérants contamine la salle jusqu'au délire. La vente a déjà rapporté trois millions cinq cent mille francs quand arrive le dernier lot, le n° 116. La petite coiffeuse portative. Jacques Tajan se tourne vers Brigitte en lui proposant de la retirer de la vente. En vain il attend un signe. « Cette coiffeuse, tout le monde la voulait. Je regarde Brigitte, elle ne bouge pas. » Il lève le marteau. « Cela arrachait chaque fibre de mon être que de m'en séparer[8] » dit-elle. Le marteau retombe. Six mille cinq cents francs.

Il ne reste plus rien à mettre sous un marteau qui a pris des allures de baguette magique. Tajan le met en vente. Cette fois, Brigitte mène l'enchère, après avoir remarqué que l'objet était en ivoire et fanon de baleine. Il est racheté par le maire de Saint-Tropez. Puis c'est une ovation qui n'en finit pas.

« C'est un des plus grands moments de ma vie… » Jacques Tajan réfléchit un instant : « Par la qualité du vendeur. »

Dans la soirée, il fait porter chez Brigitte un objet emballé. La petite coiffeuse. L'acheteur, c'était lui. « J'ai de la reconnaissance pour elle car elle m'a fait vivre quelque chose d'extraordinaire » dit-il. Des mots simples, qui traduisent le sentiment de nombreux admirateurs de Brigitte Bardot.

Rue Vineuse

Lui, c'est Jojo. La porte de sa cage ouverte, il explore le placard à fournitures. Un inconnu l'a déposé. Sa femme l'avait quitté, l'homme n'avait plus d'emploi, Jojo était de trop. Le divorce, un drame pour l'animal. Le furet et sa coquette cage ont trouvé refuge à la Fondation Brigitte Bardot. Dans une atmosphère légère de nursery avec des meubles romantiques en rotin blanc garnis de coussins en vichy qui rappellent la chambre du petit Nicolas en 1960 ou une cabine d'esthéticienne sur la Côte d'Azur, la jolie standardiste veille sur lui. Le plus souvent, elle recueille des chats comme celui qui sommeille sur le clavier d'un ordinateur sous une affiche de B.B.

La Fondation revendique cinquante-quatre mille adhérents de sept à soixante-dix-sept ans. Un bureau à Bucarest, une antenne mobile en Yougoslavie, une fête de famille annuelle, le « Noël des animaux » parrainé par une vedette, Michel Serrault, Robert Hossein, Rika Zaraï. Une quarantaine de permanents, jeunes et beaux experts que soutiennent une centaine de députés français.

« La Fondation est la chose dont je suis la plus fière dans ma vie » dit celle-ci. Elle a été reconnue d'utilité publique en 1992, après que Bardot lui a fait don de sa propriété de Bazoches et de la Madrague : « Les animaux me logent » dit-elle. Il lui reste la Garrigue, une autre propriété à Saint-Tropez.

À l'Assemblée nationale, les parlementaires reçoivent le journal de la Fondation, dont elle est le véritable rédacteur en chef. Il est fabriqué au 39, rue Vineuse, à l'adresse exacte où son père avait ses bureaux. L'ancien hôtel particulier a disparu, remplacé par un immeuble des années soixante-dix, mais le jardinet entre quatre murs où elle faisait du tricycle est intact. Bardot décide tout dans cette publication populaire : la une, les éditos larmoyants, l'iconographie lugubre. Illustré de photos repoussantes, le magazine cultive un style émotionnel cru : mufle vomissant du sang, pendaison de chats, blessures purulentes, mutilations. Parfois, la Fondation Bardot y va fort, comme sur cette campagne publicitaire de choc : « Ne faites pas aux autres ce que vous n'aimeriez pas subir. » Sur le visuel, un phoque s'acharne sur le cadavre bleui d'un nouveau-né humain à coups d'hakapik.

Les larmes aux yeux, Brigitte Bardot sollicite la compassion. Tactiquement, cette approche sentimentale est à double tranchant : même si son combat est juste, le ton peut agacer et desservir sa cause. Face à un tel étalage de sensiblerie, l'échange est impossible. Elle parle des animaux avec beaucoup d'émotion. Trop d'émotion. C'est son arme et sa faiblesse. La colère, la rage, la pitié, le chagrin, le dégoût ne se communiquent pas. Le flot passionnel qui sature son discours brouille un message pourtant juste. Bardot s'adresse au cœur plutôt qu'à la raison. Sa stratégie pollue le message au point que parfois, il est inaudible. Ainsi de longue date, la Fondation Bardot tente d'attirer l'attention sur les porcheries industrielles et les poulaillers géants où naissent les fruits de notre mode de vie. La façon dont nous les traitons est-elle juste ou pas ? Que faut-il changer ? Quelles sont nos responsabilités face aux animaux ? Aux arguments rationnels, la Fondation préfère la culpabilisation.

Quant à Brigitte Bardot, elle est malheureuse. « La condition animale ne progresse pas, elle recule. L'industrialisation s'accélère. Le transport et l'abattage industriel accroissent la souffrance animale. La robotisation, c'est une horreur. » Tant que le monde animal continue à souffrir, Brigitte souffre. « Il faudrait, de temps en temps, obtenir des résultats... » Incapable de renoncer aux illusions de l'enfance, incapable de s'engager dans une vie adulte, elle rêve d'un monde sans méchanceté.

Nicolas en plein fjord

Dans l'homme au cheveu coupé court vêtu d'une canadienne trop vaste pour lui, l'avocate Karen Berreby ne reconnaît pas un garçon rencontré vingt ans auparavant chez des amis. Plein de gaieté, le jeune Nicolas Charrier, âgé d'une quinzaine d'années, frappait par son exubérance. S'il a fait le voyage depuis Oslo où il vit, c'est qu'il vient de prendre un sacré coup. « Un coup sur la tête » précise-t-il à l'avocate[1]. Un pavé de cinq cent cinquante-cinq pages publié aux éditions Grasset, *Initiales B.B.*

Des jeunes gens malheureux, Karen Berreby en a vu. En 1980, chez la vedette du barreau marseillais Paul Lombard, elle avait pour cliente Béatrice Saubin, une jeune fille de vingt ans condamnée à mort en Malaisie pour trafic de drogues. Abandonnée par ses parents, Saubin a le même âge que Nicolas à quelques mois près. Visiblement sonné, le jeune homme qui se tient devant l'avocate ne parvient pas à exprimer sa détresse. Évelyne Charrier, sa tante, l'encourage affectueusement à s'exprimer. « Il ne savait plus ce qu'il voulait[2] » raconte l'avocate.

Après le divorce de ses parents quand il avait deux ans, Nicolas vit d'abord avec son père et sa tante Évelyne jusqu'au remariage de Jacques Charrier avec France Louis-Dreyfus, héritière du groupe de négoce. L'enfant partage alors la vie du couple et de deux demi-sœurs, Marie et Sophie. Lorsque son père divorce une seconde fois, il est confié à Évelyne Charrier, mariée à un médecin. De huit à dix-huit ans, Nicolas grandit dans les Pyrénées au milieu de ses cousins, jusqu'à ce qu'il vienne à Paris s'inscrire en maîtrise de gestion à la fac de Paris-Dauphine. Il se fond alors dans la masse des étudiants. Ce n'est pas difficile, des Nicolas Charrier il en existe des dizaines en France et par bonheur, il ne ressemble pas plus à sa mère qu'à son père.

« Mes relations avec ma mère, chacun peut les imaginer[3] » a dit Nicolas Charrier. Tout le monde les imagine. Nicolas les subit, victime collatérale de la célébrité, il est un objet de curiosité. À quatre ans, il faisait la une de *France Dimanche*[4]. Les photos le montraient patinant sur la glace dans les bras de son père tandis qu'en médaillon, ceux de Sami Frey et... de Bob Zagury enlaçaient sa mère. À sept ans, il faisait la couverture de *Paris Match* avec B.B.

Dès qu'était connu son lien de parenté avec la star, la curiosité s'allumait. On le dévisageait. On cherchait la ressemblance avec elle. Se rendait-il à une fête ? On le décrivait comme « un jeune adolescent musclé dont l'excellent physique a de qui tenir[5] ».

Non, Nicolas Charrier ne ressemble pas à sa mère. Pas du tout. Il en est le négatif. Brun, introverti. Pudique. Discret. Pas du genre à se pousser du coude, à revendiquer le haut de l'affiche. Joyeux comme tout dans l'intimité. Affectueux. Soucieux de passer inaperçu. Le filleul de Pierre Lazareff n'aime pas la publicité.

Son illustre filiation n'est pas un atout. Il s'en rend compte dès ses premiers pas dans le monde adulte. En 1983, pour le convaincre d'enregistrer deux chansons, d'improbables producteurs lui répètent qu'il est « génial », que sa voix est « formidable ». Il a la faiblesse de les croire. C'est l'époque où Anthony Delon, Paul Belmondo, Stéphanie de Monaco accèdent aux feux de la rampe. Nicolas Charrier est amoureux d'Anne-Lise, un modèle norvégien rencontré chez Cardin où il a lui aussi mannequiné durant ses études. Est-il pour autant chanteur ? En studio, il enregistre deux titres, *Station Music* et *Accélération*. Le vinyle, sorti chez Philips/Polygram, n'a pas plus de succès que celui de son père en 1959. Sa mère lui adresse alors une lettre particulièrement blessante[6]. Bousculé par cet échec, Nicolas se voit reléguer dans les rubriques *people* ou pire, les enquêtes de type « Fils et filles de… ». « *L'Officiel Homme* a recensé cette nouvelle race de vedettes journalistiques qui peuvent dire : "Merci Papa Maman[7]" », par exemple. Merci, vraiment ?

Ce jour d'automne, Nicolas Charrier n'arrive pas à s'exprimer. « Il était atteint dans son cœur d'homme[8] » dit Karen Berreby. L'avocate est émue. Bardot, comme toutes les femmes de sa génération, elle en est plutôt fan. Si un de ses vieux films passe à la télévision, elle le regarde. Et puis elle aussi adore les animaux : Karen Berreby prétend parler le langage des épagneuls. Elle questionne le jeune mutique. Informaticien, il vit et travaille à Oslo où il s'est marié et a deux petites filles. L'avocate peine à imaginer en père de famille le grand adolescent blessé assis devant elle. Sa mère, explique-t-il, tient des propos inacceptables. Si inacceptables qu'il ne peut les répéter. Publié à la rentrée de septembre 1996 dans un tintamarre orchestré, *Initiales B.B.* est en tête des ventes dès la première semaine de sortie.

Quelques jours plus tard, l'avocate rencontre Jacques Charrier, le père. Disert, il fait un récit navrant des relations de Nicolas avec sa mère. Bardot, dit-il, a d'abord désiré l'enfant, adressant à Jacques des lettres enthousiastes[9]. Influencée par son entourage, elle a peu à peu changé d'avis. Égoïste, elle craignait de perdre sa beauté. « Sa vie est entachée de l'abandon de son fils qu'elle a aimé au début, puis laissé tomber[10] » dit-il.

Si Bardot a été heureuse d'être enceinte, ses sentiments étaient sans doute ambivalents. Dans des mémoires publiés dix ans auparavant, Vadim confirmait la peur de son ex-femme. Enceinte de quelques semaines, elle s'était confiée à lui, seul capable de la comprendre sans juger, avant de se résoudre à épouser Charrier. La maternité la terrifiait. « Suis-je un monstre ? » lui avait-elle demandé. Elle considérait la grossesse comme une « punition du ciel »[11].

Durant son enfance, l'enfant a entretenu avec sa mère des relations sporadiques au gré des vacances scolaires et des fêtes. Un été, l'enfant arrive pour les vacances à la Madrague. La maison est pleine, il n'y a pas plus de place pour lui que dans la vie de sa mère. Vadim, marié à Catherine Schneider (après Jane Fonda), recueille l'enfant dans leur propriété de Saint-Tropez[12].

À Bazoches, Brigitte fait visiter la chambre de l'enfant, deux petits lits de fer couverts de peluches, se plaignant qu'il ne vienne jamais[13]. C'est qu'elle ne l'invite pas, faute de temps. Étudiant, Nicolas désire une voiture et sonde sa mère. Ça tombe bien, elle cherchait une idée de cadeau pour Noël. Au moment des fêtes, elles l'invite à déjeuner à Bazoches avec son père. Une fois achevé le rituel des cadeaux, Brigitte demande à son fils, impatient, d'ouvrir la fenêtre. Il découvre alors la (mauvaise) surprise. Une bicyclette. Il faut ravaler sa déception, écouter ses justifications : elle a eu des frais. Il abandonnera le vélo en partant[14].

À la mort de sa grand-mère maternelle, Nicolas espère recevoir la maison de Saint-Tropez que cette dernière lui a promise[15]. Sa mère la met en vente, lui offrant à la place la bibliothèque de son grand-père. Des brûlots d'extrême droite, raconte Charrier : les pensées de Goebbels[16], *Mein Kampf* aux éditions Sorlot dédicacé par Hitler, Gobineau, auteur de *L'Essai sur l'inégalité des races humaines*, Drieu La Rochelle[17]. Charrier est-il de mauvaise foi ? Dans ce récit énoncé par le père, Karen Berreby fait la part des choses. Dans les années trente, une famille française un tantinet cultivée possède ce genre de bouquins dans sa bibliothèque. S'intéresser à ces nazis si remuants n'est pas surprenant. On ne peut en conclure, comme le fait Charrier, que Pilou était un facho. S'il était conservateur, il n'a pas collaboré : « On peut être officier de réserve sans être réservé dans ses opinions » a dit sa fille. D'origine lorraine[18], la famille Bardot haïssait les Allemands mais parlait leur langue.

Charrier apporte à l'avocate des pièces à conviction plus convaincantes : ses échanges épistolaires avec la future mère. « Je suis tellement heureuse d'attendre un bébé de toi » a écrit Bardot de son écriture enfantine[19]. Une chose importe à Jacques Charrier : que son fils sache qu'il a été désiré.

Autour d'*Initiales B.B.*, le tapage est à son maximum. Bardot a choisi pour éditeur une maison experte en publicité depuis sa création par l'ingénieux Bernard Grasset, inventeur des premiers services de presse. Il est vrai que l'investissement est conséquent : Patrick Mahé, de *Paris Match*, a négocié pour le compte de l'actrice un à-valoir de cinq millions de francs. Trois mois plus tard, le livre en rapporte déjà dix fois plus. De Francfort à New York, Patrick Mahé négocie les droits étrangers. Il propose à Brigitte deux millions de dollars pour les droits américains.

— Désolée, Patrick, ça ne m'intéresse pas.
— Pourquoi ?
— Ils ont exécuté les Rosenberg.
— Brigitte, il y a quarante ans !
— N'insiste pas[20].

Le 4 octobre 1996, Brigitte est l'invitée de *Bouillon de culture*, fameuse émission littéraire de Bernard Pivot. Le fan de B.B., il lui offre un traitement royal : un tête-à-tête sans public comme elle l'a souhaité. C'est elle qui semble lui accorder une audience. Vêtue de noir, une fleur de tissu dans les cheveux, l'ancienne actrice semble nerveuse. « Elle était impressionnante... et impressionnée[21] » dit Bernard Pivot qui pour la première fois rencontre l'héroïne de son adolescence.

Bardot assure avoir écrit elle-même une autobiographie entreprise vingt et un ans plus tôt. Elle en a conservé les épais brouillons rédigés au feutre bleu. Comme souvent pour les gens au destin exceptionnel, ses mémoires sont intéressants, vivants, pleins de franchise, cyniques, acrimonieux, drôles. Elle ne se ménage pas, ni les autres.

Aucun homme, Trintignant et Sami Frey exceptés, ne trouve grâce aux yeux de la star. Jacques Charrier, le père de son enfant, est traité d'« alcoolique », de « petit mec », de « minable ». Bardot relate la naissance de son fils avec une brutalité hors norme. Elle s'accuse d'avoir rejeté la « pauvre petite chose innocente » qu'elle éloigna dès la première nuit de l'autre côté du palier, tout en déplorant l'atrophie de sa fibre maternelle. « Je devais être un monstre ! » Mais elle n'en reste pas là. Non seulement Bardot n'a pas éprouvé d'élan vers le nouveau-né, mais ses sentiments sont hostiles, comme l'indiquent de cruels calembours. Grossesse y rime avec « grosse fesse ». Le nourrisson est comparé à « une tumeur qui s'était nourrie de moi ». Des aveux qu'on réserve à son psychanalyste. Bardot écrit avec un hakapik. Qu'est-ce qui lui passe par la tête ? Comprend-elle la portée de ses mots ?

S'il n'entre pas dans les détails, Bernard Pivot, embarrassé, questionne son invitée sur les coupes demandées par son éditeur. « J'ai refusé, effectivement. Ça a été une grande guerre tous les deux. Vous savez qu'il est adorable M. Fasquelle de chez Grasset car il a pris un risque important. » Sur la table noire qui la sépare du critique, elle croise et décroise des doigts aux ongles nacrés. « Il faut avoir le courage de tout dire sinon autant ne rien dire » explique-t-elle. Choqué par le récit, entrevoyant le chagrin qu'elle risquait de causer et le scandale judiciaire qui se profilait, son entourage a tenté de la raisonner. En particulier son ami François Bagnaud, qui a tapé, corrigé, mis en pages, chapitré le manuscrit[22], bouleversé par les pages consacrées à Nicolas Charrier. Et son éditeur qui craignait les poursuites. Rien n'y a fait. Bardot a refusé de se relire, de crainte de perdre sa spontanéité. « Comme au cinéma : une seule prise. Sa qualité première, c'est la sincérité du premier élan, une naïveté, une innocence. Elle devait être comme ça en amour. Bardot est nature. Elle n'a jamais composé » dit Bernard Pivot.

Brigitte Bardot a fait de la franchise sa marque de fabrique. Dans un article admiratif pour le magazine *Esquire*, Simone de Beauvoir lui accordait cette « éblouissante vertu » : l'authenticité. Sagan, elle, a loué son naturel : « Pour ma part, je croirais à un naturel parfait, naturel aussi bien dans la générosité que dans l'égoïsme, la férocité que l'affection, l'exigence que la tendresse[23]. »

Sur le plateau, Bardot avale une gorgée d'eau. « Vous pensez que la vérité est sans limites ? » lui demande Bernard Pivot avec bonhomie derrière ses lunettes de lecture. « Oui, la sincérité n'a pas de limites. La Vérité sort toute nue de son puits... Comme moi » dit-elle, coquette.

Pour Bardot, toutes les vérités sont bonnes à dire. À condition qu'il s'agisse des siennes. Sur le tournage de *Viva Maria*, Gregor von Rezzori l'avait vérifié à ses dépens. Dans une série d'articles amusés, il avait plaisanté sur l'hostilité régnant entre les deux vedettes du film, Bardot et Moreau. De tendre ami de Brigitte, il était aussitôt tombé en disgrâce. Une réaction d'autant plus absurde que le grand écrivain autrichien aimait et respectait Bardot. Lors du tournage de *Vie privée*, où il tenait le rôle de son père, il avait été frappé par la haine qu'elle déclenchait sur son passage. Les pages qu'il lui consacre dans ses livres sont imprégnées de bienveillance. *Outsider* de talent, lui-même stigmatisé pour son intransigeante et allègre indépendance, Rezzori avait toutes les qualités pour plaire à Bardot. Il regretta jusqu'à la fin leur amitié compromise. Tenant son image sous contrôle, B.B. est incapable d'accepter un regard même tendre s'il ne se conforme pas au cahier des charges de sa légende.

Bardot dit et fait ce qu'elle pense. Elle n'a de comptes à rendre à personne. Elle n'écoute personne. Emmurée en elle-même, disent ses amis, elle a des difficultés relationnelles. Inaccessible et fermée, une surdité intérieure l'isole, elle est incapable d'empathie sauf à l'égard des animaux ou d'êtres démunis comme les vieilles dames abandonnées. L'altruisme lui est étranger, tout comme la capacité d'imaginer qu'elle puisse blesser autrui. Elle n'a ni conscience d'elle-même, ni de l'autre et donc de l'effet qu'elle produit. Même lorsque cet autre est son fils. Toutes les vérités ne sont pas bonnes à entendre.

« J'ai choisi de me donner en pâture. Je préfère qu'on me juge mal mais au moins on sait qui je suis » explique-t-elle à Pivot. Enfant égocentrique, Brigitte Bardot veut être aimée pour elle-même. « Je ne mâche pas mes mots, c'est un peu dur à lire parfois[24] » concède-t-elle.

Certains passages de son livre ont-ils été écrits sous l'emprise de l'alcool ? Brigitte Bardot ne cache pas qu'elle boit. La traversée du désert a été une épreuve : sept ans sans compagnon. Comment partager la vie d'une femme au caractère difficile et exclusif, vivant à la Madrague entourée d'animaux ? Certains soirs, la solitude était si forte qu'elle jouait de la guitare pour rompre le silence. « Un instrument magique qui se suffit à lui-même. On peut en jouer médiocrement ça n'a pas d'importance, immédiatement l'ambiance devient différente, la joie s'installe, la fête est là[25]. » Il lui arrive de boire du vin rouge dès le matin[26].

La franchise, qui passe pour une qualité, n'est souvent que de la férocité. Dans la sincérité agressive de Brigitte entre de la vengeance contre le père de l'enfant qu'elle avait cessé d'aimer, contre les hommes et peut-être aussi envers son propre père, qui désirait un fils.

Bernard Pivot achève l'émission sur une note amicale : il fait apporter du champagne dans les coupes acquises sous le marteau de Jacques Tajan. Le stylo acheté ce jour-là a été égaré, mais les huit flûtes en verre fin gravées aux initiales de l'actrice sont intactes. À chaque déménagement, elles sont traitées comme un trésor. Bernard Pivot les utilise aux grandes occasions : le champagne y est plus joyeux, plus pétillant. Il trinque avec Bardot. À eux deux, ils viennent de réaliser un record d'audience avec plus de trois millions de téléspectateurs.

Karen Berreby, elle, a lu le livre. Tout le livre. Le 31 octobre, elle demande sa saisie en référé au nom de Nicolas Charrier et de son père. Refusé : à l'audience, la partie adverse a exhibé un accord signé par Nicolas avant la parution du livre. Sollicitant l'autorisation légale de son fils, Bardot lui a confié le manuscrit à la demande de son éditeur. En vacances à la Madrague, Nicolas Charrier a été si meurtri par la lecture qu'à la fin d'une nuit d'insomnie, sans un mot il a rendu le texte à sa mère et signé la décharge qu'elle lui tendait. Refoulant cette affreuse expérience, il a oublié d'en avertir son avocate. Ils devront plaider sur le fond.

Au Palais de Justice, le 23 janvier 1997, Nicolas Charrier n'est pas là. Même sous sa canadienne, il n'a pas le cuir épais. « Nicolas n'est pas acteur. Pas acteur de sa vie ici, ni de sa relation avec sa mère, ni de sa relation avec la France. Il subit. Ce n'est pas quelqu'un qui rend les coups. En Norvège, c'est sans doute autre chose[27] » dit son avocate.

Le père et le fils souhaitaient le huis clos. La cour ayant refusé, Nicolas n'entendra pas sa propre avocate lire à voix haute les propos de Bardot. Comme elle, l'année de sa naissance, avait dû écouter un inconnu déballer son intimité au grand jour. Au début de sa « grosse fesse », elle regardait « son ventre plat et lisse comme on regarde pour la dernière fois un être cher avant de refermer le couvercle du cercueil ». Ensuite, elle a tenté de se guérir de cette « tumeur » en « se bourrant le ventre de coups de poing » et en réclamant à un certain docteur D. des doses de morphine. « Je l'avais porté neuf mois de cauchemar... » Et maintenant, l'accouchement. « Dans une odeur atroce », on lui a donné « une bouillotte en caoutchouc ». Lui. Nicolas.

L'actrice est défendue par Me Wallerand de Saint-Just, avocat de Jean-Marie Le Pen et trésorier du Front national. Depuis quatre ans, elle vit avec Bernard d'Ormale, un proche du leader d'extrême droite. Elle l'a rencontré un soir de juin 1992, lors d'un dîner chez l'avocat varois Jean-Louis Bouguereau, lui aussi membre du Front national. « C'est sa vie qu'elle viole, non celle des autres. Elle fait partie de l'histoire de notre pays, elle a écrit ses mémoires et son droit est supérieur à celui des Charrier » déclare l'avocat.

Son droit est supérieur à celui des Charrier ? La loi accorderait la toute-puissance aux stars ? Trop d'argent, trop de célébrité provoquent des abus de pouvoir. La République est garante de l'égalité devant la loi. Les Charrier demandent six millions de francs de dommages et intérêts à l'actrice et cinq millions à son éditeur. En outre, ils souhaitent le retrait de tous les passages du livre qui les concernent, soit quatre-vingts pages sur cinq cent cinquante-huit, la suppression des photos où ils figurent, la publication du jugement dans sept magazines, l'interdiction de sortie du livre en Norvège où réside Nicolas, au Danemark et en Suède, pays limitrophes où ses proches ou les amis de ses enfants pourraient se le procurer[28]. Comme tout ce qu'entreprend Bardot, la réussite éditoriale est étonnante. En France, l'ouvrage est un best-seller : cinq cent mille exemplaires vendus en trois mois. Bandes dessinées exceptées, Bardot bat tous les autres livres pour l'année 1996. *Initiales B.B.* dépasse *En toutes libertés* (Ramsay), écrit par la femme du président de la République, Danielle Mitterrand, qui frôle les cinq cent mille exemplaires. Tous les blockbusters sont distancés : Mary Higgins Clark avec ses deux romans dans l'année à plus de trois cent mille exemplaires (*La Maison du clair de lune* et *Joyeux Noël*) chez Albin Michel, le prix Goncourt Pascale Roze et ses trois cent cinquante mille exemplaires, Umberto Eco et son *Île du jour d'avant* chez Grasset à quatre cent mille exemplaires, Régine Deforges, Paulo Coelho, Christian Jacq...

Nicolas Charrier obtient cent mille francs de dommages et intérêts, son père cent cinquante mille francs. La censure des passages cruels lui est refusée. Au contraire, la procédure a donné une publicité démesurée aux phrases meurtrières qui, surimprimés sur les petits écrans, font l'ouverture des journaux télévisés des chaînes nationales[29]. La plainte s'est retournée contre Nicolas, donnant aux mots de Bardot un écho plus sonore. Le livre atteindra le million d'exemplaires vendus dans le monde. « Orphelin, je crois que Nicolas aurait été moins malheureux » dit Karen Berreby.

L'épisode coûte cher à Bardot. Ses propos méprisants lui aliènent l'affection de son fils, mais aussi la sympathie d'admirateurs choqués. « Du jour où j'ai vu la douleur de son fils, Bardot n'a plus existé pour moi » dit Karen Berreby. L'actrice grille sa dernière cartouche : sa popularité.

Sa dureté à l'égard de son enfant, Bardot la regrette. « Ce fut une naissance d'une incroyable violence, à tous points de vue. J'avais l'impression que j'allais mourir ou devenir folle. Nicolas en a subi les retombées. Quarante-neuf ans plus tard, je sais que la plus grande injustice que j'ai infligée à mon fils, c'est que je lui en ai voulu de naître dans des conditions pareilles. C'est pourquoi, dans mon bouquin, j'ai écrit ces lignes si dures concernant sa naissance. Je me disais : pourquoi dois-je mettre au monde un enfant qui me bouffe la vie à ce point-là ? Je sais que, pour lui, ce fut une injustice incroyable » a-t-elle confié à Christian Brincourt. Elle a transmis à Nicolas ce qui lui est le plus personnel : le coupable sentiment de ne pas mériter l'amour de ses parents.

Peu de grandes actrices peuvent prétendre à un oscar de la meilleure mère. Jeanne Moreau, qui a eu un fils en 1949, reconnaît elle aussi qu'elle n'est pas maternelle[30]. Nul ne songe à le lui reprocher. Non seulement Brigitte Bardot n'a pas élevé son enfant, mais elle l'a revendiqué sans hypocrisie. Brisant un tabou, elle a eu le cran d'assumer un comportement inhabituel. Son rapport à la maternité est un des aspects les plus intéressants de son mythe. Par son refus horrifié de la procréation, elle se définit comme femme en dehors d'une société patriarcale qui réserve aux hommes la jouissance gratuite. Si on lui fait grief d'avoir abandonné son fils, nul n'a jamais reproché à Jacques Charrier de ne pas l'avoir élevé.

Ni maman ni putain, Bardot met en péril l'ordre masculin. Chaque femme est secrètement équivoque. L'une, fidèle et dévouée, protège le foyer. L'autre ne rêve que liberté et plaisir. Brigitte Bardot est la part culottée du désir féminin, la part hardie qui n'en fait qu'à sa tête. Non seulement elle choisit et drague ses amants, mais elle envoie promener son gosse.

Les êtres à ce point hors normes font bouger la société en profondeur mais au prix d'une grande souffrance : la solitude. Qui délaisse son enfant est rejeté par le groupe. Jusqu'à la fin de son mythe, Brigitte Bardot passera pour une mauvaise mère. Mauvaise mère, mauvaise femme. Femme maudite que celle qui ôte ses voiles. De son fils, ses amis ne lui parlent jamais. « C'est un sujet trop douloureux pour elle[31] » dit son confident François Bagnaud. Dans les interviews, elle répète ne pas croire aux liens du sang. Eux se rappellent à elle. De la chair de sa chair, on ne cicatrise pas. Chaque année, le jour de la fête des Mères, Brigitte fait remarquer que son fils n'a pas donné signe de vie. Et c'est tout. Son entourage baisse les yeux. Il ne faut pas lui parler de « ça ». « Je pense que c'est le drame de sa vie » dit Jean-Max Rivière. Elle, qui est comme une mère pour ses nombreux protégés, n'a pas été celle de son enfant.

Tout enfant idéalise sa mère. Comment se déprendre d'une figure idéalisée par la société ? Comment lui donner sa juste place ? Sans être une bonne mère, Bardot n'a pas été la pire des mères. Juste une très piètre mère. Au moins elle ne l'a pas dissimulé, permettant à son enfant d'y voir clair.

Nicolas Charrier a construit sa vie près du cercle polaire. Au pays des glaciers. En Norvège, le plus loin possible de la France. Un réflexe animal de survie. Certains géniteurs, on les tient à distance. On n'a pas le choix. Nicolas n'est pas dans la vindicte. Ni masochiste. Il veut juste éviter sa mère. « Tout contact est un coup » dit Karen Berreby. Marié à Anne Line Bjerkan, Nicolas a deux filles, Anna Camilla et Thea Josephine. Ont-elles fréquenté l'École française d'Oslo ? Parlent-elles la langue de leur grand-mère ? Nicolas, lui, rêve en norvégien.

Cette histoire navrante a fait deux victimes, Brigitte Bardot et son fils Nicolas.

Pauvre enfant.

Pauvre mère.

Les femmes, peut-être, y ont gagné d'assumer davantage leur désir.

Allô, c'est Brigitte Bardot

> « — Mais quand vous traitez Fogiel de "petit con" ?
> — Je vous le redis de tout mon cœur. »
> Brigitte Bardot ; *Médias* n° 8, mars 2006

Près du téléphone, j'attends Brigitte Bardot. Le dispositif est le suivant : je dois me tenir prête, à une heure précise elle appellera de Saint-Tropez. Frank Guillou, son secrétaire à la Fondation, a fini par me décrocher un rendez-vous. « Allô, c'est Brigitte Bardot. » La diction est nonchalante, la voix claire, à peine rauque, la langue précise. Un timbre dégage des ondes, en une fraction de secondes on sait quel genre de caractère se trouve au bout du fil. Celui-ci est franc, direct. Une bonne voix. Enjouée, malicieuse aussi quand elle dit : « Je vais encore me faire démolir[1]. »

Un cri dans le silence, le bouquin polémique qu'elle publie, nous en avons lu des passages à haute voix dans le journal où je travaille. On dirait que B.B. a dressé la liste de tout ce qui pouvait scandaliser avant de remplir les cases : les homosexuels, les femmes et les hommes politiques, les chômeurs, les musulmans, les enseignants, les handicapés, tous en prennent pour leur grade. Ça me fait plutôt rire, ces énormités ! Je ne la prends pas au sérieux. Des paroles verbales.

Les homosexuels, par exemple, sont traités de « phénomène de foire ». La plupart des amis de Brigitte Bardot sont homosexuels, justement. Jamais elle ne les emmerde avec ça. Elle-même a eu des relations avec des femmes. Ce n'est pas un livre de réflexion, juste un catalogue de poncifs scatologiques. Si elle n'était pas Brigitte Bardot, personne ne publierait ces sottises. Mais il est évident que ça ne fera pas marrer tout le monde. À la Fondation, ses proches sont consternés. Ses derniers livres, d'une violence rare, les ont surpris. « Brigitte est chaleureuse et maternelle. Le *Cri dans le silence* n'a pas été écrit par la personne que je connais[2] » dit son porte-parole Christophe Marie, résumant l'avis général rue Vineuse. Qui l'a écrit, alors ?

Brigitte Bardot, elle, sait qu'elle va choquer. Et peut-être l'espère-t-elle secrètement. Le scandale est sa martingale gagnante.

— Oui, je vais encore me faire démolir.
— Alors pourquoi écrire ce genre de choses ?
— Parce que je le pense.

Sans entrer dans une discussion sur le nombre de mosquées en France, je lui demande si elle connaît beaucoup d'enseignants.

— Non, aucun.
— Mais vous écrivez qu'ils sont sales. Comment le savez-vous ?
— Je les vois à la télévision !

Brigitte n'aime pas parler d'elle. Elle détourne la conversation, parle des animaux.

— J'ai une vie… rare, concède-t-elle.

Claques et clafoutis

Par ses amis, je sais son isolement. Des années de réclusion. Aujourd'hui encore, elle ne peut se rendre à Saint-Tropez sans être suivie, harcelée, photographiée. C'est que depuis 1958, elle ne quitte guère sa maison. « Est-ce que vous imaginez ce que c'est de n'être jamais allée marcher dans la rue ? Jamais, de toute sa vie, avoir pu acheter une paire de chaussures ? Brigitte vit en recluse, hors du temps, hors de la société » dit Anne Dussart. À cause de la célébrité, ou d'autre chose. La Madrague, le Walhalla de Brigitte Bardot, est sa station solaire. Elle y vit avec un gardien, des animaux, un *boy-friend* exclusif. Sélectionné dans un parti extrême, ultime provocation. « Brigitte est un animal écorché » ajoute Anne. Jamais elle ne sort seule.

« Comment voulez-vous que j'aille au café lire mon journal, immédiatement on me cernerait. Pas méchamment, d'ailleurs. Mon café, je le bois dans ma propriété, avec une paix royale, en compagnie de mes rossignols. »

Il n'y a pas que des rossignols à la Madrague. Des colombes, aussi, symboles de douceur.

Anne Dussart m'a raconté que Brigitte n'est pas entrée dans une salle de cinéma depuis trente ans. Elle aime cuisiner. Des plats de bistrot sans chichis. Comme toute femme qui prend plaisir à la table, elle désire faire le marché. Les cerises pour ses clafoutis légendaires, les tomates, les poissons à griller, les fromages, les choisir elle-même. Elle est là en short, la tête à l'envers, pas coiffée, un type la mitraille, elle lui balance une claque, la photo est partout.

Reliée au monde par une ligne téléphonique, elle communique avec la terre entière, usant d'une familiarité souveraine, généreuse, insupportable, totalement décalée. « Elle n'a peur de rien, ni de personne » dit Anne Dussart. Après les attentats du 11 septembre, Brigitte félicite les sapeurs-pompiers de New York pour leur courage. Elle téléphone au président de la République française pour un oui ou pour un non. « Allô, mon Chichi » disait-elle à Jacques Chirac. « Encore aujourd'hui, je ne connais pas un homme qui ne cède aussitôt à son charme » conclut Anne Dussart. Les femmes, pareil.

Des mosquées, elle n'a pas dû en voir beaucoup entre Saint-Tropez et l'aéroport de Nice. Brigitte Bardot vit en autarcie depuis des lustres. L'image pessimiste qu'elle s'est forgée d'un monde qui tourne sans elle est celle que façonnent jour après jour les médias. Elle fait penser à ces vieux broussards exilés sous les tropiques qui ne connaissaient plus la France qu'à travers la lecture déformante de *Paris Match*.

— On peut dire tout ce qu'on pense à condition de ne blesser personne. Vous êtes Brigitte Bardot, chacune de vos paroles a un retentissement énorme. Ça vous donne des responsabilités. Bien sûr que tout le monde va vous tomber dessus. Protégez-vous !

Elle écoute.

— Vous devez être une personne drôlement gentille. Ça s'entend à votre voix.

Voilà bien la première fois qu'on me dit une chose pareille... C'est sans doute sa propre gentillesse que Brigitte projette sur moi. « Gentille » : le qualificatif que j'ai le plus entendu depuis que j'enquête sur elle.

Quelques jours plus tard elle est l'invitée d'un talk-show[3]. Vêtue de noir, elle entre sur le plateau au bras de l'acteur Alain Delon, comme elle star de sa génération.

Sur son tabouret, elle semble crispée. Elle n'a pas participé à une grande émission depuis sept ans. « C'est une épreuve et un défi, pourquoi pas, me suis-je dit. » En coulisse, elle a eu des palpitations.

Avec Delon lui donnant la réplique, elle rejoue la scène du *Mépris* où, allongée nue dans un lit, elle demande à Michel Piccoli : « Tu les trouves jolies mes fesses ? » C'est un peu embarrassant. Ni elle ni Delon n'a eu recours à la chirurgie esthétique. Aucune star américaine de cette envergure ne prendrait pareille liberté. Brigitte Bardot n'a pas été mûrie par l'âge mais dévastée, disait Rezzori. Elle s'impose comme elle est, et ça a de la gueule.

L'émission revient sur sa carrière avec des reportages et des images d'archives. Brigitte chante *La Bamba* avec les Gipsy Kings en les accompagnant à la guitare. L'animateur fredonne et se dandine sur son tabouret. « Il y a des années que je n'ai pas été applaudie comme cela. Je suis très reconnaissante au public (...). Cela fait plaisir, tous les sept ans » dit-elle, émue. Son trac se dissipe. Elle parle d'elle, de son ancien métier. « Le monde du cinéma est cruel. Il vous prend, il vous jette. Si j'avais continué, je ne serais pas là. »

Coiffée d'une brioche piquée de fleurs en plastique, elle regarde gentiment des artistes venus lui rendre hommage en chanson. Lorsque son visage s'illumine, son sourire est celui d'un enfant. Elle est émouvante. C'est la seule femme au monde qui réussisse à avoir une classe folle sur un tabouret. Rien à faire, elle sait se tenir.

L'animateur boit les paroles de Brigitte. C'est un jeune et joli à peau satinée pourvu d'un sourire onctueux actionné par une solide paire de mandibules. Soudain, le ton change. Il ordonne au public de sortir. À huis clos, il veut parler du livre qu'elle publie. Le visage de Brigitte Bardot s'assombrit. Avant l'émission, il a été convenu de ne pas l'évoquer. Le public refuse d'obéir : des amis de Brigitte et des membres de sa Fondation. Dans la salle, une voix hurle : « Brigitte, tu te fais piéger ! » Elle est tombée dans un traquenard. Une fois de plus. Cela se lit sur son visage expressif. Le jeune et joli lit des extraits du livre. Après avoir flatté Bardot durant soixante minutes, il veut montrer d'elle l'autre visage. Sur son visage crémeux, le sourire a cédé la place à l'indignation, à la bonne conscience.

La scène est dérangeante. Que veut prouver l'animateur ? Que le prestige physique de Bardot ne suffit pas ? Que sa célébrité internationale vaut tripette ? Qu'elle n'est pas instruite ? Qu'elle a arrêté l'école trop tôt ? Que sa culture politique est superficielle ? Son bagage intellectuel léger ? Son langage pauvre ? Que sa pensée est dépourvue de consistance logique ou morale ?

Invitée à la télévision, une célébrité se conforme au référentiel de l'idéologiquement convenable :

vocabulaire évidé, lieux communs moralisateurs, sourire blanchi. Bardot est une actrice, une fille de bourgeois, une grande amoureuse, un sex-symbol, une vraie amie des bêtes, une amblyope. Et beaucoup d'autres choses encore. Elle n'est pas une intellectuelle. « Je ne suis pas une femme politique. Je dis simplement mes opinions personnelles qui ne reflètent pas les opinions de ma fondation[4] » dit-elle. Si elle admire une Arlette Laguillier ou un Jean-Marie Le Pen, c'est parce qu'elle les croit sincères[5]. Comme elle. Plutôt finir dans une impasse.

Parfois Brigitte Bardot pense avec sa bouche. Devant ses admirateurs et amis navrés, elle excrète d'ineptes sentences qui déclenchent la pyrolyse judiciaire des antiracistes, lesquels transforment ces scories grossières en espèces trébuchantes. Ce qui parle alors dans la bouche scandaleuse, c'est la part maudite des pulsions que lui assigne son mythe. « Et voilà que mon pays, la France, ma patrie, ma terre, est de nouveau envahie, avec la bénédiction de nos gouvernements successifs, par une surpopulation étrangère, notamment musulmane, à laquelle nous faisons allégeance » écrit-elle le 26 avril 1996 dans *Le Figaro*.

À maintes reprises, Brigitte Bardot a été condamnée pour provocation à la haine raciale[6]. Mille cinq cents euros, trois mille euros, quatre mille euros, cinq mille euros, quinze mille euros en 2008, les amendes augmentent sans qu'elle renonce à provoquer. Elle se présente à la barre avec des fleurs en plastique dans les cheveux et elle pleure. Ses jeunes lieutenants regardent leurs baskets. Elle est condamnée. Elle récidive. « Il y en a marre d'être mené par le bout du nez par toute cette population qui nous détruit, détruit notre pays en imposant ses actes[7] » écrit-elle la fois suivante.

Brigitte Bardot est capable de prononcer des paroles condamnables mais rien dans ses actes n'indique le racisme. Rien de rien, au contraire. Elle n'a jamais apporté son soutien à un organisme d'extrême droite. Dans les années soixante, elle était gaulliste. Lorsque pendant la guerre d'Algérie, elle a reçu la lettre de racket de l'O.A.S., elle n'a eu qu'un réflexe : dénoncer l'organisation terroriste. Aidée de son avocat Robert Badinter, elle a déposé la première plainte en justice contre l'O.A.S. En 1961, alors que le gouvernement lui-même était ambigu. De Gaulle était favorable à l'indépendance algérienne, mais pas son Premier ministre, Michel Debré.

À l'époque, Antoine Bourseiller, l'homme de théâtre, qui soutenait le FLN, reçut un appel nocturne lui conseillant de se mettre au vert quelques jours car les services du ministre de l'Intérieur, Roger Frey, le recherchaient. Une police parallèle avait été créée, des Algériens étaient exécutés sur ordre du préfet de police de Paris, Maurice Papon. Désemparé, Antoine Bourseiller téléphona en pleine nuit à son ami Sami Frey auquel il n'osa se confier. Il raccrocha sans avoir demandé d'aide mais Sami, devinant sa détresse, le rappela. Brigitte et lui offrirent à Bourseiller l'hospitalité avenue Paul-Doumer. Personne ne soupçonna que l'homme recherché se terrait chez l'actrice la plus photographiée du moment, qu'il regardait éplucher des carottes dans sa cuisine. Jamais Bardot n'a relaté cette histoire : elle ne se disculpe jamais[8].

Comme la Grande Mademoiselle, cousine de Louis XIV, qui assumait crânement des dents gâtées car elles étaient siennes, elle assume ses idées, fussent-elle décriées. Puissance et magie illogique de Brigitte Bardot. Si la télévision cherche à la diaboliser, à montrer ses mauvais côtés, à rendre infâme la femme fameuse, c'est finalement elle qui démasque les postures morales n'engageant à rien. La machine à dénoncer se retourne contre ses procureurs. Après l'émission, soixante mille lettres se déversent sur la Madrague, la plupart amicales. Et comme la machine totalitaire est aveugle, seul l'animateur sera puni de son imposture. Depuis lors, il est classé parmi les personnalités les plus antipathiques du paysage audiovisuel.

Dans une véritable démocratie, ce qui importe n'est pas ce que les gens pensent mais ce qu'ils votent. Ce que pense mon voisin ne me regarde pas. Je ne suis pas un commissaire politique. Celui dont je n'apprécie pas les idées, je ne l'invite pas à ma table. Mais je tiens à ce qu'il puisse s'exprimer. Le droit de parler prime sur le contenu, a dit Voltaire. Qu'est ce qu'une époque qui oblige chacun à posséder une pensée parfaite, c'est-à-dire parfaitement en cohérence avec les exigences de la bonne conscience de masse ? Une époque qui nivelle, écrête la pensée est un fascisme qui a diablement réussi. Un totalitarisme séduisant qui recrute ses commissaires chez les animateurs de télévision hédonistes et les journalistes accrédités.

Un éditeur publie les opinions de Brigitte Bardot. De simples convictions, pas une doctrine. Elles valent ce qu'elles valent. Des mots, des paroles. Peu importe qu'on approuve ou désapprouve, l'aigreur ne tue pas. Brigitte Bardot n'est pas une femme politique, ses jugements dépourvus d'urbanité ne constituent pas un programme. Son rôle est d'illuminer, pas d'éclairer.

« Le truc formidable, c'est que Brigitte n'est pas du tout raciste, dit son amie Anne Dussart. Lorsqu'elle tient des propos primaires, qu'elle commence une phrase par "les Arabes...", je ne discute pas avec elle. »

Brigitte Bardot est une femme de caractère et, parfois, de mauvais caractère. Ses amis le savent, mais ils l'aiment comme elle est. « Nos amis, on les prend avec leurs qualités et leurs défauts » confie Anne. Ses mots souvent dépassent sa pensée, et l'ami qui se trouve à portée de voix au mauvais moment en prend pour son grade. Cela ne dure pas. Bardot pratique le pardon des offenses : elle offre volontiers l'absolution à celui qu'elle a malmené. « Parfois, mes proches me regardent raccrocher le téléphone, persuadés que je ne parlerai plus jamais à Brigitte, tant elle vient de me crier dessus. Le lendemain, elle a oublié. Et moi aussi » dit son ami François Bagnaud.

Depuis ses premiers pas dans le militantisme aux côtés des Jeunes Amis des Animaux, Brigitte Bardot lutte pour améliorer le sort des bêtes de boucherie. Elle fustige l'élevage concentrationnaire qui bourre les animaux d'antibiotiques ou le gavage des oies. On lui doit la loi « Bardot » qui oblige à anesthésier l'animal avant de le tuer. La mise à mort rituelle échappe à la loi. Les animaux destinés à la boucherie casher ou halal sont égorgés encore conscients. « De ce débordement islamique, nous devons subir à nos corps défendant toutes les traditions, pour beaucoup les mauvaises interprétations de leur religion et le mépris de l'ordre public devant lesquels nos dirigeants politiques se soumettent avec une lâcheté qui n'a d'égal que "leur trouille"... » écrit-elle. C'est la souffrance animale qui la révolte.

Notre-Dame-de-la-Garrigue

> « "Saint-Tropez ? Pyjamas. Dos nus. Boîtes à débardeurs truquées pour touristes riches. Deux cents autos de marque à partir de cinq heures en travers du port. Cocktails, champagne sur les yachts à quai et la nuit, sur le sable des petites criques, vous savez…" Non, je ne sais pas. Je ne sais vraiment pas. Je connais l'autre Saint-Tropez. Il existe encore. Il existera toujours pour ceux qui se lèvent avec l'aube. »
>
> Colette, *Prisons et paradis*

La clé est restée dans la serrure. Une grosse clé qui tourne bien rond. François d'Assise, bras grands ouverts et pas seul. Une profusion d'images pieuses, d'ex-voto, de prières autour de l'autel nappé de dentelle fraîche et propre comme les murs passés à la chaux. Près de la porte, une photo de Brigitte avec le dalaï-lama. Une autre, aux pieds de Jean-Paul II qui l'a reçue un jour de Saint François[1]. Je reste sur le seuil, étrangement émue. Je ne prends pas de photos. La clé abandonnée avec confiance incite à la discrétion. C'est ici, dit-on, à Notre-Dame-de-la-Garrigue, dans un coin de paradis terrestre, que Brigitte veut être inhumée. Je referme la porte.

Cachée dans une végétation splendide, la chapelle pimpante surplombe la mer. Devant la porte, un banc de pierre ombragé par les branches d'un pin entre lesquelles palpite une Méditerranée piquetée de strass. Au sud, le phare de Camarat où des guetteurs des Phares et Balises veillent nuit et jour. Au nord, la pointe de Capon qui plonge dans la mer. D'ici, on entend la respiration régulière des vagues sur les rochers fourmillant d'oursins délectables. La végétation dense des chênes verts dégringole jusqu'au rivage et dissimule l'ermitage enfoui en contrebas. Un éden de végétation sauvage que Brigitte refuse de débroussailler.

Autour du banc, la terre a été retournée par les sangliers. C'est une « fraîche, agréable matinée d'automne, une de celles qui consolent d'avoir quitté l'été tant elles sont douces, d'un bleu de fumée, et immobiles » (Colette). Brigitte Bardot a laissé le temps patiner son corps et de noires humeurs l'envahir mais elle n'a pas enlaidi le monde. Elle a du mérite. La Garrigue est un dernier fragment du paysage des Grecs.

Sonner chez Brigitte Bardot ? Elle ne reçoit plus. Plus personne. Me donnerait-elle un rendez-vous, cela ne changerait pas grand-chose. La clé, elle ne l'a pas. « Ce qui m'est arrivé tenait du miracle. Je n'ai eu, en fait, qu'un seul mérite. Celui d'arriver, et, donc, de me trouver là, au bon moment » explique-t-elle avec la belle simplicité qui la caractérise[2]. Ce que peut dire la femme d'aujourd'hui, je le lis ici ou là. Et puis avec un pareil sujet, il faut trouver la distance, la bonne distance. L'approcher, c'est prendre le risque d'être envoûté. Ou de voir le mirage se dissoudre. Je lui envoie des questions par mail. Elle répond à la main et envoie ses réponses par fax. Enjouée, pleine d'esprit. Les livres sur elle ne l'intéressent pas : tout a été dit, principalement par elle, expliquent ses proches.

Chaque jour à midi, au volant d'une Renault 4 fabriquée dans l'île Seguin, Brigitte Bardot quitte la Madrague escortée de ses chiens. Pour actionner les pédales avec ses hanches bloquées, elle conduit jambes tendues et pieds nus. Dans la baie des Canoubiers, les pontons sont déserts et le club de voile fermé comme les grandes propriétés cachées derrière les palissades cossues. Dressées comme des lames, les clôtures délimitent les enclos des roitelets de la brioche dorée et du sac siglé, ceux des bookmakers en ligne ou des filous de la rétro-commission. À l'entrée d'un domaine, un bulldozer saigne une colline et arrache les arbres du maquis auxquels un paysagiste substituera un implant de rocailles et de palmiers. La propriété de Brigitte Bardot est cernée par la richesse qui a découpé le massif des Maures en lubies pour fortunés. Dans le rétroviseur, elle vérifie que tous les chiens sont là.

Sa vue la fait-elle souffrir ? De son amblyopie, elle ne parle jamais. Une ligne dans ses mémoires et c'est tout. Elle évoque plus facilement un cancer du sein soigné par un histrion du bistouri. Étrangement, Brigitte a peu parlé de l'amblyopie à son entourage, souvent ignorant de sa particularité. « Brigitte en fait un tel mystère que c'est une chose très importante pour elle. Une véritable gêne et un complexe » dit son ami Jean-Paul

Steiger auquel elle s'est confiée accidentellement un jour où elle était un peu pompette. Sa déficience visuelle ne regarde qu'elle. Si les autres la devinaient handicapée, elle devrait endosser toutes les croyances attachées à l'invalidité. Pour lutter contre ses complexes, elle a choisi d'en mettre plein la vue.

La beauté paisible de son domaine émeut Brigitte. Un lapin traverse le chemin en diagonale, contournant les mottes de terre labourées par les marcassins. Le gros sanglier solitaire qui a pris racine à la Garrigue se reproduit sans frein. La municipalité peut bien exiger un débroussaillage, Brigitte n'en fera rien. Sans l'épaisse tignasse du maquis, les animaux n'auraient aucun refuge. La voisine Tatiana Eltsine, fille de Boris, a opté pour la toundra : chênes et arbousiers, buissons de lentisques, bruyères, cistes, romarins, tout a été arraché pour faire place à une plantation de paramilitaires outillés jusqu'aux oreilles. Les oiseaux eux-mêmes, qui n'ont pas envie d'y laisser des plumes, contournent son enclave.

Les pieds de Brigitte sont couverts d'une couche de corne si épaisse qu'elle ne sent pas les aiguilles de pin lorsqu'elle pose pied à terre après un rétablissement sur béquille. Une arthrose aux deux hanches la fait souffrir. Elle refuse de se soigner. Gunter proposait d'envoyer un hélicoptère à la Madrague pour l'emmener dans une clinique de pointe. Ces interventions sont banales, de nos jours. Brigitte a refusé : elle craint l'anesthésie depuis qu'elle a failli mourir sur une table d'opération. Elle ne peut plus descendre promener ses chiens sur la plage ni monter à la petite chapelle.

Assaillie par les chiens qui lui font fête, elle ouvre la porte de la chaumière. Maria Callas chantant *Roméo et Juliette* l'accueille car Radio Classique reste allumée pour les chats qui habitent la bâtisse. Elle a remarqué que les animaux dormaient à proximité du poste.

> *Je veux vivre*
> *Dans ce rêve qui m'enivre ;*
> *Ce jour encore,*
> *Douce flamme,*
> *Je te garde dans mon âme*
> *Comme un trésor*[3] *!*

Brigitte trouve le *Casta Diva* de la Callas si beau qu'elle a demandé qu'on le joue à son enterrement. Sait-elle qu'une autre star de sa génération a désiré la même chose ? Aux obsèques d'Yves Saint Laurent, à l'église Saint-Roch, l'aria fit passer sur la rue Saint-Honoré, où la foule se recueillait, un frisson tragique. Le chant apaisé, presque argentin, de Norma la prêtresse gauloise, figure du sacrifice, signature de leur existence.

Comme le couturier, Brigitte Bardot a assisté au fameux récital de 1958 à l'Opéra de Paris où Callas chanta *Norma* dans une mise en scène de Franco Zeffirelli. Lorsqu'elle entonna l'air de *Casta Diva*, la salle retint son souffle. Brigitte se souvient du président Coty, de Jean Cocteau et de Martine Carol, de Gérard Philipe, de Juliette Gréco, de Charlie Chaplin et de sa femme Oona qui ressemblait à une petite fille, du duc et de la duchesse de

Windsor et puis du mannequin Victoire : le Tout-Paris guettait la chute de la diva. À Rome, la grande soprano avait interrompu la représentation dès la fin du premier acte sous les sifflets du public. Épuisée par la fatigue, ses cordes vocales la trahissaient.

Sur la scène du palais Garnier, la frêle silhouette affichait ce soir-là une raideur catatonique. Visage douloureux, nez long, la Callas ressemblait à une corneille éplorée. Aux premières mesures, sa voix avait paru manquer d'entraînement. Le timbre ne serait plus jamais le même. Cependant il prenait son envol. Au fur et à mesure qu'elle retrouvait confiance, sa voix s'enhardissait, ses traits se défroissaient. Elle parvenait à imposer sa présence. Le visage se métamorphosait jusqu'à paraître plus plein, plus rond. À la fin, dans un large sourire, elle resplendissait sous les bravos.

À l'époque Brigitte n'était pas encore capable d'apprécier un être si fabuleusement émouvant. Elle préférait le jazz insouciant de Sacha Distel, fiancé qui l'accompagnait à l'Opéra. Confusément, Brigitte avait été sensible au drame qui se jouait sur la scène, comme Yves Saint Laurent, le maigrichon à lunettes de métal qui venait de succéder à Christian Dior avenue Montaigne[4]. Devenus des stars, l'un et l'autre devraient affronter le même monstre : l'attente inhumaine du public. Avec la peur de ne pas être à la hauteur.

Si Brigitte Bardot et Maria Callas ne se sont jamais rencontrées, sans doute ont-elles pensé la même chose de la gloire, ce « deuil éclatant du bonheur » dont parle Mme de Staël. En tout cas c'est ce que pense Brigitte. Après en avoir bavé, la

Callas se réfugia dans une solitude qui l'a probablement tuée. Marilyn, Dalida, Jean Seberg et Romy Schneider ont mis un point final à leur vie. Marlène Dietrich a fini abandonnée de tous. Quelle escroquerie, la célébrité ! Un miroir aux alouettes ! Restée une bourgeoise, Brigitte a été protégée par une éducation terrienne attachée aux choses tangibles. Quand on pense qu'au même moment, dans une master class de l'université de Londres, des étudiants étudient sa trajectoire. « Lorsque Brigitte Bardot accepta d'être la star du film de Godard, elle était l'actrice européenne la plus célèbre de tous les temps. Certains diront que le titre ne lui a jamais été repris. Ce cycle étudiera le processus par lequel Bardot, bien qu'ayant joué dans un nombre relativement restreint de films, en est arrivée à incarner la femme moderne de l'après-guerre. » L'actrice européenne la plus célèbre de tous les temps s'en fout royalement. En écoutant Radio Classique, elle prépare le déjeuner. Des choses simples et végétariennes comme elle les aime. Dans son panier, elle a apporté *Le Figaro*. Si elle a le temps, elle fera les mots croisés.

Cette terre sauvage de quatre hectares en bord de mer, elle l'a acquise il y a trente ans pour échapper aux excursionnistes. L'été, la Madrague, monument national, fait partie du circuit touristique. Toutes les heures, une vedette de promenade passe devant la maison et claironne un commentaire. Côté terre, les autocars défilent sur le chemin de terre. La maison de la Garrigue, Brigitte en a dessiné les plans. Cachée dans les arbres, la chaumière des Sept Nains est invisible même de la mer. Dans le haut de la propriété, Jicky a posé une cabane qui est devenue avec le temps une vraie maison avec piscine. Il était le grand frère qu'elle n'a pas eu. Il lui donnait des livres assez coton. *La Vie des maîtres*, de Baird Thomas Spalding, qui était son livre de chevet. Ou *Les Lettres à un jeune poète* de Rilke. Jusqu'à sa disparition, Brigitte le retrouvait à mi-pente devant la chapelle. Jicky est mort chez lui à la Garrigue en prenant le thé sur son sensationnel balcon au-dessus de la mer[5]. Lorsqu'ils se querellaient, Brigitte et lui se battaient froid, Robinsons teigneux s'ignorant à quelques mètres l'un de l'autre. Les hommes qu'elle a aimés vivent en misanthropes : Sami Frey et Jean-Louis Trintignant ne veulent plus se produire que seuls sur scène. Ses deux princes charmants possèdent toujours les plus belles voix du théâtre et du cinéma. Aiment-ils toujours autant la musique ?

Les deux maisons de Brigitte baignent dans les airs classiques du soir au matin. Vivaldi, Haydn, Bach, Mozart. Brigitte déteste la foule, recherche le calme. Poste branché sur Radio Classique jour et nuit, elle vit en musique. La première musique qui l'a marquée, c'est celle de *Blanche-Neige et les sept nains* quand elle était enfant. Quand le film est sorti en France, elle avait quatre ans. *Un jour mon prince viendra*... Elle voulait vivre dans ce dessin animé, au milieu d'une forêt, entourée d'animaux. Comme à la Garrigue[6]. Adolescente, elle écoutait rumbas et cha-cha. Petit à petit, les hommes de sa vie ont ouvert son oreille. Raf Vallone lui a fait aimer le *Concerto pour deux violons* de Bach en lui expliquant que l'adagio avait été inspiré par la respiration humaine. Ce souffle calme et doux la transportait. Sacha l'a initiée au jazz : Sarah Vaughan, Claude Luter, Henri Crolla, Miles Davis, Stéphane Grapelli. Sami lui a fait aimer l'adagio du *Concerto pour clarinette* de Mozart. Bob Zagury, la bossa nova, si insouciante. Chico Bouchikhi, le créateur des Gypsy Kings, la musique tzigane.

Chaque jour, Brigitte Bardot téléphone à Frank pour faire le point. Depuis plus de vingt ans, il gère ses appels, ses déplacements et son courrier. Il lui donne des nouvelles de la Fondation, une organisation au service de « tous les animaux du monde entier », comme promis. Les chiens, les chats, les oies, les perroquets, les loups, les canards, les crocodiles et les tortues, les vaches, les coqs de combat, les poulets de batterie, les taureaux de corrida, les moutons égorgés sans électronarcose pendant l'Aïd el-Kébir, les chèvres à la retraite, les éléphants de cirque, les baleines et les dauphins, les abeilles victimes d'insecticides et même le corail, bestiole primitive que menace le réchauffement climatique. « Nous travaillons sur tous les animaux du monde, et dans le monde entier » dit-elle, omnipotente gamine qui n'a jamais renoncé.

Frank répond à une partie du courrier de Brigitte. Cinquante lettres arrivent chaque jour à la Madrague et quatre fois plus à la Fondation. Frank est son interface avec la vie réelle car Brigitte, rétive à la technologie, ne se sert jamais d'un ordinateur. Ancien maître d'hôtel, il a conservé de son métier une stricte habitude de réserve et de discrétion. Désormais au service d'une personne unique et d'une cause, il sait tout de Brigitte qui le considère comme un fils avec lequel elle entretient une relation fusionnelle. Le 8 mai 2011, lorsque Gunter a tiré sa dernière fusée, c'est Frank qui lui a appris la nouvelle avant de la rejoindre à la Madrague. Il est un des seuls êtres qu'elle admet aujourd'hui dans son intimité. Elle avait vu Gunter la dernière fois lors de la célébration des vingt ans de la Fondation au théâtre Marigny[7]. Devenu un vieil ours blanc, « Planti » était venue la féliciter. Avec tact, il s'est donné la mort en l'absence des siens, après avoir écrit une lettre d'adieu sur son MacBook. Gunter souhaitait fuir « la maladie sans issue A. », un Alzheimer, et la perte de contrôle intellectuel sur sa vie, qu'il jugeait indigne. « Cette menace fut toujours pour moi l'unique critère pour mettre un terme à ma vie » écrit-il. Le geste d'un patricien refusant la décrépitude. Un soleil de printemps illuminait ses obsèques à Gstaad. Des gerbes de fleurs éclatantes arrivaient de partout. Belle et fine dans une robe noire, la blonde Mirja l'a accompagné jusqu'au cimetière de Saanen. Fidèle en amitié comme en amour, Gunter était entouré des siens. Vadim, lui, est mort en 2000. La même année que Christian Marquand, son quasi-frère.

Brigitte a un caractère de chien et ça ne s'arrange pas. « Quand elle pousse un coup de gueule, c'est impressionnant » dit Frank. À l'autre bout de la France, tout s'arrête. Rue Vineuse, plus une mouche ne vole, les chiens se tiennent à carreau, les chats rentrent leurs griffes. C'est rare, car Brigitte n'aime pas le conflit. Ses jeunes collaborateurs non plus. Sensibilisés à la détresse animale dès l'enfance par les émissions SOS-Animaux que Brigitte présentait[8], les *Bardot's boys* savent tempérer les excès de leur patronne. « L'affrontement permanent empêche les dossiers d'avancer. Face aux autorités, les coups de gueule doivent être entrecoupés d'échanges » dit Christophe Marie. La colère, c'est elle, le dialogue, c'est à eux. « Brigitte peut dire des choses terribles et en même temps, elle sait être diplomate. Elle est capable de véritables échanges. » Comme tous les jeunes experts qui l'entourent, Christophe Marie la sait complexe, capable de tout dire et son opposé. Cependant rien n'est fait à la Fondation sans son accord. Elle a une phrase magique : « Je ne le sens pas. Je ne veux pas qu'on le fasse. » Ils l'aiment et la respectent. Mère poule, Brigitte envoie de petits cadeaux aux anniversaires, du champagne à Noël, du muguet le 1er mai.

Sa fortune gérée avec sagacité lui permet de vivre confortablement, bien qu'ayant fait don de la plupart de ses possessions à la fondation. « Il me reste encore de l'argent du temps où je travaillais. Je l'ai placé. Je suis d'ailleurs assujettie à l'impôt sur les grandes fortunes » a-t-elle dit à Henry-Jean Servat. Son éducation matérialiste l'a mise à l'abri. « Je n'ai pas de chaînes de pressing, comme on l'a raconté. Je n'ai pas d'autres revenus, sinon ceux des livres que j'ai écrits et qui, par chance, se sont bien vendus, en France et à l'étranger, dans trente pays, je crois ! Le premier a presque atteint le million d'exemplaires vendus. » Sans être riche, elle est même assez à l'aise pour aider les autres. Des êtres délaissés, des vieilles dames surtout. Elle a logé jusqu'à leur disparition Maguy et Odette, sa doublure et sa maquilleuse, à Boulogne.

Sur sa table de travail à la Garrigue est posée la pile de courrier auquel elle doit répondre. Elle se charge des échanges avec les autorités. Brigitte écrit au procureur de Montbéliard afin qu'il épargne des daims menacés d'abattage, au maire de Boulogne pour lui recommander un bull-terrier enfermé après avoir mordu un enfant, au président de France Télévisions pour protester contre les traitements infligés aux animaux lors du tournage d'une émission. À la reine du Danemark pour dénoncer la chasse aux dauphins dans les fjords des îles Féroé. Son trimaran à grande vitesse, le *Brigitte Bardot*, un navire furtif long de quarante mètres, y mène campagne. Il porte le drapeau à tête de mort de l'association Sea Shepherd, protectrice des espèces marines. Gris métal comme un bâtiment de guerre, le *Brigitte Bardot* affiche ses intentions belliqueuses : protéger les grands mammifères marins en détruisant si nécessaire la flotte adverse. Activiste controversé pour ses méthodes radicales, Paul Watson, le fondateur de Sea Shepherd, revendique neuf baleiniers envoyés par le fond. Au pôle Sud, ses équipiers attaquent les bateaux-usines à l'aide d'une sorte de kalachnikov écolo chargée de bombes à beurre rance. Son précédent catamaran, l'*Ady Gil*, engin en carbone kevlar à un million de dollars, a fini par le fond, éperonné par un baleinier japonais. La Fondation Bardot le finance. Brigitte a fait la connaissance de Paul au Canada. Sur la photo souvenir prise dans le camp de base de Belle-Île en 1977, c'est Paul Watson le grand gaillard en combinaison bleu clair à la droite de B.B. Si elle approuve les méthodes de ce pirate, c'est qu'il s'attaque au matériel, pas aux humains. Comme elle, Watson est en colère. La « juste colère » dont parlait Yourcenar ? Ou bien une colère contre l'espèce humaine ? Watson est un gars courageux, sincère et complètement privé du sens de la nuance. Comme elle.

Dans le courrier arrivé le matin, Brigitte trouve des questions concernant sa carrière cinématographique et des demandes d'autographes. Comme elle n'a pas de secrétaire particulier, c'est François Bagnaud qui s'en occupe. Lorsqu'il s'agit d'échanges personnels, elle refuse d'utiliser les services de la Fondation, réservée aux animaux.

Les lettres plus intimes, les confessions, les demandes de conseil, elle y répond elle-même jusqu'au coucher du soleil. Au feutre bleu, de sa grande et ronde écriture, signant d'une marguerite à sept pétales. À Noël et au jour de l'an, le 23 juillet, jour de la Sainte Brigitte, ou le 28 septembre pour son anniversaire, c'est par sacs postaux que le courrier se déverse sur la Madrague[9].

Brigitte Bardot ne se montre plus. Lorsqu'une exposition lui a été consacrée à Boulogne, son mari l'a visitée seul. Sa trajectoire reconstituée à l'aide de documents et d'objets. Les petits films que son père tournait lorsqu'elle était enfant avec la Pathé Baby, ses robes, ses voitures. Prêtés par Gunter des tableaux de Warhol et les bracelets tricolores. Elle s'est sentie fière et tourmentée. Toute sa vie d'un coup. La jeunesse, les amours, le moment où tout brille. En voyant ses robes exposées pour une rétrospective, Yves Saint Laurent s'était évanoui dans les couloirs du Metropolitan Museum de New York.

Les amis de Brigitte, Henri Tisot, François, Frank, Bernard, lui ont fait des comptes rendus enthousiastes. À l'entrée de l'exposition, la photo radieuse de Brigitte au volant d'une Floride a tellement frappé Nina Companeez qu'elle a écrit à son amie. « C'est normal que tu aies eu cette gloire. Tu irradiais de jeunesse, de beauté. Un soleil semblait briller à l'intérieur de toi. » Cette image publicitaire de la Régie Renault symbolise l'élan, l'énergie, le dynamisme miraculeux des Trente Glorieuses dont Brigitte Bardot a été le visage. Brigitte a répondu par une lettre douloureuse. Elle confessait sa solitude et sa faible envie de vivre. La solitude, elle n'a jamais pu l'apprivoiser. Un mal du pays qui noue la gorge. D'un pays qui n'existe pas, qui n'a jamais existé et qu'elle n'a cessé de chercher. Chacun développe une stratégie pour affronter l'existence. En chassant Brigitte du paradis de l'enfance, ses parents l'ont obligée à enfouir très loin sa douleur pour ne pas s'effondrer. Toute sa vie elle semble avoir lutté contre l'anéantissement. Bernard d'Ormale l'accompagne, mais cela ne change rien au sentiment d'abandon. Par ses choix, elle l'a accentué. Elle vit en exil, à la lisière du circuit social, professant des idées qui aggravent son isolement. Si Brigitte est fière qu'une exposition lui soit consacrée de son vivant, le contraste entre une telle célébration et sa propre solitude a quelque chose de poignant. Quand elle est trop triste, elle regarde des bêtises à la télévision en buvant une coupe de champagne[10]. Chaque année, le 11 janvier, elle pleure. Le jour anniversaire de Nicolas. Heureusement, elle aime les arbres qui le lui rendent bien. Les jours de détresse, elle pratique un truc animiste à elle. Enlaçant un tronc, elle appuie la tempe ou le front contre l'écorce. La vie intérieure de l'arbre se répand en elle et une force l'envahit. Au cœur même de la nature, elle puise sa sève.

Une fois de plus, elle se réjouit de s'être à temps dégagée de la souricière du cinéma pour s'occuper des bêtes. Elle a sauvé des animaux mais eux aussi l'ont sauvée. D'une carrière dévorante, elle s'est sortie le mieux possible. Entamée, certainement. Misanthrope, peut-être. La haine du genre humain est un antidote. Mais vivante et utile. Elle possède tous les défauts et toutes les vertus des Français. Ses faiblesses crèvent les yeux. À l'occasion, elle se montre hautaine et méprisante. Ses manières sont âpres : elle s'emporte, s'impatiente, rudoie les autres, provoque. Elle est incapable d'agir autrement. Elle ne le cache pas. Elle est humaine.

Notes

I LOVE BARDOT

1. Elle l'a déjà dit lors d'une conférence de presse à Venise, *Time Magazine*, 15 septembre 1958.
2. « J'ai été très impressionnée quand je l'ai rencontrée, bien entendu par son charme comme tout le monde, mais aussi par le fait que sa table était couverte de rapports, qu'elle était très renseignée » a dit Marguerite Yourcenar. Sous une pluie battante, juste après son élection à l'Académie française, l'écrivain avait rendu visite à Brigitte Bardot à la Madrague.
3. Jean Cocteau, *Mes monstres sacrés*, Éditions Encre, 1979.

COMMENT BRIGITTE A INVENTÉ LA BEAUTÉ DE BARDOT

1. L'usine Bardot, elle, se trouve 18, rue du Pilier à Aubervilliers.
2. Brigitte Bardot, *Initiales B.B.*, Grasset, 1996, p. 373.
3. Marcel Aymé, « La patte du chat », *Nouvelles complètes*, Quarto Gallimard, 2002, p. 903.
4. Bardot, *Telle Quelle*, 19 décembre 1982.
5. Brigitte Bardot, *Initiales B.B.*, op. cit., p. 36.
6. Bardot, *Telle Quelle*, 19 décembre 1982.
7. Jean-Max Rivière, entretien avec l'auteur, 2003.
8. Jean-Max Rivière, entretien avec l'auteur, 2003.

9. Brigitte Bardot, *Passion Classique* (Olivier Bellamy), Radio Classique, 2 octobre 2009.
10. Brigitte Bardot, *Initiales B.B.*, op. cit., p. 39.

LA FILLE QUI ÉTINCELLE

1. Nadine Trintignant, *Ton chapeau au vestiaire*, Fayard, 1997.
2. *Cinémonde*, n° 1148, 5 août 1954.
3. « Leurs reins féconds sont pleins d'étincelles magiques » : Charles Baudelaire, « Les chats », *Les Fleurs du mal*, 1857.
4. Roger Vadim, *Les Mémoires du diable*, Stock, 1975.
5. Lord Byron, *She walks in beauty*, 1814.
6. Roger Vadim, *D'une étoile l'autre*, Éditions n° 1, 1986, p. 18.
7. Leslie Caron, entretien avec l'auteur, 21 juin 2011.
8. La population française recevait cartes et ticket de rationnement en fonction de l'âge : J1 de trois à six ans révolus, J2 de six à douze ans et J3 de treize à vingt et un ans.
9. *Pour Elle*, son ancêtre, avait été créé en 1940.
10. Selon Raymond Cartier dans *Paris Match*, n° 506, 20 décembre 1958.
11. Leslie Caron, entretien avec l'auteur, 21 juin 2011. Les femmes trouvent les lettres de Vadim si poétiques qu'elles ne s'en séparent qu'à regret. Leslie détruira les siennes au moment de son mariage... pour les regretter aussitôt.
12. Roger Vadim, *Les Mémoires du diable*, op. cit., p. 101.
13. Une remarque que Raymond Cartier, dans *Paris Match*, n° 506, 20 décembre 1958, attribue par erreur à Marc Allégret.
14. *Telle Quelle*, 19 décembre 1982.
15. Danièle Delorme, entretien avec l'auteur, 3 mars 2011.

16. Lilou Marquand, entretien avec l'auteur, 14 novembre 2011.

17. Nadine Trintignant, entretien avec l'auteur, 14 novembre 2011.

18. Roger Vadim, *Les Mémoires du diable*, op. cit., p. 108.

19. Du 15 mai au 26 juin 1952.

20. www.brigittebardot.eu., Bruno Ricard, un autre fan, détient douze mille revues différentes, mille deux cents disques vinyles, trois cent mille photos et cent vingt mille objets B.B. Il est lui-même un bibelot B.B., puisque son corps est tatoué d'une effigie de Bardot.

21. Leslie Caron, *Une Française à Hollywood*, Baker-Street, 2011, p. 83.

22. Leslie Caron, entretien avec l'auteur, 21 juin 2011.

23. Les chiffres font débat. Suivant les historiens, ils vont de onze mille à quatre-vingt mille morts.

24. Roger Vadim, *D'une étoile l'autre*, op. cit., p. 266.

25. *Paris Match* n° 506, 20 décembre 1958.

26. Pascal Thomas, entretien avec l'auteur, janvier 2010.

27. Yves Robert, *L'Homme de joie*, Flammarion, 1996.

28. Danièle Delorme, entretien avec l'auteur, 3 mars 2011.

29. Pascal Thomas, entretien avec l'auteur, janvier 2010.

30. Roger Vadim, *Le Goût du bonheur*, Fixot, 1993.

31. Brigitte Bardot, entretien avec l'auteur, 13 novembre 2011.

32. Jeffrey Robinson, *Bardot*, L'Archipel, 1994, p. 179.

33. En 1958 et 1959.

34. Pierre Billard, *André Gide - Marc Allégret*, Plon, 2006, p. 301.

35. Roger Vadim, *D'une étoile l'autre*, op. cit., p. 31.

36. Jean-Max Rivière, entretien avec l'auteur, 2003.

37. Jeffrey Robinson, *Bardot*, op. cit., p. 49.

38. John Coldstream, *Dirk Bogarde. The Authorised Biography*, Weidenfeld and Nicolson, 2004, p. 195.

39. Roger Vadim, *D'une étoile l'autre*, op. cit.

40. Jeffrey Robinson, *Bardot*, op. cit., p. 49.

41. Lequel n'ignorait rien de ses activités de résistante. Patrick Buisson, *1940-1945 Années érotiques*. *Vichy ou les infortunes de la vertu*, Albin Michel, 2008, p. 159.

ET DIEU CRÉA LA FEMME

1. *Paris Match*, n° 99, 7 juin 1952.
2. Christian Brincourt, Interview de Brigitte Bardot, *Paris Match*, n° 3225, 24 février 2011.
3. Sarah Leahy, *The Matter of Myth, Brigitte Bardot, Stardom and Sex*, French Cultural Studies, 2003.
4. *Actuel 2*, 9 avril 1973.
5. André Halimi, interview de Jean-Louis Trintignant, 7 octobre 2005, Editing Productions.
6. Lilou Marquand, entretien avec l'auteur, 14 novembre 2011.
7. Brigitte Bardot, Europe 1 (pour ses soixante-quinze ans).
8. Jeffrey Robinson, *Bardot*, op. cit., p. 43.
9. Jane Fonda, *Ma vie*, Plon, 2005, p. 152-153.
10. Mylène Demongeot, entretien avec l'auteur, 15 juillet 2011.
11. Danièle Delorme, entretien avec l'auteur, 3 mars 2011.
12. *Point de vue - Images du monde*, n° 582, 7 août 1959.
13. André Halimi, interview de Jean-Louis Trintignant, 7 octobre 2005.
14. André Halimi, interview de Jean-Louis Trintignant, 7 octobre 2005.
15. *Arts*, 5 décembre 1956.
16. *France-Observateur*, 13 décembre 1956.
17. Françoise Sagan et Ghislain Dussart, *Brigitte Bardot*, Flammarion, 1975.
18. Mylène Demongeot, entretien avec l'auteur, 15 juillet 2011.
19. *Actuel 2*, 9 avril 1973.
20. *Paris Match*, n° 506, 20 décembre 1958.
21. Indicateur INSEE.

1. Brigitte Bardot et Henry-Jean Servat, *Vies privées*, Albin Michel, 2006.
2. Brigitte Bardot, *Telle Quelle*, 19 décembre 1982.
3. Archives Pathé.
4. Brigitte Bardot, *Initiales B.B.*, op. cit., p. 140.
5. Paul O'Neill, « *A lot more than meets the eye, Critics contrary, B.B.'s appeal is not limited to her body* », *Life*, 30 juin 1958, p. 57.
6. Norman Mailer, *The White Negro*.
7. « Ce qui s'apprend encore beaucoup moins, c'est l'intelligence morale de votre sujet – c'est ce tact rapide qui vous met en communication avec le modèle, vous le fait juger et diriger vers ses habitudes, dans ses idées, selon son caractère, et vous permet de donner, non pas banalement et au hasard une indifférente reproduction plastique à la portée du dernier servant de laboratoire, mais la ressemblance la plus familière et la plus favorable, la ressemblance intime. C'est le côté psychologique de la photographie, le mot ne me semble pas trop ambitieux. », *Catalogue de l'exposition Nadar*, Nancy.
8. Simone Duckstein, entretien avec l'auteur, 26 octobre 2010. *Hôtel de La Ponche, un autre regard sur Saint-Tropez*, Simone Duckstein, Le Cherche-Midi, 2008.
9. Henry-Jean Servat, *La Légende de Saint-Tropez*, éditions Assouline, 2003.
10. À l'Exposition universelle de Bruxelles, la même année, le pavillon du Vatican réserve une salle au Bien – les saints, les miracles –, alors qu'une autre est dédiée aux méfaits du Mal – le démon, la luxure. Dans celle-ci, une photo de B.B. dansant le mambo endiablé de *Et Dieu créa la femme* symbolise le vice. L'image et la vie de l'actrice sont associées au scandale, à l'immoralité, au péché de chair, à la dépravation. Catholique de cœur, Bardot en est affectée mais son aura n'en scintille que davantage.
11. *Ciné Revue*, n° 53, décembre 1963.
12. Anne Dussart, entretien avec l'auteur, 2003.

13. Jean Durieux et Patrick Mahé, *Les Dossiers secrets de* Paris Match, Robert Laffont, 2009.

14. Paul Giannoli, entretien avec l'auteur, 2010.

15. À Hollywood, les producteurs avaient en vain essayé d'interdire à Dietrich d'évoquer son enfant. Une journaliste la questionna au sujet des rumeurs qui lui attribuaient une fille. « Comment voudriez-vous que je nie une chose pareille ? Jamais je ne dirai que je n'ai pas d'enfant. »

16. Jacques Charrier, *Ma réponse à Brigitte Bardot*, Michel Lafon, 1997.

17. Paul Giannoli, entretien avec l'auteur, 2010.

18. *Jours de France*, n° 445, 25 mai 1963.

19. José-Louis Bocquet et Marc Godin, *Clouzot cinéaste*, Horizon Illimité, 2002.

20. Roger Vadim, *D'une étoile l'autre*, op. cit., 1986.

21. Roger Tailleur, revue *Positif*.

Je chante donc je suis

1. Jean Durieux et Patrick Mahé, *Jean-Louis Trintignant,Les Dossiers secrets de* Paris Match, op. cit., p. 46.

2. Paul Giannoli, entretien avec l'auteur, 2010.

3. Brigitte Bardot, *Sidonie*, 1962 (paroles Charles Cros).

4. Claude Bolling, entretien avec l'auteur, 2003.

5. Jean-Max Rivière, entretien avec l'auteur, 2003.

6. Brigitte Bardot, *La Madrague*, 1963 (paroles Jean-Max Rivière / musique Gérard Bourgeois).

7. Brigitte Bardot, *Un jour comme un autre*, 1964 (paroles Jean-Max Rivière / musique Gloria Lasso et Gérard Bourgeois).

8. Jeffrey Robinson, *Bardot*, op. cit., p. 153.

La fille d'aujourd'hui

1. Ou comme les protagonistes de *Rendez-vous de juillet*, le film de Jacques Becker, fascinés par l'Amérique des

flippers, du jazz, des jeans et des chemises de bûcheron. Voir Pierre Maillot, *Les Fiancés de Marianne, la société française à travers ses grands acteurs*, Le Cerf, 1996.

2. Laurent le Forestier, *Revue d'histoire moderne et contemporaine* n° 51-4, 2004.

3. La signature des accords conclus par Léon Blum et James Byrnes accorde à la France six cent cinquante millions de dollars de crédit international et une allocation de sept cent vingt millions de dollars sur les surplus américains. En outre, une partie de la dette française (deux milliards de dollars) à l'égard des États-Unis est annulée.

4. Comme le montre Kristin Ross dans *Rouler plus vite, laver plus blanc, modernisation de la France et décolonisation au tournant des années soixante*, Flammarion, 2006.

5. « Quand ils apparurent sur les écrans européens, des objets banals et ordinaires y prirent toute la force d'une évidence » écrit Kristin Ross dans *Rouler plus vite, laver plus blanc...*, op. cit.

6. Roland Barthes, *Œuvres complètes*, tome 1, Seuil 1993, p. 1135.

7. En 1962. La vogue des magazines féminins date d'avant la guerre. Le 25 août 1939, *Marie-Claire*, le magazine créé par Jean Prouvost, avait tiré à huit cent mille exemplaires. Lire à ce sujet Patrick Buisson, *1940-1945 Années érotiques*, *Vichy ou les infortunes de la vertu*, op. cit.

8. Sondage IFOP en 1965.

9. En 1966, le prix Neimann Marcus sera attribué à Hélène Lazareff, la désignant comme « la personne qui a le plus d'influence sur tout ce que les femmes portent en Europe et maintenant en Amérique ». Pas seulement ce qu'elles portent, mais aussi ce qu'elles pensent. Et pour cause. Si de 30 à 50 % de la pagination de *Elle* est réservée à la publicité, le reste, dévolu à la mode (18 %), à la cuisine, à la décoration (6 %), aux reportages (11 %), à la beauté, au courrier du cœur (mais pas la moindre information politique, économique, scientifique), fabrique des

modèles de beauté et des emplois du temps sublimés par la photographie couleur, introduite peu à peu.

10. Laure Adler, *Françoise*, Grasset, 2011, p. 98.

11. *Elle*, 15 janvier 1960.

12. Conçues par le jeune Yves Mathieu Saint Laurent et photographiées par Nicolas Tikhomiroff. *Jours de France*, n° 284, 23 avril 1960.

13. François Nourissier, *Brigitte Bardot*, Grasset, 1960.

14. John Gaffney et Diana Holmes, *Stardom in Postwar France*, Berghahn Books, New York, 2007.

15. *Elle*, n° 423, 18 janvier 1954.

16. *Elle*, n° 718, 28 septembre 1959.

17. *Citizen K*, été 2009.

18. Durant les deux décennies de son règne, de 1954 à 1974, Paris a vu 25 % de sa surface démolie et reconstruite. Sous prétexte d'hygiène, Montparnasse, Belleville, Bercy, les Halles, le quartier de la place d'Italie sont rasés. Chassés de la capitale au profit des cadres supérieurs, les Parisiens modestes rejoignent en banlieue les rapatriés d'Algérie et les immigrés d'Afrique du Nord venus construire la société moderne. Ils habitent les grands ensembles ou les programmes immobiliers privés qui fleurissent dans toute la périphérie et sont sommés d'embellir leurs intérieurs.

19. *Jours de France*, n° 218, 17 janvier 1959.

20. Du 18 janvier 1954.

LE MÉPRIS

1. Roger Vadim, *Les Mémoires du diable*, op. cit., p. 171.

2. Godard reproduit l'exercice en direct dans l'émission *Pour le plaisir, Le cinéma selon Jean-Luc*, ORTF, première chaîne, 6 janvier 1965.

3. *Pour le plaisir, Le cinéma selon Jean-Luc*, ORTF, première chaîne, 6 janvier 1965.

4. Richard Brody, *Jean-Luc Godard, tout est cinéma*, Presses de la Cité, 2010, p. 204.

5. *Les Cahiers du cinéma*, août 1959.

6. Alain Bergala, *Godard au travail, les années soixante*, Cahiers du cinéma, 2006, p. 154.

7. *Arts*, n° 719, 22 avril 1959.

8. *Il était une fois* Le Mépris, documentaire d'Antoine de Gaudemar, 2009.

9. Richard Brody, *Jean-Luc Godard, tout est cinéma*, op. cit., p. 79.

10. *Ibid.*, p. 205.

11. Godard et Dussart travailleront ensemble jusqu'à *La Chinoise* et leur collaboration cessera un jour sans raison, comme souvent avec Godard semble-t-il.

12. Philippe Dussart, entretien avec l'auteur, 16 novembre 2010.

13. Si les témoins de la conférence de presse romaine se souviennent avec admiration de ses traits d'esprit, je n'ai pu en retrouver la trace dans les journaux de l'époque. L'échange reproduit ici s'est en fait déroulé plus tard, lors d'une conférence de presse à New York pour le film *Viva Maria*.

14. *Jours de France*, n° 445, 25 mai 1963.

15. *Cinémonde*, n° 1523, 15 octobre 1963.

16. L'Italien Osvaldo Civirani a tourné lui aussi à Capri un documentaire sur la vie de la star, *Tentazioni Proibite* (*Voluptés diaboliques*).

17. Catherine Rihoit, *Brigitte Bardot, un mythe français*, Olivier Orban, 1986, p. 277.

18. Anne Dussart, entretien avec l'auteur, 2003.

19. Lancé en 1963.

20. « Quatre ou cinq kilomètres à pied, avec les falaises autour, cette fraîcheur, cette beauté partout » se souvient Piccoli. Alain Bergala, *Godard au travail, les années soixante*, op. cit.

21. Malaparte raconte cette anecdote dans *La Peau*. Malaparte peut être considéré comme le coauteur de sa villa. À l'architecte rationaliste Libera, il avait demandé des plans qu'il utilisa pour déposer le permis de construire. S'il conserva des idées de Libera, il n'a cessé de

modifier les plans d'origine, demandant sans cesse conseil à ses amis.

22. Raoul Coutard, entretien avec l'auteur, 14 mars 2011.

23. Arte, 16 décembre 2009.

24. *Il était une fois* Le Mépris, documentaire d'Antoine de Gaudemar, 2009.

25. Richard Brody, *Jean-Luc Godard, tout est cinéma*, op. cit., p. 205.

26. *Numéro*, septembre 2011.

27. Raymond Guérin, *Du coté de chez Malaparte*, Finitude, 2009, p. 71.

28. *Le Dinosaure et le Bébé*, une conversation entre Fritz Lang et Jean-Luc Godard, 61 minutes, Wild Side films, 1967.

29. Alain Bergala, *Sur un art ignoré, Nul mieux que Godard*, n° 98, collection Essais, Cahiers du cinéma, 1999.

30. Raymond Guérin, *Du coté de chez Malaparte*, op. cit., p. 14.

31. Antoine de Baecque, *Godard*, Grasset, 2010.

VIVA MARIA

1. Brigitte Bardot, *C'est une bossa nova*, 1970 (paroles François Bernheim).

2. Le consul Ramon Avellaneda.

3. Gregor von Rezzori, *Les Morts à leur place, journal d'un tournage*, Le Serpent à plumes, 2009.

4. *Médias*, n° 8, mars 2006.

SAXY GUNTER

1. Roger Vadim, *D'une étoile l'autre*, op. cit.

2. Roger Vadim, *D'une étoile l'autre*, op. cit.

3. *Die Welt*, 27 octobre 2002.

4. Selon Jerry Kroth, *Conspiracy in Camelot*, Algora, 2003.

5. The Beatles, *Drive my car*, 1965 (paroles Paul McCartney).

6. Francine Rivière, entretien avec l'auteur, 7 mars 2011.

7. Simone Duckstein, entretien avec l'auteur, 26 octobre 2010.

8. Francine Rivière, entretien avec l'auteur, 7 mars 2011.

9. *Die Welt*, le 27 octobre 2002, rapporte la même anecdote en la situant à Deauville.

10. *Nice matin*, 18 mars 2010.

11. *Sueddeutsche Zeitung*, « *Der Man den die Frauen liebten* », 26 octobre 2005.

12. Gunter Sachs, *Mein leben*, Piper, 2005. Brigitte Bardot, *Initiales B.B.*, op. cit., p. 386.

13. En juin 2002, le magazine s'intéressa aux Riva de Gunter Sachs.

14. *Time Magazine*, 11 novembre 1966.

15. Brigitte Bardot, *Initiales B.B.*, op. cit., p. 369.

16. *Jours de France*, n° 615, 27 août 1966.

17. *Spiegel*, 31 décembre 2005.

18. Jeffrey Robinson, *Bardot*, op. cit., p. 145.

19. *Jours de France*, n° 615, 27 août 1966.

20. Jeffrey Robinson, *Bardot*, op. cit., p. 143.

21. *Sueddeutsche Zeitung*, « *Der Man den die Frauen liebten* », 26 octobre 2005.

22. *Spiegel*, 12 août 1968.

23. Andy Warhol, *Popisme*, Flammarion, 2007, p. 264.

BARDOT TUTORIAL

1. Merle Ginsberg, *Paris Hilton, Confessions d'une héritière*, Michel Lafon, 2005.

2. Victoire Doutreleau, entretien avec l'auteur, 15 octobre 2010.

3. *Paris Match*, 8 août 1958.

4. Bill Harry, *The John Lennon Encyclopedia*, Virgin books, 2000.

Initials B.B.

1. En 1969, Brigitte et Sacha Distel seront les témoins du spectaculaire mariage de Josiane Rousset, née en 1947, et Albert Debarge.
2. C'est l'acteur Sady Rebbot, copain d'enfance de Bob depuis leur époque Casablanca, qui a présenté Eddy à Bob. En 1964, Matalon a réalisé un documentaire de dix-huit minutes sur Bardot, *À propos d'une star*, dans lequel il filme des sosies de l'actrice.
3. Eddy Matalon, entretien avec l'auteur, 18 janvier 2011.
4. Bernard Frank, *En soixantaine, chroniques 1961-1971*, Julliard, 1996.
5. Brigitte Bardot, *L'Appareil à sous*, 1963 (paroles Serge Gainsbourg), LP Philips B 77 914.
6. Brigitte Bardot, *Bubble-gum*, 1965 (paroles Serge Gainsbourg), EP Philips 437 102.
7. Marie-Dominique Lelièvre, *Gainsbourg sans filtre*, Flammarion, 2008.
8. *Ibid.*
9. Portées avec un pull d'homme, *Cinémonde*, n° 16661, 4 octobre 1966.
10. *Le Figaro*, 18 novembre 2001.
11. Eddy Matalon, entretien avec l'auteur, 19 janvier 2011.
12. Michael Houldey, *Faces of Paris, a day in the life of a young director*, B.B.C, 1968.
13. Jeffrey Robinson, *Bardot*, op. cit., p. 148.
14. Dominique Choulant, *Brigitte Bardot, le mythe éternel*, Autres Temps Éditions, 2009, p. 199.
15. Jeffrey Robinson, *Bardot*, op. cit., p. 149.
16. Gilles Verlant, *Gainsbourg*, Albin Michel, 2000.
17. Dominique Choulant, *Brigitte Bardot, le mythe éternel*, op. cit., p. 202.
18. Bardot chante la version anglaise de *Comic Strip*. Madeleine Bell, une chanteuse de soul américaine, interprète les onomatopées de la version française enregistrée à Londres au studio Chapel en juin 1967.

19. Brigitte Bardot, *Ce n'est pas vrai*, 1968 (paroles Serge Gainsbourg).
20. Élisabeth Levitsky, *Lise et Lulu*, First éditions, 2010.
21. Serge Gainsbourg, *Initials B.B.*, 1968 (paroles Serge Gainsbourg).
22. Charles Baudelaire, « Les Bijoux », *Les Fleurs du mal*, 1857.
23. Brigitte Bardot, *Oh qu'il est vilain*, 1968 (paroles Jean-Max Rivière).
24. Elle s'y trouvera encore, bien en vue, lorsque je visiterai l'endroit après la disparition de Gainsbourg.
25. Jeffrey Robinson, *Bardot*, op. cit., p. 155.
26. *Ibid.*, p. 155.

GUEULE DE BOIS

1. *Time Magazine*, août 1968.
2. En juillet 1965, *France Dimanche* n° 988 attribuait à Brigitte une liaison avec le dentiste. Plus tard, ce dernier épousera une de ses admiratrices, l'actrice Arielle Dombasle.
3. Gregor von Rezzori.
4. Liste établie d'après les qualificatifs que B.B. s'attribue elle-même dans son autobiographie.
5. Le 26 février 1967.
6. Roger Vadim, *Les Mémoires du diable*, op. cit.
7. Jacques Charrier, *Ma réponse à Brigitte Bardot*, op. cit., p. 89.
8. *Spiegel*, 19 mars 2008.

BARDOT'S BOYS

1. *Bernard Frank, En soixantaine, chroniques 1961-1971*, op. cit.
2. « Capable de traiter les hommes en objets sexuels, de les acheter puis de les jeter, Brigitte Bardot a été l'une des premières femmes vraiment modernes. Ça me plaît. »

3. Roger Vadim, *Les Mémoires du diable*, op. cit., p. 177, et Jeffrey Robinson, *Bardot*, op. cit.

4. « Tu as fermé une porte pour toujours, il existe un miroir qui t'attendra en vain » écrit Borges. Le miroir de l'altérité.

5. Jeffrey Robinson, *Bardot*, op. cit., p. 177.

6. Bernard Frank, *En soixantaine, chroniques 1961-1971*, op. cit.

BELLE ET SIMPLE

1. *Numéro*, septembre 2011.

2. Le jardin de La Closerie, à Saint-Pierre-de-Manneville, se visite librement au mois de juin. Tél. : 02 35 32 07 06. Mme Damamme.

3. Avec *La Vérité* et *Et Dieu créa la femme*.

4. Le critique Michel Aubriant, *Paris Presse*.

5. Michel Deville, entretien avec l'auteur, 22 août 2011.

6. Et même, pour son premier film, Mijanou Bardot dans une robe qui gonfle comme un parachute.

7. *Le Film français*, janvier 1972.

8. Catherine Rihoit, *Brigitte Bardot, un mythe français*, op. cit., p. 333.

9. *Bardot elle-même le confirme dans ses mémoires : « Moi qui avais quitté le cinéma à trente-neuf ans pour échapper à l'image vieillissante d'une femme qui fut belle et devait le rester à tout jamais dans les mémoires »*, Le Carré de Pluton, Grasset, 1999, p. 370.

10. Brigitte Bardot et Henry-Jean Servat, *Vies privées*, op. cit.

11. Nina Companeez, septembre 2011.

12. Roger Vadim, *D'une étoile l'autre*, op. cit., p. 303.

13. *Ciné Revue*, n° 53, décembre 1963.

14. De l'automne 1971 à l'hiver 1972.

1. Dominique Arrieu, le cameraman, et Gilbert Lorot, le preneur de son.
2. Hubert Henrotte, entretien avec l'auteur, 8 février 2011.
3. Hubert Henrotte et Jean-Louis Gazignaire, *Le Monde dans les yeux : Gamma-Sygma, l'âge d'or du photo-journalisme*, Hachette, 2005.
4. Le voyage a coûté deux cent mille francs à Brigitte Bardot. Brigitte Bardot, *Le Carré de Pluton*, op. cit., p. 74.
5. Claude Francis et Fernande Gontier, *Les Écrits de Simone de Beauvoir*, Gallimard, 1979.
6. Selon Rex Weyler, militant de Greenpeace, *Greenpeace : How a Group of Journalists, Ecologists and Visionaries Changed the World*, Rodale Press, 2004.
7. Thierry Desjardins, entretien avec l'auteur, 11 février 2011.
8. Brigitte Bardot, *Mon léopard et moi*, 1970 (paroles Darry Cowl et Hervé Roy).
9. Radio Canada, 26 avril 2011.
10. Louis-Gilles Francœur, *Le Devoir*, cité par Chantal Nadeau, *Fur Nation : from the Beaver to Brigitte Bardot*, Routledge, 2001.
11. Textes réunis par H.-S. Afeissa et J.-B. Jeangène Vilmer, *Philosophie animale, différence, responsabilité et communauté*, Vrin, 2010, p. 183.
12. Jean-Paul Steiger, entretien avec l'auteur, 12 mai 2011.
13. Marianne Frey épousera Paul Giannoli, le copain reporter de B.B.
14. Brigitte Bardot, *Le Carré de Pluton*, op. cit., p. 56.
15. *Info-Journal*, n° 71, quatrième trimestre 2009, p. 15.
16. Elle envisag alors de participer à la première campagne de Greenpeace dans le Grand Nord mais renonce par peur panique d'un voyage qu'elle entreprendra l'année suivante.

Jojo aime Bardot

1. « Non à la fourrure », disent 66 % des Françaises aujourd'hui. Étude réalisée pour le magazine *Elle* par la société MRC & C du 6 au 20 avril 2011 auprès de six cent soixante-dix-sept femmes de quinze ans et plus habitant en France métropolitaine (dont 74 % de femmes de moins de trente-cinq ans).
2. Jacques Tajan, entretien avec l'auteur, 24 mai 2001.
3. Jacques Tajan, entretien avec l'auteur, 24 mai 2001.
4. Jacques Tajan, entretien avec l'auteur, 24 mai 2011.
5. TF1, journal télévisé, 18 juin 1987, site Ina.
6. Bernard Pivot, entretien avec l'auteur, octobre 2011.
7. *Stern*, 17 novembre 2005.
8. Brigitte Bardot et Henry-Jean Servat, *Vies privées*, op. cit.

Nicolas en plein fjord

1. Karen Berreby, entretien avec l'auteur, 17 octobre 2011.
2. Karen Berreby, entretien avec l'auteur, 17 octobre 2011.
3. *L'Officiel Homme*, 1983.
4. *France Dimanche*, 16 février 1964.
5. *L'Officiel de la mode*, n° 656, 1979.
6. Journal télévisé de France 2, 6 juin 1997.
7. « Merci Papa Maman », *L'Officiel Homme*, n° 46, 1984.
8. Journal télévisé de France 2, 23 janvier 1997.
9. Lettres publiées dans le Journal télévisé de France 2 le 6 juin 1997.
10. Journal télévisé de France 2, 6 juin 1997.
11. Brigitte Bardot, *Initiales B.B.*, op. cit., p. 83.
12. Roger Vadim, *Les Mémoires du diable*, op. cit.
13. Suzanna de Bockay, entretien avec l'auteur, 18 décembre 2010.

14. Jacques Charrier, *Ma réponse à Brigitte Bardot*, op. cit., p. 292.
15. *Libération*, 18 juin 1997.
16. Je n'ai pas trouvé trace de cet ouvrage dans le catalogue de la Bibliothèque nationale de France. On y trouve en revanche quelques discours de Josef Goebbels traduits en français dans les années trente.
17. *Libération*, 18 juin 1997.
18. La famille Bardot est originaire de Ligny-en-Barrois.
19. Journal télévisé de France 2, 6 juin 1997.
20. Jean Durieux et Patrick Mahé, *Les Dossiers secrets de Paris Match*, op. cit., p. 44.
21. Bernard Pivot, entretien avec l'auteur, 26 octobre 2011.
22. www.livres.rencontres.bardot.barbara.star.over-blog.com/article-premiere-rencontre-avec-colette-renard-64096226.html, blog de François Bagnaud.
23. Françoise Sagan et Ghislain Dussart, *Brigitte Bardot*, op. cit.
24. *Bouillon de culture*, 4 octobre 1996.
25. *Le Carré de Pluton*, op. cit., p. 475.
26. Brigitte Bardot, *Le Carré de Pluton*, op. cit., p. 668.
27. Karen Berreby, entretien avec l'auteur, 17 octobre 2011.
28. *Libération*, 24 octobre 1997.
29. Journal télévisé de France 2, 23 janvier 1997.
30. *Double Jeu*, Antenne 2, 14 décembre 1991.
31. *François Bagnaud, entretien avec l'auteur, 31 janvier 2011.*

Allô, c'est Brigitte Bardot

1. *Brigitte Bardot, entretien avec l'auteur, 30 avril 2003.*
2. *Christophe Marie, entretien avec l'auteur, 5 mai 2010.*
3. *On ne peut pas plaire à tout le monde*, présenté par Marc-Olivier Fogiel et Ariane Massenet, 12 mai 2003.
4. *Médias*, n° 8, mars 2006.
5. Bruno Ricard, entretien avec l'auteur, 12 août 2011.

6. *Le Monde*, Reuters, AFP, 3 juin 2008.
7. Le 23 décembre 2006 dans le journal de la Fondation.
8. Antoine Bourseiller, entretien avec l'auteur, 14 septembre 2011.

Notre-Dame-de-la-Garrigue

1. Le 27 septembre 1995.
2. Brigitte Bardot et Henri-Jean Servat, *Vies privées*, op. cit.
3. Charles Gounod, « Je veux vivre », *Roméo et Juliette* (livret Jules Barbier et Michel Carré).
4. Cette partie a été rédigée à partir du témoignage de Brigitte Bardot sur Radio Classique, émission *Passion Classique* (Olivier Bellamy), 2 octobre 2009.
5. Le 31 mai 1996.
6. *Passion Classique* (Olivier Bellamy), Radio Classique, 2 octobre 2009.
7. En 2006.
8. Quatre fois par an, coiffée d'une sorte de chignon 1900, piqué de fleurs séchées, devenu sa marque de fabrique, elle présentait un documentaire réalisé par Sygma TV et Hubert Henrotte qui l'avait accompagnée sur la banquise. Le premier numéro, *SOS Éléphants*, le 17 mai 1989, produit par Roland Coutas et Jean-Louis Rémilleux, remporta 6,7 millions de téléspectateurs sur TF1. Le succès d'audience fut tel que la France interdit aussitôt l'importation d'ivoire.
9. Un record fut atteint après l'émission de 2003 : quinze mille lettres arrivèrent. Il fallut trois mois pour en venir à bout.
10. Brigitte Bardot, entretien avec l'auteur, 13 novembre 2011.

Remerciements

Toute ma gratitude à Florence Robert pour son accompagnement éditorial efficace et précieux. Sa précision, la finesse de ses intuitions et ses encouragements sont irremplaçables. Ma reconnaissance aussi à Jean-Paul Kauffmann et Bertrand Burgalat, parce que c'est eux.

Merci à Teresa Cremisi, qui d'un sourire obtient ce qu'elle veut, à Maud Simonnot et Anavril Wollman pour leur rigueur et leur bonne humeur, à Marie-Catherine Audet et François Durkheim pour leur opiniâtreté enthousiaste, à Jean-François Amel le préparateur bleu turquoise, à Fanny Criton et Grégory Dehooghe pour leur patience, à Soizic Molkhou aux escarpins ailés.

Et puis à

Emmanuelle Alt, Marc Audibet, François Bagnaud, Patricia Barbizet, Gérard Bastian, Olivier Bellamy et son assistante Anne, Karen Berreby, Suzanna de Bockay, Jacky Bonnier, Antoine Bourseiller, Serge Bramly, Claire Brière, Christian Brincourt, Miroslav Brozek, Leslie Caron, Frédéric Chaubin, Philippe Collin, Nina Companeez, Raoul Coutard, Anne-Marie

Damamme, Albane et Donatienne Damamme, Danièle Delorme, Mylène Demongeot, Thierry Desjardins, Michel Deville, Victoire Doutreleau, Simone Duckstein, Anne Dussart, Philippe Dussart, Caroline Géraud, Paul Giannoli, Frank Guillou, Hubert Henrotte, Just Jaeckin, Hans et Laurence Kourimsky, Marie-Hélène Kourimsky, Florence Malraux, M. Maniscalco, Lilou Marquand, Eddy Matalon, Brigitte Mathieu-Saint Laurent, Laurence Mille, Luc Moullet, Arlette Nastat, Alain Paviot, Helène Plemianikov, Virginie Prévot, Bruno Ricard, Jean-Max et Francine Rivière, Willy et Dominique Rizzo, Christian Rothmeyer, Ariane Rouvet, Jean-Paul Steiger, Jacques Tajan, Jean-Marc Terrasse, Pascal Thomas, Valérie Toranian, Roxane Tota, Nadine Trintignant, Hélène Vager, Olivia de Villers, Bob Zagury.

Merci à Mathilde Jounnot qui m'a offert la merveilleuse hospitalité de la Petite Rivière, son walhalla enchanté.

Bibliographie

Bardot Brigitte, *Initiales B.B.*, Mémoires, Grasset, 1996.

Bardot Brigitte, *Le Carré de Pluton*, Mémoires, Grasset, 1999.

Bardot Brigitte et Servat Henry-Jean, *Vies privées*, Albin Michel, 2006.

Charrier Jacques, *Ma réponse à Brigitte Bardot*, Michel Lafon, 1997.

Choulant Dominique, *Brigitte Bardot le mythe éternel*, Autres Temps Éditions, 2009.

Crawley Tony, *Bardot*, Henri Veyrier, 1979.

Montserrat Joëlle, *Brigitte Bardot*, PAC, 1983.

Nourissier François, *Brigitte Bardot*, Grasset, 1960.

Rihoit Catherine, *Brigitte Bardot, un mythe français*, Olivier Orban, 1986.

Roberts Glenys, *Bardot*, St. Martin's Press, 1985.

Robinson Jeffrey, *Bardot*, L'Archipel, 1994.

Sachs Gunter, *Mein Leben*, Piper, 2005.

Vadim Roger, *Les Mémoires du diable*, Stock, 1975.

Vadim Roger, *D'une étoile l'autre*, Édition n° 1, 1986.
Vadim Roger, *Le Goût du bonheur, souvenirs 1940-1958*, Fixot, 1993.

Cocteau Jean, *Mes monstres sacrés*, Éditions Encre, 1979.
Frank Bernard, *En soixantaine, chroniques 1961-1971*, Julliard, 1996.
Sagan Françoise et Dussart Ghislain, *Brigitte Bardot*, Flammarion, 1975.

Adler Laure, *Françoise*, Grasset, 2011.
Audé Françoise, *Ciné-modèles, cinéma d'elles*, L'Âge d'homme, 1981.
De Baecque Antoine de, *Godard*, Grasset, 2010.
Baudrillard, *La société de consommation : ses mythes, ses structures*, SGPP, 1970.
Bergala Alain, *Godard au travail, les années soixante*, Cahiers du Cinéma, 2006.
Bocquet José-Louis et Godin Marc, *Clouzot cinéaste*, Horizon Illimité, 2002.
Braudy Leo, *The frenzy of Renown, fame an its history*, Random house, 1986.
Brody Richard, *Jean-Luc Godard, tout est cinéma*, Presses de la Cité, 2010.
Buisson Patrick, *1940-1945 années érotiques, Vichy ou les infortunes de la vertu*, Albin Michel, 2008.
Buisson Patrick, *1940-1945 Années érotiques, De la grande prostituée à la revanche des mâles*, Albin Michel, 2008.
Coldstream John, *Dirk Bogarde, The Authorised biography*, Weidenfeld and Nicolson, 2004.

Demongeot Mylène, *Mémoires de cinéma*, Hors Collection, 2011.

Duckstein Simone, *Hôtel de La Ponche*, Le Cherche-Midi, 2008.

Durieux Jean et Mahé Patrick, *Les Dossiers secrets de* Paris Match, Robert Laffont, 2009.

Francis Claude et Gontier Fernande, *Les Écrits de Simone de Beauvoir*, Gallimard, 1979.

Guérin Raymond, *Du coté de chez Malaparte*, Finitude, 2009.

Harry Bill, *The John Lennon Encyclopedia*, Virgin books, 2000.

Henrotte Hubert et Gazignaire Jean-Louis, *Le Monde dans les yeux : Gamma-Sygma, l'âge d'or du photojournalisme*, Hachette, 2005.

Leahy Sarah, *The Matter of Myth, Brigitte Bardot, Stardom and Sex*, French Cultural Studies, 2003.

Maillot Pierre, *Les Fiancés de Marianne, la société française à travers ses grands acteurs*, Le Cerf, 1996.

Murat Pierre, « Les unes, l'autre, les actrices et la naissance du mythe B.B. », *D'un cinéma l'autre*, Éditions du centre Pompidou, 1988.

Nadeau Chantal, *Fur Nation : from the Beaver to Brigitte Bardot*, Routledge, 2001.

Ross Kristin, *Rouler plus vite, laver plus blanc, modernisation de la France au tournant des années soixante*, Flammarion, 2006.

Rott Wilfried, *Sachs-Unternehmer, Playboys, Millionäre*, Heyne Verlag, 2007.

Servat Henry-Jean, *La Légende de Saint-Tropez*, Assouline, 2003.

Trintignant Nadine, *Ton chapeau au vestiaire*, Fayard, 1997.

Vadim Annette et Servat Henry-Jean, *Les Liaisons scandaleuses*, Le Pré aux Clercs, 2004.

Vincendeau Ginette, « *The Old and the New : Brigitte Bardot and the 50's* », *The Journal of the Modern Critical Theory Group*, mars 1992, pp. 73-96.

Von Rezzori Gregor, *Les Morts à leur place, journal d'un tournage*, Le Serpent à plumes, 2009.

Warhol Andy, *Popisme*, Flammarion, 2007.

Weyler Rex, *Greenpeace : How a Group of Journalists, Ecologists and Visionaries Changed the World*, Rodale Press, 2004.

Brune Blonde, la chevelure féminine dans l'art et le cinéma, catalogue Cinémathèque française, Skira, Flammarion, 2011.

Philosophie animale, différence, responsabilité et communauté, textes réunis par Afeissa Hichan-Stéphane et Jeangène Vilmer Jean-Baptiste, Vrin, 2010.

Sites

http://www.fondationbrigittebardot.fr
Le site de la fondation Brigitte Bardot. Toute l'actualité de son action.

Fondation Brigitte Bardot, 28, rue Vineuse, 75116 Paris. Téléphone 01 45 05 14 60.

François Bagnaud, ami et collaborateur de Brigitte Bardot a un blog sur overblog.

http://www.brigittebardot.eu
Très riche en photos et couvertures de magazines, le site de Virginie Prevot, passionnée par la vie de Brigitte Bardot.

http://brigitte-bardot.over-blog.net
Le site de Bruno Ricard, fan n° 1 de B.B. Grand collectionneur d'objets de Bardot, Bruno Ricard est à l'origine de l'exposition Bardot qui s'est déroulée à Boulogne Billancourt en 2009.

http://bardolatry.proboards.com
Un très bon site anglo-saxon.

Crédits photographiques

P. 29 : © *Jardin des modes* / Archives IMEC
P. 39 : © *Elle* / Scoop
P. 39 : © *Elle* / Scoop
P. 58 : © *Elle* / Scoop
P. 71 : © *ParisMatch* / Scoop
P. 73 : © Georges Dudognon / Adoc-Photos
P. 97 : © Marie-Dominique Lelièvre
P. 107 : © Christie's Images / The Bridgeman Art Library
P. 118 : © Rizzo / *Paris Match* / Scoop
P. 121 : © Georges Dudognon / Adoc-Photos
P. 123 : © Rizzo / *Paris Match* / Scoop
P. 137 : © *Elle* / Scoop
P. 171 : © *Elle* / Scoop
P. 171 : © *Elle* / Scoop
P. 173 : © *Elle* / Scoop
P. 215 : © Pat Morin / Rue des Archives
P. 242 (a et b) : © www.pixiwoo.com 2011
P. 288 : © Michael Ochs Archives / Getty Images
P. 302 : collection particulière Brigitte Mathieu Saint Laurent
P. 308 : © *Paris Match* / Scoop

Table

I love Bardot	9
Comment Brigitte a inventé la beauté de Bardot	15
La fille qui étincelle	31
Et Dieu créa la femme	69
Brigitte versus Marilyn	101
Je chante donc je suis	155
La fille d'aujourd'hui	161
Le Mépris	179
Viva Maria	205
Saxy Gunter	213
Bardot tutorial	241
Initials B.B.	253
Gueule de bois	273
Bardot's boys (Un jour mon prince viendra)	283
Belle et simple	291
Animal attraction	305
Jojo aime Bardot	325

Nicolas en plein fjord 339
Allô, c'est Brigitte Bardot 355
Notre-Dame-de-la-Garrigue 367

Notes 383
Remerciements 401
Bibliographie 403
Crédits photographiques 409

10359

Composition
FACOMPO

*Achevé d'imprimer en Slovaquie
par NOVOPRINT SLK
le 22 février 2022.*

Dépôt légal : avril 2013.
EAN 9782290070345
L21EPLN000712A002

ÉDITIONS J'AI LU
87, quai Panhard-et-Levassor, 75013 Paris

Diffusion France et étranger: Flammarion